독자의 1초를
아껴주는 정성을
만나보세요!

세상이 아무리 바쁘게 돌아가더라도 책까지 아무렇게나 빨리 만들 수는 없습니다.

인스턴트 식품 같은 책보다 오래 익힌 술이나 장맛이 밴 책을 만들고 싶습니다.

땀 흘리며 일하는 당신을 위해 한 권 한 권 마음을 다해 만들겠습니다.

마지막 페이지에서 만날 새로운 당신을 위해 더 나은 길을 준비하겠습니다.

 길벗 IT 도서 열람 서비스

도서 일부 또는 전체 콘텐츠를 확인하고 읽어볼 수 있습니다.
길벗만의 차별화된 독자 서비스를 만나보세요.

더북(TheBook) ▶ https://thebook.io

더북은 (주)도서출판 길벗에서 제공하는 IT 도서 열람 서비스입니다.

안녕하세요, 오늘부터 매니저입니다

An Elegant Puzzle

초판 발행 · 2023년 11월 24일

지은이 · 윌 라슨

옮긴이 · 장현희

발행인 · 이종원

발행처 · (주)도서출판 길벗

출판사 등록일 · 1990년 12월 24일

주소 · 서울시 마포구 월드컵로 10길 56(서교동)

대표전화 · 02)332-0931 | **팩스** · 02)323-0586

홈페이지 · www.gilbut.co.kr | **이메일** · gilbut@gilbut.co.kr

기획 및 책임편집 · 이다빈(dabinlee@gilbut.co.kr) | **디자인** · 장기춘 | **제작** · 이준호, 손일순, 이진혁, 김우식

영업마케팅 · 임태호, 전선하, 차명환, 박민영, 지운집, 박성용 | **영업관리** · 김명자 | **독자지원** · 윤정아, 전희수

전산편집 · 책돼지 | **출력 · 인쇄 · 제본** · 금강 인쇄

- 잘못된 책은 구입한 서점에서 바꿔 드립니다.
- 이 책은 저작권법에 따라 보호받는 저작물이므로 무단전재와 무단복제를 금합니다.
  이 책의 전부 또는 일부를 이용하려면 반드시 사전에 저작권자와 (주)도서출판 길벗의 서면 동의를 받아야 합니다.

ISBN 979-11-407-0720-1 93000
(길벗 도서번호 080293)

정가 22,000원

독자의 1초를 아껴주는 정성 길벗출판사

(주)도서출판 길벗 | IT교육서, IT단행본, 경제경영서, 어학&실용서, 인문교양서, 자녀교육서
www.gilbut.co.kr

길벗스쿨 | 국어학습, 수학학습, 어린이교양, 주니어 어학학습, 학습단행본
www.gilbutschool.co.kr

페이스북 · www.facebook.com/gbitbook

안녕하세요, 오늘부터 매니저입니다.

윌 라슨 지음

장현희 옮김

길벗

한국과 호주를 거쳐 미국/캐나다 소재 기업에서 근무하면서 다양한 조직에서 수많은 동료들과 인연을 맺어왔다. 국내의 대기업에서 팀장 역할도 경험해 보고 호주와 미국/캐나다에서는 시니어 엔지니어를 거쳐 스태프 엔지니어를 경험했다. 조직마다 가치관, 정책, 비전, 전략이 모두 다른 것은 어찌 보면 너무나 당연한 것이겠지만 그럼에도 불구하고 언제부터인가 엔지니어링 팀 조직의 구성과 면접 절차, 문화, 운영 방침 등은 점차 일관성을 띠기 시작하는 것처럼 느껴졌다. 어쩌면 이 책의 저자인 윌 라슨을 비롯해 여러 유명 IT 기업의 엔지니어링 매니저들이 지난 수년간 엔지니어링 조직 관리에 대한 다양한 의견과 실험 결과를 여러 방법으로 전파하려 노력해 왔기 때문일지도 모르겠다.

이 책은 엔지니어링 매니저를 위한 책이다. 개발 팀장/본부장, 개발 리드, 스태프 엔지니어는 물론 CTO에 이르기까지 엔지니어링 조직에서 영향력을 갖고 조직을 더 나은 방향으로 이끌어야 하는 사람, 또는 그런 영향력을 갖추기를 원하는 사람이라면 다양한 통찰을 얻을 수 있는 매우 훌륭한 참고서다. 어쩌면 지금까지 나온 서적 중에서 빠르게 성장하는 기술 주도 조직에 속한 엔지니어링 매니저를 위한 가장 실용적인 도서라고 말할 수 있겠다.

저자인 윌은 조직 내에서 발생하는 다양한 이슈와 문제점을 해결하는 최선의 방법을 제시하지는 않는다. 대신 자신은 어떤 방법으로 그 문제를 해결했는지 설명한다. 물론 세상에는 다양한 엔지니어링 조직이 있으므로 윌이 시도했던 방식이 여러분의 조직에서는 동작하지 않을 수도 있다. 하지만 그렇다고 이 책을 '실리콘밸리에서나 통할 법한 내용'이라거나 '한국 정서와는 맞지 않는 내용'이라고 치부하지는 않길 바란다. 조직을 관리해 본 사람이라면 공감하겠지만 그만큼 어려운 일이기도 하거니와 지금의 엔지니어링 조직을 관리하는 데 수많은 지식과 경험, 스킬이 필요하며, 이 책은 그것을 익힐 수 있는 몇 안 되는 도서 중 하나이기 때문이다.

모쪼록 이 책을 통해 더 많은 독자들이 엔지니어링 조직 관리에 눈을 뜰 수 있기를 바란다. 스태프 엔지니어와 더불어 또 한 번 좋은 도서를 독자 여러분께 소개할 수 있는 기회를 주신 도서출판 길벗의 관계자 여러분께 지면을 빌려 감사의 인사를 전한다. 물론 사랑하는 가족, 아내 지영 그리고 예린, 은혁에게도 고마운 마음을 담아본다.

2023년 11월
장현희

첫 개발을 시작한 게 엊그제 같은데 어느덧 10년 차가 훌쩍 넘은 요즘, 매니저의 역할도 점차 같이 요구받고 있었고 그런 와중에 만난 이 책은 한 줄기 빛과 소금이 됐다. 매니저로서 해야 할 역할과 역량, 그리고 책에서 말하는 리더십 철학은 나에게 리더란 어떤 사람인가 생각할 수 있는 포인트가 됐고 어떠한 리더가 될 수 있을까를 고민해 볼 수 있는 좋은 계기가 되었다. 또한 중간중간 필자가 마주한 여러 상황이나 그 속에서 행동했던 모습들이 내가 8년간 스타트업에서 겪었던 다양한 상황들과 일맥상통한 면이 있었고, 이를 통해 지금보다 더 나은 방향으로 나아가는 나침반을 얻어갈 수 있었다. 가령 소규모 스타트업에서는 면접이 절차 없이 이뤄지는 경우가 왕왕 있는데, 책에서 다루는 '배려 깊은 면접 절차의 운영'에 관련된 내용이 도움 됐던 부분 중 하나라 할 수 있다. 결론적으로 이 책은 매니저란 어떤 사람인가에 대한 고민을 품고 있거나, 현재 매니저로 재직 중인 사람이라면 매니저는 어떤 존재이며 어떤 방향으로 나아가야 하는가에 대해 정리할 수 있을 것이다.

김낙겸_백엔드 개발자

매니저로 전향하는 날이 까마득하게 머나먼 이야기일 줄 알았는데, 그런 자리를 제안 받으면서 어느덧 매니저 역할을 해야 할 때가 곧 오겠구나 싶었다. 하지만 개발에만 열중했던 팀원으로서 매니저가 어떤 역할을 해야 하는지 아무것도 모르는 상태였는데, 이 책을 읽으면서 매니저가 어떤 일을 해야 하고 어떤 생각을 해야 하는지 가늠할 수 있었다. 무슨 기준으로 조직을 관리해야 하는지 리스트화한 것이 인상 깊었고, 이 체크리스트를 바탕으로 내가 속한 조직에 맞게 적절히 적용할 수 있을 것 같아서 유용했다. 또, 해야 할 것과 하지 말아야 할 것을 일목요연하게 정리해서 필요한 스킬을 바로 습득할 수 있게 설명한 게 특히 좋았다. 실무에 많은 도움이 될 것이라 생각하며, 처음 매니저를 맡거나 초기 스타트업에서 규모가 커지는 조직에 있는 사람에게 추천하고 싶다.

김민수_프런트엔드 개발자

목차

옮긴이의 말 004

베타테스터 후기 006

Chapter 1 소개 011

Chapter 2 조직 015

2.1 ▶ 팀 규모 정하기 **018**

2.2 ▶ 성과가 좋은 팀을 만드는 데 주력하자 **023**

2.3 ▶ 하향식 글로벌 최적화에 대한 사례 **031**

2.4 ▶ 초급성장 시대의 생산성 **036**

2.5 ▶ 조직의 위험을 어디에 숨길 수 있을까? **048**

2.6 ▶ 인계를 위한 계획 **051**

Chapter 3 도구 055

3.1 ▶ 시스템적 사고 **058**

3.2 ▶ 제품 관리 – 파악, 선택, 검증 **063**

3.3 ▶ 비전과 전략 **071**

3.4 ▶ 지표와 기준치 **079**

3.5 ▶ 지표를 이용해 광범위한 조직적 변화를 유도하기 083

3.6 ▶ 마이그레이션 – 기술 부채를 해결하는 확장 가능한 유일한 방법 088

3.7 ▶ 엔지니어링 조직의 개편 094

3.8 ▶ 통제할 수 있는 부분 찾기 104

3.9 ▶ 경력 기술서 107

3.10 ▶ 미디어를 통한 간단한 학습 111

3.11 ▶ 모델, 문서 그리고 공유 113

3.12 ▶ 일관성의 확장 – 중앙식 의사 결정 그룹의 설계 117

3.13 ▶ 시니어 리더를 위한 발표 123

3.14 ▶ 시간 관리 129

3.15 ▶ 학습 커뮤니티 135

Chapter 4 ┆ *접근법* 139

4.1 ▶ 예외가 아닌 정책에 따라 일하기 142

4.2 ▶ 의견에 반대하기 148

4.3 ▶ 여러분의 관리 철학 154

4.4 ▶ 성장하는 회사에서의 관리직 159

4.5 ▶ 엔지니어링 관리자가 난관에 부딪히는 이유 163

4.6 ▶ 관리자와 협업하기 168

4.7 ▶ 관리의 범위 171

4.8 ▶ 조직의 방향 설정 174

4.9 ▶ 종료하거나 해결하거나 위임하거나 178

Chapter 5 | 문화 181

5.1 ▶ 기회와 유대감 184

5.2 ▶ 프로젝트 리더를 선택하는 방법 191

5.3 ▶ 동료를 최우선 팀으로 대하자 195

5.4 ▶ 시니어 직책을 위한 팀 고려하기 199

5.5 ▶ 기업 문화와 자율성의 관리 203

5.6 ▶ 영웅 놀이 하지 말기, 어렵게 일하지 말기 206

Chapter 6 | 경력 213

6.1 ▶ 초고속 성장 중의 역할 그리고 초고속 성장이 개인의 성장을 대변하지 못하는 이유 216

6.2 ▶ 배려 깊은 면접 절차의 운영 220

6.3 ▶ 콜드 소싱 – 전혀 모르는 사람을 채용하기 231

6.4 ▶ 채용 깔때기 240

6.5 ▶ 성과 관리 시스템 246

6.6 ▶ 경력 수준, 성과 지정 모멘텀, 레벨 분리 외 기타 255

6.7 ▶ SRE나 TPM 같은 특별한 역할의 정의 261

6.8 ▶ 면접 루프의 설계 270

Chapter 7 　부록　277

7.1 ▶ 성장하는 조직을 운영하기 위한 도구들　279

7.2 ▶ 유용한 참고 도서　286

7.3 ▶ 유용한 논문　292

찾아보기　318

Chapter 1

소개

관리직이 서비스 업종이라는 것을 모른 채 맡는 사람들이 있다. 또 어떤 경우는 현재 업무의 즐거움을 포기하고 지속적인 연봉 인상과 승진을 바라며 관리직을 맡기도 한다. 심지어 자신의 상관에게 실망하고 본인이 더 좋은 관리자가 될 수 있다는 생각에 관리직을 맡기도 한다.

필자는 이 중 어떤 경우에도 해당하지 않는다.

처음 어떻게 시작했든지 관리직이 어려운 직업이라고 느낄 수 있다. 숙련된 관리자는 드물며 관리자의 성장에 투자할 의지가 있는 회사는 거의 없다.

훈련 프로그램이 이상할 정도로 드물다고 해서 오늘날 관리자들이 제대로 준비되어 있지 않다고 우려할 수도 있지만 그건 걱정할 필요가 없다. 필자가 관리직을 맡았던 초기에는 운이 좋게도 동료에게 지금까지 일했던 사람들 중 최고의 리더라는 말을 들어왔다. 하지만 필자를 최악의 리더라고 평가했던 다른 사람들에게 좋은 평가를 받기까지는 수년 간의 연습이 필요했다.

다윗의 망토가 실리콘밸리 골리앗의 어깨에 걸쳐져 있으면 의심스럽게 보이듯이, 대부분의 기술 회사는 언젠가는 비즈니스를 성공시키고 싶어 하지만 아직 이뤄낸 것은 없는 경우가 대부분이다. 게다가 이런 회사의 리더들은 어쩌다 한 번 리더가 되는 방법을 배워 성장해 온 관리자이다. 이런 사람들의 상당수는 엔지니어링 관리자로 전향하자마자 고비를 맞게 되며 이들을 훈련하는 것 역시 고난의 연속이다.

필자의 순수한 경험담을 들려주고자 한다. 필자는 2010년 두 번의 정리 해고를 감행했던 디그(Digg)에서 관리자로서의 삶을 시작했다. 놀랍게도 전 직장에서 세 번 진행했던 일대일 회의 경험은 관리 업무를 위한 견고한 프레임워크가 되어주지 못했고, 필자는 당최 뭐가 뭔지 알 수 없었다.

그 후로 몇 년간 스스로 이 주제에 대해 공부해 왔다. 설령 주제와 거리가 좀 있어 보여도 닥치는 대로 읽어댔다. 굉장히 유용한 리소스도 있었지만 (부록의 '유용한 참고 도서'에 대부분 나열해 두었다) 궁금한 것은 늘어만 가는데 답을 찾는 경우는 거의 없었다.

끝없이 밀려드는 다양한 과제에 직면하면서 관리직에 대한 접근법을 완전히 재정립하게 된 계기는 2년간 엔지니어링 팀을 200명 규모에서 2천 명 규모로 확장했던 우버(Uber)를 거쳐 비슷한 규모의 성장을 경험했던 스트라이프(Stripe)에서 일하게 된 것이었다. 빠르게 성장하는 회사에서 관리직을 맡으면서 마음 편할 일은 별로 없었지만 그래도 그 어느 조직보다 배우고 성장하는 데 도움이 됐다.

경험이 쌓이면서 특히 엔지니어링 관리자의 역량을 중점적으로 키울 수 있었고, 이 분야를 우아하고 보람 있으며 중요한 일련의 퍼즐로 보게 됐다. 이 책은 이렇게 필자가 운 좋게 애쓰고 배워온 퍼즐들을 모아둔 것이다. 2장에서는 필자가 가장 중요하게 생각하는 '조직'에 대한 이야기부터 시작한다. 조직적 설계는 적절한 인재를 적소에 배치하고 그 인재들이 의사결정을 내리는 데 도움을 주며 그 결과를 책임지게 하는 것이다. 조직적 설계를 일관되게 유지하고 주의 깊게 변경하면 그 무엇보다 여러분이 더 성장하는 데 도움이 될 것이다. 그런 다음 3장에서는 다양한 시나리오를 경험하면서 필자가 발견한 기본적인 관리용 '도구'들을 살펴볼 것이다. 여기서 도구란 시스템의 사고부터 시각적 문서, 지표부터 마이그레이션, 조직 개편부터 경력 개발까지 모두 다룰 수 있는 것들이다. 아마도 이번 장을 읽는 가장 쉬운 방법은 아이디어를 빠르게 훑어본 후 본인에게 유용하다고 판단되는 부분만 다시 읽어보는 것일 테다.

4장 '접근법'에서는 여러분이 관리하는 방법을 바꿔야 할지도 모를 상황을 살펴본다. 빠르게 성장하는 기업에서 여러분의 관리 능력을 적용하는 방법과 원하는 관리 방향이 권한을 벗어날 때 어떻게 하면 좋을지 알아본다. 이를 통해 원하는 대로 이루지 못했다고 생각하는 분야에서 성과를 내기 위한 또 다른 방법을 찾을 수 있을 것이다.

그 후 5장에서는 '문화'에 대해 살펴본다. 이 장에서는 팀이나 조직이 포용력을 갖도록 지도하기 위한 실질적인 사례들을 중점적으로 살펴본다. 또한 '~할 자유'와 '~하지 않을 자유' 사이의 충돌과 관련된 몇 가지 문화적 주제와 영웅 문화를 개선하는 방법에 대해 알아본다.

마지막으로 6장에서는 '경력'에 대한 이야기로 끝을 맺는다. 면접, 채용, 성과 관리 등을 집중적으로 다룰 예정이다. 관리자의 상당수는 채용을 리크루터(recruiters)가 하는 일이며 성과 관리는 인사팀에서 담당하는 것이라고 생각하는데, 실상은 여러분이 더 자주 활용해야 하는 강력한 도구다.

이 책을 다 읽는다고 해서 그 다음 날 바로 완벽한 관리자가 되는 것은 아니다(필자는 사무실에서 스스로 조금 더 나아진 관리자가 됐다고 느낄 수 있음에 아직도 감사하고 있다). 하지만 바라건대 이 책이 여러분이 관리직을 어떻게 대하는지에 대해 질문하고, 실험해 볼 만한 몇 가지 새로운 방법을 제시하며, 엔지니어링 관리자의 길을 몇 걸음 더 나아가는 데 도움이 되었으면 한다.

Chapter 2

조직

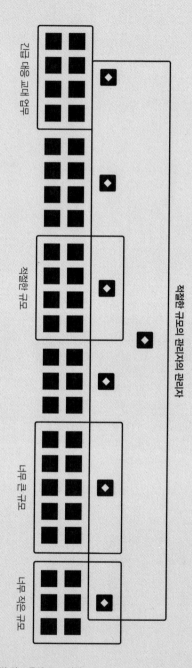

그림 2-1 규칙을 활용한 팀 및 팀 그룹의 규모 선정

조직이란 공동의 목표를 위해 일하는 사람들의 집합이다. 각 조직은 수십, 수백 혹은 수천 명이 함께 가능성을 탐구하는 곳이다. 처음에는 제대로 기능하는 조직은 얼마 없다고 쓰고 싶었지만 정말 놀랍게도 모든 조직은 제대로 작동한다.

물론 다른 조직보다 나은 조직도 있다. 조직 구조의 설계는 어째서 어떤 조직은 에너지 넘치게 운영되는 반면 다른 조직은 충돌과 불만, 사내 정치 등으로 팽배해지는지를 이해하기 위한 시도다. 필자는 직관적인 프로세스를 지속적으로 적용하는 과정에서 훌륭한 조직이 성장한다고 믿는다.

필자는 큰 부담 없이 빠르게 해결하고 싶은 문제가 생기면 프로세스의 설계에 대해 생각하는 것부터 시작한다. 이 문제가 영구적으로 해결하고 싶은 문제이고 천천히 해결할 시간이 충분히 있는가? 그렇다면 문화를 개선하기에 적합한 시점이다. 하지만 프로세스가 너무 약하고 문화가 너무 느리다면 조직 구조의 설계는 이 둘 중 하나에 영향을 받게 되어 있다.

이번 장에서는 조직 구조의 설계 및 필자가 효과적이라고 판단하는 혁신의 방법에 대해 설명한다. 이 장을 읽어보고 쉬운 내용이라는 생각이 든다면 맞는 생각이다! 정말 어려운 것은 힘든 상황에서도 용기를 갖고 계속 나아가야 한다는 것이다.

2.1

팀 규모 정하기

팀을 지원하는 업무에서 조직을 지원하는 업무로 전향한 후 지금까지 생각지도 못했던 새로운 종류의 문제들을 마주하기 시작했다. 몇 개의 팀을 운영하는 것이 적합할까? 새로운 목표를 구현할 팀을 새로 구성해야 할까 아니면 기존 팀에 맡겨야 할까? 이 두 팀 간의 경계는 무엇일까?

이 질문은 잘 알려지지 않은 예술적인 조직 구조 설계로 진입하는 관문이었다. 경험이 쌓일수록 조직 설계의 기본적인 과제는 팀의 규모를 정하는 것이라는 점을 믿게 되었다. 채용 규모가 커지고 새로운 프로젝트를 지원하기 위한 방법을 고민하다 보면 팀 규모를 조정하기 위해 조직을 개편하게 될 것이다. 한시도 팀 구조의 설계에 대해 고려하지 않을 수가 없다.

팀 규모를 결정할 수 있는 통일된 규칙이 존재한다는 사실에 대해서는 회의적이지만, 필자가 직면했던 대부분의 문제를 해결했던 유용한 프레임워크에 필자의 원칙을 접목해 봤다. 필자가 팀의 규모 설정에 적용한 가이딩 원칙은 다음과 같다.

관리자는 6~8명의 엔지니어를 관리해야 한다

관리자는 코칭과 조율은 물론 전략, 변화 지도 등을 문서화해 팀의 미션을 더욱 심화할 시간을 충분히 가질 수 있다.

테크 리드 매니저(TLM). 4명 이하의 엔지니어를 관리하는 관리자는 테크 리드 매니저(tech lead manager, TLM) 역할을 수행하는 경향이 있으며 설계 및 구현 업무도 함께 진행한다. 어떤 사람에게는 자신의 강점을 활용할 수 있는 역할이기도 하지만 경력 개발에 있어서는 제한적이다. 이런 사람들은 관리자 역할을 하기에는 관리 스킬을 개발하기 위한 시간이 필요하고, 스태프 엔지니어를 지향하기에는 기술 업무에 할애할 수 있는 시간이 충분치 않다.

코치. 8~9명 이상의 엔지니어를 관리하는 관리자는 보통 코치(coaches)처럼 활동하며 문제에 대한 안전망 역할을 수행한다. 이런 사람들은 팀이나 팀이 책임지는 분야에 시간을 투자하기에는 너무 바쁘다. 조금 더 안정적인 조직 구조로 전환하는 과정에서 관리자에게 더 많은 팀원을 관리해 달라고 요청할 수는 있지만 그렇게 좋은 상황이라고 보기는 어렵다.

상위 관리자는 4~6명의 관리자를 관리해야 한다

상위 관리자는 코칭, 이해 당사자들과의 의사 조율 그리고 조직에 필요한 시간을 충분히 투자할 수 있다. 반면, 그 덕분에 본인이 직접 팀의 업무를 만들어낼 생각이 들지 않을 정도로 충분히 바쁠 것이다.

성장. 4명 이하의 관리자를 관리하는 상위 관리자는 문제 도메인 또는 엔지니어를 지원하는 역할에서 관리자를 지원하는 역할로의 전환 중 하나를 적극적으로 학습할 시간을 가져야 한다. 이런 사람들은 평소라면 본인이 활용도가 떨어진다고 느끼거나 일상 업무에 간섭하고 싶다는 생각을 가질 수도 있다.

코치. 대규모 엔지니어링 팀을 관리하는 것과 마찬가지로 대규모 관리자 팀을 관리하는 것은 순수하게 문제 해결을 돕는 코치가 된다는 것이다.

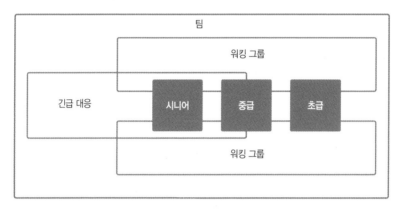

그림 2-2 긴급 대응 교대 및 다양한 경력 수준의 엔지니어로 구성한 두 개의 워킹 그룹

긴급 대응 엔지니어는 8명이 적합하다

프로덕션 환경에 대한 긴급 대응 업무를 2교대로 365일 내내 지원하려면 8명의 엔지니어가 필요하다. 자체 호출기(pager)를 보유한 팀이 점점 보편화되면서 8명이라는 규모가 더 중요해지고 있다. 필자 생각에도 모든 엔지니어링 팀이 안정적인 상태가 되려면 8명이 필요하다.

교대 업무의 공동 책임. 365일 긴급 대응을 지원하기 위해 필요한 8명의 엔지니어를 확보하려면 여러 팀에서 엔지니어를 확보해야 하는 경우가 있다. 팀이 자체적으로 긴급 대응 교대를 수행할 수 있을 정도가 되기 전까지 중간 단계로서는 효율적이지만 장기적으로는 적합하지 않다. 대부분의 엔지니어는 자신이 잘 모르는 시스템에 대한 긴급 대응 업무를 맡는 것에 꽤나 스트레스를 받는다.

(4명 이하의) 작은 팀은 팀이 아니다

필자는 한두 명으로 구성된 팀의 스폰서를 맡은 적이 몇 번 있었는데 그때마다 후회했다. 정말 매번 후회를 했다. 팀의 속성에서 중요한 점은 팀을 구성하는 개인의 복잡한 상황을 추상화한다는 것이다. 하지만 4명 이하의 팀은 이런 기능을 지원하지 못하고 마치 개인인 것처럼 작동한다. 소규모 팀의 성과를 유추하려면 긴급 대응 교대, 휴가, 방해 요소 등을 모두 알아야 한다.

게다가 한 명만 퇴사해도 혁신은커녕 기술 부채를 관리하는 것마저 버거워져서 팀이 무너지기 쉽다.

혁신과 유지보수는 함께 진행하자. 기존 팀에는 유지보수 업무를 맡기고 혁신을 위해서 새로운 팀을 구성하는 것은 보편적인 관행이다. 필자 역시 그랬던 적이 있지만 결국에는 혁신 업무도 기존 팀에 맡기게 됐다. 그러기에는 매우 신중한 의사 결정과 어느 정도의 용기가 필요했지만 그 대신 사기도 높아지고 계속 배우려는 문화가 만들어지며 혁신과 유지보수를 분리하면서 엔지니어의 급을 나누는 상황도 발생하지 않는다.

이런 점을 모두 고려해서 필자가 개발한 원칙은 놀랄 만큼 간단하면서도 효율적이다.

- 정상적인 상태의 팀은 6~8명 규모여야 한다.
- 새로운 팀을 구성하려면 기존 팀의 규모가 8~10명 정도로 성장해야 하고, 그럴 경우 4~5명 규모의 2개 팀으로 나눌 수 있다.
- 팀원이 없는 팀은 절대 편성하지 말자.
- 관리자가 8명이 넘는 엔지니어들을 관리하게 하지 말자.

다른 가이드라인과 마찬가지로 이 가이드라인 외에 어떤 예외도 허용하지 않는 강제적인 방법이 아니라 팀의 규모 문제에 대한 고민을 돕기 위한 구조이다. 어떤 상황이든 콘텍스트는 신중하게 검토해야 하지만 필자는 한때 장점으로 보였던 예외 상황이 장기적으로 더 큰 비용을 쓰게 한다는 것을 알게 되었다.

2.2

성과가 좋은 팀을 만드는 데 주력하자

필자의 친구 중 한 명은 60명 규모의 엔지니어링 그룹을 6개월 동안 관리하고 있다. 그리 놀랍지도 않겠지만 대부분의 팀은 급하게 엔지니어를 채용해야 한다고 믿고 있다. 필자의 친구는 채용이 필요한 모든 팀에 동등한 채용 기회를 줘야 할까 아니면 필요한 인력을 갖출 때까지 한두 개의 팀에 엔지니어를 집중적으로 채용해야 할까?

이 문제는 생각해 볼 만한 가치가 있다. 게다가 조직을 이끈다는 관점에서 볼 때 매우 어려운 과제이기도 하다. 모두에게서 새로운 것을 배우고 서로를 알아가는 것은 재미있는 일이다. 어쩌다가 조직을 재개편하게 되면 그 순간은 고통스럽지만 금세 지나간다. 그보다 훨씬 더 어려운 것은 계획을 세운 후 그 계획이 결실을 맺는 동안 신뢰를 유지하는 것이다. 조직이 성장하면 몇몇 팀은 항상 여러분의 계획보다 더 많은 것을 필요로 하므로 계획을 유지하는 것이 특히 어렵다.

조직의 성장에 대해 이야기하다 보면 그 대화는 대부분 채용 이야기로 흘러간다. 물론 채용은 조직을 성장시키는 매우 중요한 방법이지만 너무 남용하는 것도 사실이다. 그래서 가장 효율이 높은 채용 시나리오를 선별하기 위해 필자는 지난 1년간 팀의 성과를 높이는 데 필요한 것이 무엇인지 파악할 수 있도록 조금 더 느슨한 프레임워크를 개발했다.

그림 2-3 팀의 네 가지 상태

팀의 네 가지 상태

먼저 필자가 개발한 프레임워크에서 팀이 처한 상황에 따라 팀과 그 성과를 서술하는 용어부터 살펴보자.

팀이 처하게 되는 네 가지 상태는 다음 그림에서 곡선상의 각 지점에 표현되어 있다.

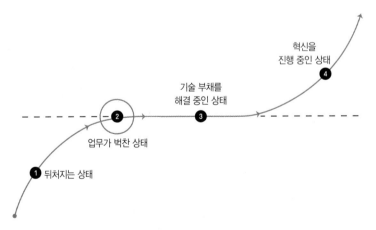

그림 2-4 뒤처지는 상태부터 혁신을 진행 중인 상태로 바뀌어가는 팀의 네 가지 단계

뒤처지는 상태는 팀의 백로그(backlog) 크기가 매주 지난 주보다 커지는 상황이다. 이런 상황에서는 보통 팀원들은 너무 열심히 일하지만 진척이 없고 사기도 낮으며 사용자는 만족하지 못하고 원성이 자자하다.

업무가 벅찬 상태는 팀이 중요한 업무는 해내고 있지만 기술 부채를 해소하지 못하거나 중요한 새 프로젝트를 시작하지 못하는 상태다. 사기는 높은 편이지만 팀원들은 여전히 힘들게 일하고 있으며 사용자는 도움을 요청해도 처리되지 않는다는 점을 깨닫고 더 이상 불만을 이야기하지 않기 때문에 만족하고 있는 것처럼 보일 수도 있다.

기술 부채를 해결 중인 상태는 팀이 기술 부채를 해소하기 시작하고 기술 부채의 해소로 인한 이점이 점점 커지는 상태다. 기술 부채를 해소할 때마다 더 많은 부채를 해소할 시간이 만들어진다.

혁신을 진행 중인 상태는 팀의 기술 부채율이 지속적으로 낮고 사기가 충만해 있으며 대부분의 업무에서 사용자의 새로운 요구를 만족시키는 상태를 말한다.

팀은 '뒤처진 상태'에서 '혁신을 진행 중인 상태'로 올라가고 싶은 반면 엔트로피는 오히려 팀의 상태를 후퇴시킨다. 따라서 팀의 상태에 따라 다른 전략이 필요하다.

시스템상의 수정과 전략적 지원

이 프레임워크상에서 팀은 현재 상태에 적절한 **시스템 솔루션**을 도입하여 새로운 상태로 전환한다. 관리자로서 여러분의 의무는 주어진 상태 전환을 위한 올바른 시스템 솔루션을 찾아내고 그 솔루션을 도입한 후 제대로 동작하기 위한 공간을 만들어내도록 최대한 팀을 지원하는 것이다. 올바른 시스템 솔루션을 도입하기 전에 전략적으로 팀을 지원하는 단계를 건너뛰면 팀을 구원할 수 있으리라는 보장도 없이 스스로 지치게 될 것이다. 지금부터 각각의 상태에 가장 효과적인 전략적 솔루션과 솔루션이 성과를 만들어내는 동안 팀을 지원하기 위한 몇 가지 아이디어를 살펴보자.

1. **팀이 뒤처진 상태일 때** 시스템상에서 필요한 수정은 팀이 업무가 벅찬 상태가 될 때까지 더 많은 사람을 채용하는 것이다. 사용자를 기준으로 기대치를 설정하고 쉽게 달성할 수 있는 목표를 찾아 이를 완수하면서 사기를 올리고 그 과정에서 최적화를 이뤄내야 한다.

   그래서 이런 상황에서는 새로운 인력을 충원해 회사의 전체적인 규모를 키워야 한다. 보통 사람들은 회사에 이미 갖춰진 인적 자원 중에서 필요한 인력을 충원하려고 하는데 필자가 보기에 좋은 방법은 아니다. 사람은 대체할 수 있는 자원이 아니며 사람들은 보통 적절한 자리에 배치되므로 최적화를 위해 기존 인력을 재할당하는 방법에 대해서는 회의적이다. 설령 모든 사람이 서로를 깊이 신뢰하고 서로 존중한다 하더라도 인력 재배치와 관련된 논의에서 정치적 의도를 배제하는 것은 본질적으로 불가능하다.

2. **팀의 업무가 벅찬 상태일 때**는 팀이 더 많은 일을 끝낼 수 있도록 팀 전체의 역량을 집중시키고 기술 부채를 해소하기 시작할 때까지는 (예를 들면 진행할 업무의 수를 제한해서) 팀 내에서 동시에 진행되는 업무의 수를 줄이는 것이다. 여기서 전략적으로 집중해야 하는 부분은 사람들이 개인이 아닌 팀을 기준으로 생산성을 바라볼 수 있도록 생각을 전환하게끔 돕는 것이다.

3. **팀이 기술 부채를 해소 중인 상태일 때**는 시간을 더 투입하도록 시스템을 수정해야 한다. 이런 상황에서는 모든 것이 잘 되어가고 있으므로 기술 부채를 해소하는 것의 가치가 높아질 수 있는 공간을 찾아내기만 하면 된다. 사용자가 보기에 팀이 기술 부채를 해소하느라 고객 지원이 끊기는 일이 없도록 기술 부채를 해소하면서 사용자를 지원할 수 있는 방법을 전략적으로 찾아내야 한다. 특히 뒤처지는 상태였다가 기술 부채를 해소하는 상태가 된 팀의 경우라면 팀의 이해관계자들은 팀이 새로운 기능을 전달해 주기를 애타게 기다리고 있을 것이다. 그러므로 여러분의 의무는 그런 조급함 때문에 팀의 상태가 퇴보하는 것을 막는 것이다.

4. **팀이 혁신을 진행 중인 상태**라면 조금 다르다. 보통 연장선의 끝에 도달했더라도 시스템상에 수정할 부분이 있다. 이런 경우에는 팀이 높은 품질을 유지하고 지속적으로 혁신을 이뤄내며, 상태가 퇴보하는 일이 없도록 팀의 일정을 충분히 여유 있게 관리해야 한다. 전략적으로는 팀이 가치 있는 일을 계속하도록 해야 한다. 혁신을 이루는 가장 빠른 방법은 팀이 과학 프로젝트를 구현하는 것처럼 보이는 건데, 그렇게 되면 필연적으로 팀에 대한 지원이 중단된다.

시스템의 수정은 '느리게' 진행된다는 점을 강조하고 싶다. 그 이유는 시스템은 몇 달 또는 몇 년 동안 경직되어 있었으며 그런 부분을 모두 제거해 내야 하기 때문이다. 반면 수정이 느려지는 것과 같은 이유로 한 번 수정하면 그 효과 또한 엄청난 내구성을 갖게 될 것이다.

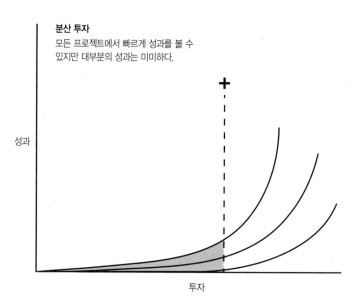

분산 투자
모든 프로젝트에서 빠르게 성과를 볼 수
있지만 대부분의 성과는 미미하다.

성과

투자

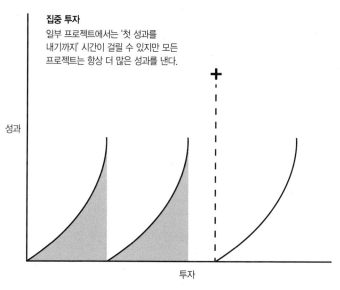

집중 투자
일부 프로젝트에서는 '첫 성과를
내기까지' 시간이 걸릴 수 있지만 모든
프로젝트는 항상 더 많은 성과를 낸다.

성과

투자

투자 수익

그림 2-5 분산 투자 대비 통합 투자 시 투자 수익률

가장 어려운 점은 여러분의 계획에 대해 스스로는 물론 조직 전반으로부터 신뢰를 유지하는 것이다. 어느 시점에는 조직 재구성을 통해 책임감을 덜어 내거나 새로운 직장을 찾아 떠나고 싶을 수도 있겠지만 그러다가 여러분이 배울 수 있는 기회를 놓칠 수 있다. 그러니 계획대로 실행하자.

역량을 한곳에 집중하자

조직의 리더로서 여러분은 각각 다른 상태에 놓인 여러 팀과 협업하게 될 것이다. 또한 적용할 수 있는 리소스에도 제한이 있으며, 보통 모든 팀의 상태를 동시적으로 개선하기에는 충분하지 않을 것이다. 많은 사람이 제한된 리소스를 여기저기 투입하면서 모든 팀을 동시에 개선하려 하지만 우유부단함을 형평성으로 포장하진 말자. 누구도 얻는 것이 없다면 공평한 결과라고 할 수 없다.

제한이 생길 때마다 한 번에 한 팀에만 집중하자. 대부분의 팀이 뒤처진 상태라면 업무가 벅찬 상태가 될 때까지 한 팀에만 채용을 진행하고 그 팀의 상태가 바뀌면 다음 팀을 지원하자. 이 방법은 모든 제약 사항에 적용되지만 특히 채용에 있어서는 더욱 중요하다.

필자는 새로운 팀원을 충원하는 것은 팀의 결속 프로세스에 방해가 되므로 먼저 어느 정도 팀의 규모를 빠르게 키운 후 그 팀이 손발을 맞출 수 있는 시간을 주는 편이 훨씬 쉽다는 점을 알아냈다. 조직 전체의 규모는 계속 성장하겠지만 각 팀의 규모는 어느 정도 커지면 더 이상 커지지 않는다.

지속적인 우수성

훌륭한 조직을 육성하기 위한 것으로 단기적인 수정과는 반대되는 방법이다. 이 방법은 느리지만 조직의 만족감과 효율을 지속적이며 실질적으로 개선할 수 있다. 가장 중요한 것은 이런 개선이 결실을 맺을 수 있을 정도로 충분히 오래 유지되어 지속적인 우수성을 이끌어낸다는 점이다.

2.3

하향식 글로벌 최적화에 대한 사례

'성과가 좋은 팀을 만드는 데 주력하자'라는 글[1]을 쓴 후 몇 사람이 똑같은 질문을 던졌다. '일단 팀이 기술 부채를 모두 해소하면 이제 남는 팀원이 다른 팀으로 옮겨가야 하지 않나요?'

팀에 기술 부채가 거의 남아 있지 않다면 전체 우선순위로 볼 때 그 팀은 이제 인력이 남는 상황이므로 충분히 말이 되는 질문이다. 이런 상황에 놓인 팀이 많아지면 조직 관점에서 볼 때 작년에 발생한 문제에 너무 많은 엔지니어가 주력하고 있고, 당장 현재 일어난 문제에는 너무 적은 엔지니어가 할당되어 있을 수 있다.

이는 반드시 해결해야 할 중요한 문제다!

먼저 왜 필자가 전체 우선순위의 변화에 대비하고자 개별 인력을 재할당하는 것에 회의적인지 설명한 후 이 문제를 해결하기 위한 몇 가지 대안을 제시하고자 한다.

---

1 https://lethain.com/durably-excellent-teams

팀 우선

기본적으로 필자는 지속적인 생산성은 성과가 높은 팀으로부터 나오며 성과가 높은 팀을 해체하는 것은 설령 팀원 전체가 남아 있다 하더라도 생산성에 심각한 손실로 이어진다고 믿는다. 이 세계관에서는 성과가 높은 팀은 불가침이므로 필자는 이런 팀을 해체할 생각이 없다.

팀 전체가 손발이 맞기까지는 상당한 시간이 걸린다. 어떤 그룹이 몇 년간 함께 일을 하다 보면 서로를 이해하고 굉장히 놀라운 방법으로 협업해 성공을 만들어내는 법을 알게 된다. 그래서 팀원 중 누군가를 다른 팀으로 옮기면, 특히 팀이 이제 막 결성되었고 팀 문화에 큰 차이가 있는 경우 다시 손발을 맞출 시간이 필요하게 된다. 그렇다고 팀을 절대 바꿔서 안 된다는 뜻은 아니지만 (그러면 팀이 침체기에 빠진다) 팀의 결속력을 유지하려면 팀의 성장을 절제해야 할 것이다.

경우에 따라서는 결속력이 좋은 팀이 수용할 수 있는 수준보다 더 빨리 규모를 키워야 할 때도 있는데 그래도 괜찮다. 필자가 하고 싶은 말은 팀을 절대 바꿔서 안 된다는 말이 아니라 변화의 시기가 지나고 팀이 다시 결속력을 가지기까지의 비용을 감당해야 한다는 말이다. 이것이 바로 필자가 성과가 좋은 팀이 결속력을 다시 갖추는 데 시간을 허비하지 않도록 혁신을 진행 중인 팀이 아니라 기술 부채 때문에 뒤처지는 팀에 빠르게 인력을 채용해 주는 모델을 권장하는 이유다.

고정 비용

성과가 높은 팀의 인력 재편성을 반대하는 또 다른 이유는 대부분 팀의 고정 비용은 높은 반면 가변 비용은 상대적으로 적기 때문이다. 혁신을 진행하는 팀에서 한 명만 빼내도 그 팀이 뒤처지는 상태가 되거나 어떤 팀도 제대로 기능하지 못할 수도 있다. 제품과 서비스를 담당하는 팀의 경우는 특히 그럴 가능성이 높다.

경험상 2교대 긴급 대응을 지원하기 위해서는 한 팀에 8명의 엔지니어가 필요하다고 생각하므로 보통은 그 이하 규모의 팀에서 인력이 빠지는 것을 꺼리는 편이다. 하지만 고정 비용은 '유지보수' 업무, 예전에 발생했던 계약, 다른 팀으로부터의 지원 관련 질문 등 여러 가지 형태로 발생한다.

고정 비용이 매우 낮은 팀(아직 사용자가 없는 스타트업, 완전히 기능을 중단한 제품을 지원하는 팀 등)도 더러 있지만 필자가 보기에 이런 팀의 규칙은 다를 거라 생각한다. 그리고 성공적인 기업에서는 그런 팀을 찾기가 매우 어려울 것이라 생각한다.

여유

전체적인 효율성의 최적화를 위해 인력을 재배치한다는 것은 생산성이 발휘되는 방식에 대해 필자보다 더 깊이 이해하고 있다는 것을 의미한다. 여유로워 보이는 팀에 더 많은 인력 자원을 추가할 필요가 없다는 점에는 강력히 동의하지만 인력을 추가하면 팀에 여유가 생긴다는 점에는 동의하지 않는다.

팀의 활용도가 100%에 다다르면 새 작업을 완료하기까지의 예상 시간은 무한대에 가까워지며 대부분의 팀은 다른 팀에 상당한 의존성을 갖는다. 그래서 이 두 가지 사실은 인력을 재배치하면 새로운 제약이 생겨나므로 팀이 속도를 늦추게 할 수 있다는 뜻이다.

팀에 여유가 있어야 한다는 점에 대해 더 이야기해 보자면 필자는 팀이 남는 여력을 점진적이면서도 새로운 방법으로 자신들이 담당하는 부분을 개선하기 위해 활용한다는 점을 알아냈다. 게다가 팀의 생산성이 주변 시스템에 악영향을 끼치지 않도록 조율하고 비용을 최소화하면서 개선을 이뤄내는 경향을 보인다.

더 중요한 점은 '여유가 있는' 팀은 조직의 디버거 역할을 수행한다는 점이다. 즉, 조직 전체의 효율을 디버깅할 때 이런 팀을 걱정할 필요가 없다는 점이다. 필자는 이전에 있었던 제약을 다시 해결할 필요 없이 한 번에 몇 가지 제약만 해결해 나가는 것이 훨씬 쉽다는 점을 깨달았다.

이 주제를 잘 다루고 있는 책으로는 『The Goal(더 골)』(동양북스, 2019)과 『Thinking in Systems: A Primer』(Tsai Fong Books, 2016)[2] 등이 있다.

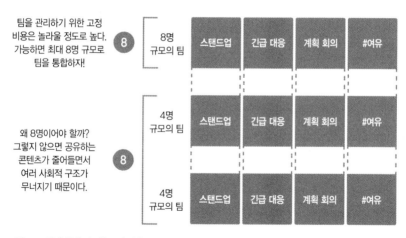

그림 2-6 팀 운영에 필요한 고정 비용

---

2 https://www.amazon.com/Thinking-Systems-Donella-H-Meadows/dp/1603580557

교대를 통해 업무의 범위를 옮기자

자, 그럼 어떻게 해야 할까? 필자는 팀 자체는 유지하되, 팀 간에 범위를 옮기는 것이 가장 효율적이라는 점을 깨달았다. 어떤 팀이 너무 여유롭다면 그 팀이 자체적으로 늘어난 업무량을 최적화할 때까지 점진적으로 더 많은 책임을 맡기자. 팀이 여유로움을 유지하도록 천천히 진행하는 것이 최선이지만 사람을 빨리 옮길 것인지 업무 범위를 빨리 옮길 것인지를 선택해야 한다면 업무의 범위를 옮기는 것이 더 효율적이며 지장이 덜하다.

사람을 옮기는 것보다 업무 범위를 바꿔주는 편이 더 나은 이유는 팀이 다시 결속하는 데 비용이 들지 않고 시스템 동작도 유지할 수 있기 때문이다. 시스템 동작이 유지되면 기존의 멘탈 모델을 수정할 필요가 없으며 시스템이 제대로 동작하지 않을 때는 언제든지 인력의 변화보다 훨씬 쉽게 업무량을 조정해 줄 수 있기 때문이다.

또 다른 방법은 도움이 필요한 부분에 일정 기간 인력을 교대로 투입하는 방법이다. 기간을 정해두면 팀원들이 각자의 현재 팀에 대한 소속감과 자신에 대한 정체성을 유지할 수 있어서 새로운 팀에서의 업무 수행과 소속감에 대해 고민하지 않고 오로지 맡은 일을 도와주는 것에만 집중할 수 있다. 또한 팀에 어느 정도 여유가 있는지 알아볼 수 있는 안전한 방법이기도 하다.

필자의 동료는 (팀 수준이 아닌 조직 수준에서) 성공적으로 군집형 모델로 전환한 회사들이 있다고 제안했지만 필자는 다른 방향으로 전환하는 데 성공한 사람들의 경험을 들어볼 기회를 갖길 원한다! 조직 설계에서 가장 흥미로운 부분 중 하나는 채택할 수 있는 방법이 무궁무진하다는 점이다.

2.4

초급성장 시대의 생산성

불과 몇 년 전까지만 해도 여러분과 마찬가지로 필자 역시 초급성장 (hypergrowth)[3]이라는 단어를 들어본 적이 없었다. 물론 최근 몇 주 사이에 들어본 사람도 있겠지만 어떤 사람은 Techmeme[4]에 들어가 봤는데도 이 단어를 보지 못했다면 더 친절하고 부드러운 과거로의 기념비적인 회귀라 할수 있겠다(어쩌면 회사가 유니콘[5]이 되는 데 주력하고 있을지도 모르겠다).

다행스러운 건 모든 엔지니어링 관리자는 빠르게 성장하는 회사의 관리직이 당면하는 과제들을 거의 모두 직면한다는 점이다.

우버(Uber)에 입사했을 당시 회사는 거의 1천 명 규모였으며 6개월마다 두배씩 늘어났다. 회사에 오래 다닌 사람들은 '회사가 너무 빨리 성장해서 6개월마다 새로운 회사가 된 것 같았다'라고 표현했다. 그러자 이를 지켜보던 사람이 재빨리 당연한 결론을 덧붙였다. '그 말은 우리 프로세스는 항상 6개

---

3 https://hbr.org/2008/04/managing-hypergrowth

4 역주 기술 관련 뉴스를 수집해 제공하는 웹 사이트(https://www.techmeme.com)

5 https://fortune.com/2015/03/15/bill-gurley-predicts-dead-unicorns-in-startup-land-this-year

월 전의 상황에 맞춰 뒤처져 있다는 뜻이죠'라고.

프로세스도 없이 새로운 엔지니어의 유입과 시스템의 부하가 늘어만 가는 상황에서 필자가 관리하던 팀이 성공적으로 업무를 수행해 낼 수 있도록 돕는 것은 필자의 경력에서 가장 보람 있는 기회 중 하나였다. 이번 절은 도전적인 과제를 살펴보고 이를 완화하고 극복할 수 있는 몇 가지 전략을 제시하는 것이 목적이다.

엔지니어가 많아지면 문제도 많아진다

실세계의 모든 시스템은 어느 정도 수준의 자체 회복성을 갖고 있다. 데이터베이스에 과부하가 발생하더라도 누군가가 수정할 수 있을 정도로만 느려지고, 직원이 업무가 너무 많아 진행 속도가 저하되더라도 누군가가 도움을 줄 수 있는 방법을 찾을 수 있다.

하지만 효율적이면서도 정밀한 자체 회복성을 가진 시스템은 거의 없으며, 바로 이런 점 때문에 엔지니어와 고객이 매년 두 배씩 늘어나다 보면 흥미로운 일이 벌어진다.

수많은 엔지니어의 생산성을 유지하는 것은 어려운 일이다.

사실 얼마나 어려운지는 얼마나 빨리 엔지니어가 스스로 생산성을 갖추도록 하느냐에 따라 다르다. 6개월마다 엔지니어 수가 두 배로 증가하는데 적절한 생산성을 발휘하기까지 6~12개월이 걸린다면 제대로 숙련되지 않은 엔지니어의 수가 숙련된 엔지니어의 수보다 훨씬 많아질 것이다. 그리고 숙련된 엔지니어는 여러 명의 신입 엔지니어를 교육하느라 많은 시간을 할애하게 되는 상황에 처하기 쉽다.

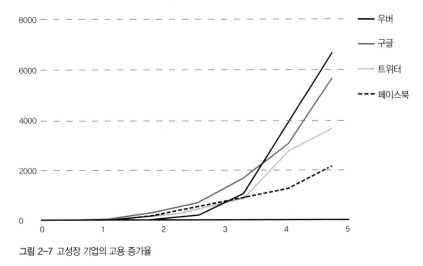

연간 고용 인원 수

그림 2-7 고성장 기업의 고용 증가율

숙련된 엔지니어가 한 명의 신입 엔지니어를 교육하는 데 주당 10시간이 필요하고 비숙련 엔지니어의 생산성은 숙련된 엔지니어의 $\frac{1}{3}$ 정도라고 가정해 보자. 숙련된 엔지니어 1명이 비숙련 엔지니어 2명을 담당할 때(사실 상당히 안 좋은 경우다)의 결과는 그림 2-8에 표시되어 있다. 더 심각한 점은 이 3명의 엔지니어의 생산성은 숙련된 엔지니어 1.16명 수준밖에 안 된다는 점이다(비숙련 엔지니어 2명 × 0.33 + 숙련된 엔지니어 1명 × 0.5).

또한 채용에 드는 시간도 고려해야 한다.

6개월마다 엔지니어 수를 두 배로 늘리려고 할 때, 1차 전화 면접을 통과한 후보의 10% 정도가 최종적으로 채용된다면 6개월 동안 기존 엔지니어 1명당 10번의 면접을 진행해야 하며 면접마다 준비, 진행 및 보고 등에 2시간씩 소비된다.

직원과 고객

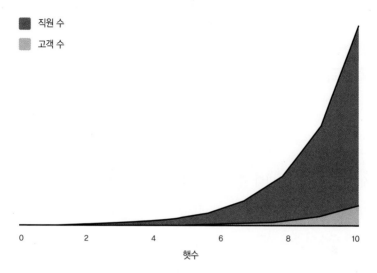

숙련된 직원과 훈련 중인 직원

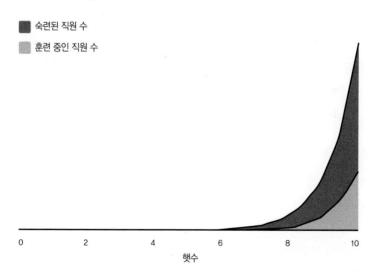

그림 2-8 직원 수, 고객 수 증가로 인한 문제의 증가

팀 전체를 면접에 활용하면 한 달에 엔지니어 1명당 4시간이 채 되지 않지만 여기서 훈련 중인 직원이 다시 등장한다. 평균적으로 면접에 6개월을 소모한다면 숙련된 엔지니어는 매주 1명당 3~4시간의 채용 관련 업무를 수행해야 하며 따라서 효율성이 대략 0.4 정도 떨어진다. 결과적으로 엔지니어 3명당 1.06명의 효율밖에 발휘하지 못한다.

하지만 이는 단순히 훈련과 채용에 대한 것만이 아니다.

1. 엔지니어가 늘어날 때마다 새로운 관리 계층을 설계하고 유지해야 한다.

2. 엔지니어가 10명 늘어날 때마다 새로운 팀을 구성해야 하며 그러려면 더 많은 조정이 필요하다.

3. 엔지니어가 매일 더 많은 커밋과 배포를 수행하게 되므로 개발 도구에 부하가 더해진다.

4. 대부분의 장애는 배포 때문에 발생하므로 배포 횟수가 늘어나면 장애 횟수도 늘어나게 되어 장애 관리, 완화 및 회고에 더 많은 시간을 사용하게 된다.

5. 엔지니어의 수가 늘어나면 그에 따라 목적에 특화된 팀과 시스템이 늘어난다. 그러면 긴급 대응 교대 업무가 늘어나서 긴급 대응 엔지니어가 프로덕션 이슈를 디버깅하고 해결하는 데 필요한 충분한 시스템 콘텍스트를 갖추게 된다. 그 결과 긴급 대응에 투자해야 하는 시간이 상대적으로 늘어난다.

이 점을 고려해 산수를 조금 더 해보자.

긴급 대응은 숙련된 엔지니어만 참여할 수 있다. 한 달 중 1주일간 긴급 대응 업무를 수행하며 업무 시간의 절반을 할애한다. 그러므로 숙련된 엔지니어는 매주 총 5시간을 긴급 대응 업무에 할애하며 효율성이 0.275로 떨어진다. 그래서 채용한 엔지니어 중 3명의 생산성은 항상 숙련된 엔지니어 1명의 생산성보다도 적어진다.

(사실 이는 초반에 팀의 크기가 작을 때의 긴급 대응 업무 부하를 고려하지 않았으므로 적절한 비교는 아니다. 하지만 엔지니어의 수가 늘어날수록 긴급 대응 업무의 부하가 늘어난다는 점에 동의한다면 업무 교대 횟수가 늘어날수록 부하도 늘어난다는 것을 의미하므로 유사한 결과를 얻게 될 것이다.)

이처럼 극단적인 경우는 드물지만 '채용 때문에 일이 더 느려진다'는 우려가 자주 제기된다. 채용률이 충분히 높으면 채용의 한계 부가가치는 매우 느려진다. 특히 훈련 과정이 잘 갖춰져 있지 않은 경우에 더욱 그렇다.

여기서 매우 느리다는 것은 오히려 0보다 작은 경우도 있다는 뜻이다!

한 단계의 성장은 버텨내는 시스템

이제 엔지니어 수의 증가와 생산성 사이의 심각한 관계에 대해 알아봤으므로 시스템의 부하가 어떻게 증가하는지에 대해서도 살펴보자.

부하 증가에 따른 전체적인 영향은 몇 가지 중요한 트렌드를 통해 이해할 수 있다.

1. 대부분 시스템이 구현한 시스템은 현재의 부하로부터 한두 단계의 성장은 버텨낼 수 있도록 설계되어 있다. 설령 그보다 더 큰 성장을 견뎌내도록 설계한 시스템이라도 한두 단계의 성장 과정에서 그 한계를 드러내기도 한다.

2. 6개월마다 트래픽이 두 배가 되면 18개월마다 시스템의 부하가 한 단계 증가한다(그리고 때로는 새로운 기능이나 제품 때문에 부하가 더 빨리 증가하기도 한다).

3. 시간이 지남에 따라 팀을 추가하고 (아파치 카프카, 메일 전송, 레디스 등) 시스템의 확장성이 안정기에 접어들면서 전체 팀의 관심이 그동안 미처 챙기지 못했던 '소소한' 시스템으로 옮겨가게 되므로 지원하게 되는 시스템의 수가 늘어난다.

여러분의 회사가 한 단계의 성장을 견딜 수 있는 시스템을 설계하고 있는데 6개월마다 엔지니어의 수가 두 배가 된다면 모든 시스템을 3년마다 다시 구현해야 한다. 그렇게 되면 (거의 모든 플랫폼 팀이 중요한 확장성 프로젝트에 몰두하게 되어) 큰 위험이 됨은 물론 계속해서 시스템을 재작성해야 하므로 리소스도 모자라게 될 것이다.

하지만 실제로 생산성 저하를 유발하는 요인은 시스템의 재작성이 아니라 재작성에 따른 마이그레이션이다. 마이그레이션을 제대로 설계하지 않으면 그 영향은 해당 시스템을 지원하는 개별 팀이 아니라 주변의 전체 조직까지 미치게 된다.

마이그레이션마다 1주일이 소모되고 각 팀별로 8명의 엔지니어를 보유하고 있으며 1년에 4번 마이그레이션을 실행한다면 회사 전체 생산성의 1퍼센트 정도를 잃게 된다. 만약 마이그레이션이 거의 한 달 걸리거나 (이미 업무에 활용할 시간이 별로 없는) 소수의 숙련된 엔지니어만 마이그레이션이 가능하다면 그 영향은 더욱 커질 것이다.

이 책에서 설명할 수 있는 범위를 벗어나는 요인들(빠르게 성장하는 기업은 여러 가지 주요 프로젝트, 데이터 센터 간의 이전, 액티브-액티브 설계, 새로운 지역으로의 이전 등을 추진하면서 마감 기한은 촉박한 경우가 많다)도 많지만 적어도 필자는 이번 장을 통해 시스템 부하의 증가가 전체적인 엔지니어링 조직의 효율에 어떤 영향을 미치는지에 대해 기본적으로 살펴봤다고 생각한다.

정말 중요한 것은 이런 일이 일어났을 경우 어떻게 대처할 것인가다.

엔트로피를 관리하는 방법

『피닉스 프로젝트: 위기에 빠진 IT 프로젝트를 구하라』(에이콘출판사, 2021)를 읽으면서 터득한 것은 프로젝트가 끝나야 그 가치를 얻을 수 있다는 점이다. 무엇보다 진척을 이뤄내려면 몇몇 프로젝트는 반드시 끝을 내야 한다.

어쩌면 쉬운 해결책이 있는 것처럼 들릴 수도 있겠지만 다른 일에 대부분의 시간을 할애하는 와중에는 프로젝트를 끝내기가 매우 어렵다.

보통 팀이 가장 시간을 많이 할애하는 부분은 채용과 훈련이므로 채용을 먼저 생각해 보자.

회사가 규모를 키우기로 결정했다면 여러분이 그 결정을 뒤집을 수는 없다. 하지만 반대로 팀에서 채용에 드는 시간과 팀의 결속력을 높이는 데 시간을 잘 활용해서 회사의 성장에 집중할 수는 있다. 대부분의 팀은 대략 8명의 엔지니어로 구성되어 있을 때 최적의 효율을 발휘하며 모든 팀이 8명의 엔지니어를 갖췄다면 다른 팀(혹은 새로운 팀)에서 채용을 담당하게 하면 된다. 채용 후 결속력을 높이면 결국 전체 그룹이 잘 훈련되어 프로젝트를 계속 진행할 수 있다.

또한 개별 엔지니어도 비슷한 방식으로 관리할 수 있다. 즉, 엔지니어들이 돌아가며 면접에 참여하게 해서 나머지 엔지니어가 시간을 벌 수 있도록 해주는 것이다. 면접 횟수가 크게 높아지다 보면 작년에는 좋았던 면접관이 최근에는 면접자에게 좋은 인상을 주지 못하거나 모든 후보자의 채용을 반대하는 상황이 벌어지기도 한다. 엔지니어가 주당 3회 이상의 면접을 진행한다면 3~4개월마다 한 달씩 면접을 보지 않도록 해주는 편이 좋다.

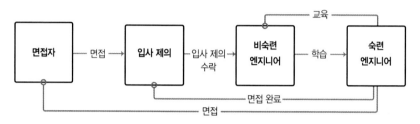

그림 2-9 입사 제의를 받은 면접자가 비숙련 엔지니어가 된 후 학습을 이어가는 과정

필자는 훈련 부분을 어떻게 대처하는지 정확히는 모르지만 보편적으로 대기업들은 신규 입사자 부트 캠프(boot camp)와 반복적인 교육 자료에 모두 큰 투자를 하고 있다.

우리가 각자의 생각을 완전히 모르는 것은 아니므로 이런 방법이 효과는 있을 것이라고 생각한다. 하지만 이런 프로그램이 얼마나 효율적일지 이해하는 데 충분한 시간을 할애할 기회를 갖기 바란다. 만일 4주 만에 훈련을 끝낼 수 있다면 기존 팀에 부담을 주지 않으면서도 얼마나 빨리 채용을 진행할 수 있을지 상상해 보라!

두 번째로 시간을 많이 빼앗기는 부분은 힙챗(HipChat)이나 슬랙(Slack)으로 전달되는 메시지, 다른 사람의 방문, 긴급 대응 시스템의 알람, 수많은 이메일 등이다.

여기서의 전략은 이런 방해 요소들을 작은 부분으로 모은 후 최대한 자동화 하는 것이다. 예컨대 사람들에게 직접 찾아오지 말고 티켓을 발행하라고 부탁하거나 티켓을 자동으로 생성하는 챗봇을 만들거나 서비스 사용 설명서를 만들 수 있다.

그런 후에는 질문에 답변할 수 있는 사람을 교대로 선정하고 팀이 다른 형태의 방해 요소에는 대응하지 않도록 훈련을 시키면 된다. 물론 우리는 타인을 돕는 사람이고 싶기에 상당히 불편한 방법으로 들리겠지만 이런 방해 요소들이 크게 증가하면 어쩔 수 없이 필요한 전략이 될 것이다.

필자가 발견한 놀랍도록 유용한 도구는 '누가 X 담당인가요?' 따위의 질문을 없애버릴 수 있도록 서비스 소유권을 명시한 목록을 만드는 것이다. 긴급 대응 교대 업무 중에 알람을 자동으로 전송하려면 이런 목록이 필요하므로 이 목록으로 두 가지 유용한 도구를 만들어낼 수 있다!

이와 비슷한 종류로는 간헐적인 회의 요청이 있다. 회의 요청을 처리할 수 있는 최고의 도구는 매주 집중할 시간을 미리 예약해 버리는 것이다. 화요일은 재택 근무를 하거나 월요일과 수요일 오후 또는 매일 아침 8~11시 사이에 업무 집중 시간을 갖는 식으로 정하는 것이다. 이것저것 시도해 보고 가장 효과가 좋은 방법을 택하면 된다.

마지막으로 방해 요소가 거의 없는 회사들을 살펴보면서 깨달은 것은 그것이 정말 좋은 환경이고 지속적으로 문서화가 가능하다는 점이었다. 문서화를 하지 않는 회사에서 문서화를 시작하는 것은 단위 테스트를 하지 않는 회사에서 단위 테스트를 시작하는 것보다 훨씬 어렵지만, 필자가 확인한 반복적인 방해 요소에 대한 최고의 해결책은 실제로 효과가 있는 문서화, 문서의 조회 그리고 문서 검색의 문화를 갖추는 것이다.

내부 문서화를 잘 하는 기업이 있긴 하지만 엔지니어가 20명 이상인 기업 중에 문서화를 잘 하는 곳이 있는지는 모르겠다. 만일 그런 회사를 알고 있다면 필자가 그들의 지혜를 배울 수 있도록 꼭 알려주기 바란다.

개인적인 생각에 가장 중요한 기회는 소프트웨어를 유연성 있게 설계하는 것이다. 필자는 소프트웨어의 유연성을 '실패에 대비하며 계층적 정책을 갖는 것'이라고 설명한다. 시스템을 재작성하는 가장 좋은 방법은 아예 그런 일이 벌어지지 않는 것이며 빈번하게 바뀌는 여러 가지 정책 결정을 피할 수만 있다면 상당히 오랜 시간 동안 그 시스템을 유지할 수 있을 확률이 높다.

규모의 성장 때문에 몇 년마다 시스템을 재작성해야 한다면 불필요하게 시스템을 재작성하는 것부터 그만둬 보자.

마찬가지로 인터페이스의 보편성을 유지할 수 있다면 시스템을 다시 구현할 때 가장 오래 걸리면서도 어려운 마이그레이션 단계를 건너뛸 수 있으며 더 신속하게 작업을 진행하고 동시적으로 운영해야 하는 버전도 더 적어진다. 물론 이런 간접적인 계층을 유지하는 데 비용이 들긴 하지만 이미 시스템을 두 번이나 재작성했다면 세 번째 시도할 때 인터페이스를 추상화할 시간을 가져보자. 그러면 나중에 스스로에게 고마워할 것이다(시스템을 네 번째로 재작성할 때는 여섯 배나 많은 엔지니어와 마이그레이션을 처리해야 한다).

마지막으로 시스템 재작성과 관련된 안티 패턴(anti-pattern)은 문지기(gatekeeper) 패턴이다. 문지기 역할을 수행하는 사람이 있다는 것은 매우 이상한 사회 현상이며 누군가의 시간을 제대로 활용하는 방법이 아니다. 가능하다면 필요한 모든 대책을 실행할 수 있도록 충분히 격리된 공간에서 시스템을 구현하자. 그리고 간혹 실패하더라도 그 영향력을 최소화시키자.

물론 법률이나 규제상의 이유나 시스템이 너무 낙후돼서 문지기가 필요한 경우도 있지만 대부분 문지기 역할은 안정적인 기능이 아니라 심각한 구현상의 버그라고 생각해야 한다.

마무리하며

여기서 설명한 내용 중에 즉각적인 효과를 볼 수 있는 것은 없다. 빠른 성장을 관리하는 것은 전체에 적용할 수 있는 묘책을 마련한다기보다는 작게나마 효과를 발휘하는 방법을 조금씩 쌓아 올리는 것이다. 필자는 이번 장에서 설명했던 모든 기법을 활용해 봤으며 지금도 대부분의 기법을 활용하고 있다. 모쪼록 이 기법들이 여러분에게도 좋은 아이디어가 되어주길 바란다. 여기서 제대로 다루지 않았던 것은 기존 업무와 유지보수 작업에 치이는 상황에서 들어오는 긴급한 프로젝트 요청을 처리하는 방법이다. 이런 상황에서 가장 중요한 스킬은 회사 문화에 맞게 거절하는 방법을 배우는 것인데 이는 별도의 장을 할애해야 할 정도다. 문화적으로 거절을 용납하지 않는 회사도 있을 수 있고 그런 곳이라면 거절이나 수락하는 방법을 배우거나 아니면 조금 더 쉽게 거절할 수 있는 환경을 찾아야 할 것이다.

초고성장의 과정에서 생산성을 어떻게 유지할 것인가?

2.5

조직의 위험을 어디에 숨길 수 있을까?

최근 들어 '조직 부채(organizational debt)'라는 개념에 대해 이야기하는 사람들이 늘고 있다고 생각한다. 이는 '기술 부채(technical debt)'와 유사하게 조직이 쌓아두는 부채를 말하며, 편향된 면접 절차와 불공평한 보상 메커니즘 같은 것을 의미한다. 즉, 조직이 잠재력을 발휘하지 못하게 하는 시스템적인 문제다. 기술 부채와 마찬가지로 이런 위험은 가장 부담스러운 문제가 아니므로 언젠가 치명적인 문제로 드러나기 전까지는 상당히 오래 남아 있게 된다.

조직 부채 중에는 갑자기 문제로 드러날 수 있는 변동성이 있는 하위 집합(subset)이 있으며 필자는 그런 하위 집합을 '조직 위험(organizational risk)'이라고 부른다. 이런 위험에는 해로운 팀 문화, 고생스러운 긴급 업무, 발버둥 치는 리더 등이 있다.

이런 문제는 여러분의 동료, 스킵 레벨(skip-level)[6], 일대일 회의, 그리고 조

---

6 **역주** 직급이 높은 사람과 낮은 사람이 직접 소통하는 것

직 설문 조사 등에서 드러난다. 여러분이 세심하고 경청하는 사람이라면 이런 문제를 거의 놓치지 않을 것이다. 하지만 이런 문제는 수정하는 데 시간이 오래 걸린다. 게다가 계속 누적된다! 조직이 크고 오래될수록 더 많은 문제가 도사리고 있다는 점을 알게 될 것이다.

이 문제에 대응할 방법을 찾는 일이 대규모 조직을 이끄는 데 있어 가장 핵심적인 과제다. 여러분에게는 크게 중요한 문제가 아닌데 여러분이 도와줄 의무가 있는 사람들에게는 큰 문제가 되는 상황이라면 어떻게 정서적인 유대감을 유지할 것인가? 그런 상황에서 역할을 바꾸거나 도와줄 힘이 없는 것처럼 행동하며 책임을 회피할 것인가? 무관심 뒤에 숨을 것인가? 아니면 스스로를 채찍질하면서 속으로 무너질 것인가?

이 방법을 모두 시도해 봤지만 만족스러운 게 없었다.

가장 성공적인 방법은 개선할 부분을 몇 가지 선정한 후, 다른 것보다는 그 부분에 집중하면서 진척을 이뤄내는 것이다. 관리자와 함께 이를 명확한 계획으로 문서화하고 합리적으로 진척을 이뤄낼 수 있는 방법을 함께 찾아야 한다. 이런 이슈는 여전히 언젠가는 여러분이 책임져야 할 부분이지만 적어도 어떻게 해결할 것인지에 대한 동의는 이끌어낸 것이다.

이제 여러분은 곧 수정할 수 있다고 어느 정도 확신하는 조직 위험과 당분간은 해결할 수 없을 나머지 문제들을 손에 쥔 상태가 됐다. 이제 어떻게 해야 할까?

필자는 이 두 가지 다른 종류의 문제들을 가까이 두는 것을 좋아한다.

보통 필자의 조직에 대한 철학은 팀 하나씩, 조직 하나씩을 안정화하는 것이다. 다른 팀이나 조직으로 눈을 돌리기 전에 현재 집중하고 있는 팀이나 조직이 건전하게 변화하도록 만드는 것이다. 어떤 위험을 다른 사람에게 위임해야 한다면 해결 가능한 위험만을 위임하는 편이 좋다. 뭔가 제대로 해결될 것 같지 않다면 스스로 책임지는 것이 최선이다. 위험을 관리하는 일은 적합하거나 아닐 수도 있지만 책임지는 것은 여러분 위치에서 꼭 해야 할 일이다.

여러분은 조직의 리더로서 항상 위험에 대한 포트폴리오를 보유하고 있으며 여러분에게 중요한 일을 제대로 처리하지 못하는 경우도 있다. 그래도 괜찮은 정도가 아니라 그럴 수밖에 없다.

2.6

인계를 위한 계획

조직 리더 업무를 2~3년 하다 보면 개인적인 학습 속도가 점점 떨어진다는 점을 느끼게 될 것이다. 이제 팀을 잘 알고 있고 업계의 특이 사항이 더이상 위협적이지 않으며 어떻게 하면 회사에서 일을 마무리할 수 있는지를 명확히 이해하고 있다. 그렇다는 것은 이제 다음 역할을 찾을 때가 됐다는 신호일 수도 있지만 인계 계획(succession planning)을 세우면서 경험을 쌓을 수 있는 훌륭한 기회이기도 하다.

인계 계획은 여러분 없이도 조직이 기능할 수 있는 방법에 대해 생각해 보고, 여러분이 없는 빈자리를 문서화한 후 그 빈자리를 채우기 시작하는 것이다. 이 책에서 좀 더 자세한 내용을 다루지 않는다는 점이 조금 아쉽지만 지속 가능한 조직을 구축하기 위한 기본 기술이다.

해야 할 일 정하기

인계 계획의 첫 단계는 뭘 할지 정하는 것이다. 언뜻 쉬워 보이겠지만 생각보다 훨씬 어렵다는 것을 알게 될 것이다. 일대일 회의, 채용 계획 등 여러분이 해야 할 몇 가지 명확한 일도 있지만 미처 생각지도 못했던 수많은 작은 구멍을 메꿔야 할 것이다.

필자가 시도했던 방법은 여러 가지 시각으로 여러분의 업무에 대해 생각해 보는 것이다.

- 일정표를 확인하고 **각 회의에서 여러분의 역할**에 대해 문서화한다. 회의 의제를 담당하는 등의 명확한 역할은 물론 다른 사람의 아이디어를 처음으로 지지해 준다거나 말하기 어려운 우려 사항을 제시하는 등 암묵적인 역할도 포함한다.
- 면접이나 후보자 결정 등 회의가 아닌 일정도 살펴본다.
- 로드맵 계획, 성과 평가 또는 채용 의사 결정 같은 지난 6개월간 **반복적으로 발생했던 절차**를 살펴보고 각 절차에서 여러분의 역할을 문서화한다.
- **여러분이 지원하는 개인**에게 어떤 스킬과 활동이 가장 도움이 되었는지, 어떻게 해당 개인에게 도움을 줬는지, 그 사람들이 여러분의 어떤 점에 의존했는지 등을 생각해 본다. 여러분의 권한일 수도 있고 조직에 대한 조언일 수도 있으며 특정 기술 도메인에서의 경험일 수도 있다.
- 사람들이 여러분에게 보내는 요청과 질문을 잘 살펴본다.
- **할 일 목록(to-do list)**를 관리한다면 지난 6개월간 여러분이 완수했던 업무의 종류는 물론 하고 싶었지만 이루지 못했던 업무의 종류를 살펴본다.
- 현재 여러분의 역할에서 중요한 **외부와의 관계**에 대해 생각해 본다. 어떤 사람들이 중요하며 다른 사람이 알아야 할 전략적 파트너는 누구인가?

이런 점들을 모두 생각해 보면 해야 할 일의 목록이 상당히 길어질 것이다. 긴밀하게 협업했던 사람들과 이 목록을 테스트해 보고 놓친 것은 없는지 확인하자. 축하한다. 이제 여러분은 여러분의 업무가 무엇인지 알게 됐다!

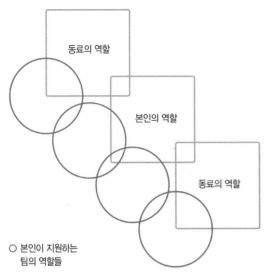

○ 본인이 지원하는
  팀의 역할들

그림 2-10 인계 계획

빈자리 채우기

일단 목록을 만들었으면 각 항목별로 해당 업무를 담당할 준비가 된 사람을 찾아보자. 그런 후 업무와 사람을 연결시키면 된다.

오늘 당장 담당할 만한 사람이 없는 업무에 대해서는 어느 정도 맡을 가능성이 있는 사람을 몇 명 찾아보자(목록의 크기에 따라 비슷한 업무를 그룹화해서 조금 더 쉽게 처리할 수도 있다).

탄탄한 회사에서 근무하고 있다면 여러분의 업무를 맡길 만한 다른 사람을 찾지 못하는 경우가 거의 없을 것이다. 하지만 초고성장 중인 회사라면 모두가 각자의 경력에서 가장 복잡한 역할을 수행하고 있을 것이므로 빈자리를 채우지 못할 수도 있다.

빈자리는 다음 두 가지로 분류하자.

1. '먼저 가장 쉽게 채울 수 있는' 것부터 채우자. 어쩌면 문서를 작성하거나 간단한 소개 세션을 진행해야 할 수도 있다. 이런 항목은 4시간 이내에 필요한 인력을 찾아 채울 수 있다.

2. 나머지는 '위험한 공백'이 된다. 이는 회사 내에서 유일하게 여러분만이 가치를 발휘했거나 다른 사람이 필요한 스킬을 갖추지 못한 분야이면서도 해당 업무가 정말 중요한 분야다. 이런 분야에 적절한 인력을 채워 넣는 것은 몇 달의 노력이 필요할 수도 있음을 감안해야 한다.

이제 쉬운 공백 전부와 위험한 공백 한두 개를 채울 수 있는 계획을 작성해 보자. 이 계획을 개인 목표에 추가하면 인계 계획의 한 라운드를 마무리한 것이다.

이는 한 번만 해보면 되는 도구가 아니라 매년 여러분이 위임할 수 있는 업무를 알아낼 수 있는 좋은 방법이다. 지속 가능한 조직을 육성하는 데 도움이 될 뿐만 아니라 더 많은 역할을 할 수 있도록 스스로 계속 성장하기 위한 시간을 마련할 수도 있다. 2~3주 휴가를 내고 어떤 부분에 문제가 있었는지 살펴보면 여러분이 일을 얼마나 잘 해왔는지 가늠할 수 있다.

그리고 문제가 있었던 부분이 내년의 목표가 될 것이다!

Chapter 3

도구

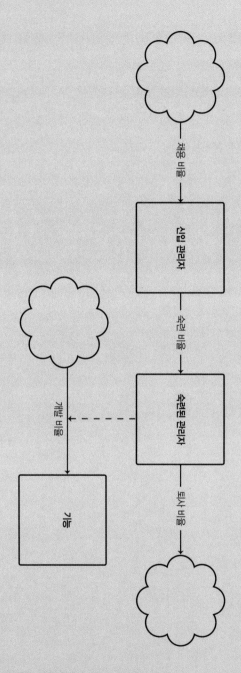

그림 3-1 신입 관리자의 채용과 훈련에 대한 시스템 다이어그램

여러분의 관리자에게 지금껏 가장 뿌듯했던 순간을 물어본다면 아마 누군가의 성장을 도와줬던 이야기를 들려줄 것이다. 반대로 가장 어려웠던 경험을 물어본다면 누군가를 해고했을 때나 조직을 개편했을 때, 회사의 방향성을 조정하거나 매출이 감소하는 상황을 이겨냈을 때 등을 이야기할 것이다. 관리자 입장에서 변화란 복잡성을 야기시키는 것일 뿐이다.

안정된 상태에서 변화가 이루어져도 변화 단계마다 팀과 조직이 안정감을 느껴서 변화가 있는지 거의 알아챌 수 없으면 그것이 최선의 변화다. 효율적인 변화를 이끄는 데 가장 중요한 도구는 시스템적인 사고와 지표 그리고 비전이다. 변화의 폭이 너무 크면 팀이 불안정해지고 팀 사이 격차가 벌어진다. 이런 상황에서는 관리자가 매개체 역할을 하면서 안정성을 확보한다. 관리자는 전문가의 도움을 받기 전까지는 제품 관리자, 프로그램 관리자, 채용 담당자 또는 영업 사원 역할을 하면서 문제를 해결한다.

이번 장에서는 변화가 이뤄지는 동안 변화를 이끄는 역할과 중간 매개체 역할을 하는 입장을 모두 고려해 변화를 관리하는 데 필요한 다양한 도구를 설명하고자 한다.

3.1

시스템적 사고

필자가 함께 일했던 유능한 리더들은 영향도가 높은 문제를 다루는 놀라운 재주를 가지고 있었다. 일부 문제 영역에서 제품 관리 스킬이 유용한 문제를 판단하는 데 매우 효과적이긴 하지만, 필자의 생각에 전반적으로 가장 유용한 도구는 '시스템적 사고(systems thinking)'다.

시스템적 사고에 대한 기초를 탄탄하게 다지고 싶다면 『Thinking in Systems: A Primer』(Chelsea Green Pub Co, 2008)를 읽어보는 것을 추천하지만 필자 역시 이번에 시스템적 사고에 대한 기초와 이를 유용하게 활용할 수 있는 몇 가지 시나리오를 설명하고자 한다.

스톡과 플로

시스템적 사고를 통해 보편적으로 알 수 있는 것은 기본적으로 이벤트 간의 연결이 실제로 보이는 것보단 좀 더 미묘하다는 것이다. (현재 프로젝트를 출시해야 하기 때문에 관리자가 너무 바빠서) 이벤트를 간략하게 설명하길 원하지만 어떤 이벤트는 내부적으로 발생하는 경우도 있다.

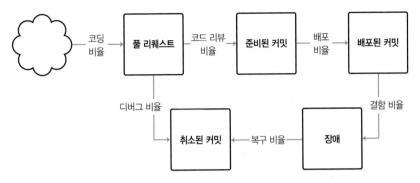

그림 3-2 개발자 생산성에 대한 시스템 다이어그램

큰 변화는 어느 한순간에 일어나는 것 같지만 큰 변화의 이유를 자세히 들여다보면 작은 변화들이 천천히 축적된 경우가 많다. 이 예시에서는 올해 마무리해야 할 프로젝트의 마감일을 맞추기 위해 필요한 인력이 채용되지 않아서 관리자가 너무 바빴을 수 있다. 이렇게 축적된 작은 변화를 '스톡(stock)'이라고 하며, 스톡은 곧 시간 흐름에 따른 변화의 기록이다. 여러분의 회사에서 숙련된 관리자의 숫자를 의미할 수도 있다.

스톡이 되는 변화를 '플로(flow)'라고 한다. 플로는 '인플로(inflow)'와 '아웃플로(outflow)'로 구분한다. 새로운 관리자를 훈련하는 것은 인플로이며, 숙련된 관리자가 회사를 떠나는 변화는 아웃플로이다. 그림 3-1에서 검은 실선으로 표현된 부분이 플로이다.

그림 3-1에서 점선으로 표시된 부분은 '정보 링크(information link)'라는 또다른 관계를 표현하고 있다. 이는 스톡의 값이 플로의 크기에 영향을 미치는 요인임을 나타낸다. 여기서 링크는 기능을 개발하는 데 투입할 수 있는 시간이 숙련된 관리자의 숫자에 의존한다는 것을 보여주고 있다.

다이어그램의 범위를 벗어난 스톡의 값은 구름으로 표현하며 이는 우리가 현재 확인하지 않고 있는 복잡한 일이 일어났음을 의미한다. 모든 플로에 레이블을 붙이고 모든 플로는 속도이지만 모든 스톡은 수량이라는 것을 명심하는 것이 가장 좋다.

개발자의 속도

시스템적 사고의 유용성에 대한 예시를 생각하다가 바로 한 가지가 떠올랐다. 『디지털 트랜스포메이션 엔진』(에이콘 출판사, 2020)을 읽은 후로 속도에 대해 저자가 내린 정의를 오랜 시간 고민했다.

이 책에서는 개발자의 속도를 네 가지로 측정한다.

1. **전달에 이르는 시간(delivery lead time)**은 코드를 생산하기 시작한 때부터 프로덕션 환경에서 실제로 사용하기 시작할 때까지의 시간을 의미한다.

2. **배포 빈도(deployment frequency)**는 코드를 얼마나 자주 배포하는지 보여준다.

3. **변화 실패율(change fail rate)**은 변화가 얼마나 자주 실패하는지를 의미한다.

4. **서비스 복구 시간(time to restore service)**은 장애로부터 시스템을 복구하기까지 걸린 시간을 의미한다.

이 책은 수만 개의 조직을 대상으로 각자 전반적인 생산성을 어떻게 측정하는지 설문한 조사 결과를 사용해 조직의 성과가 이 네 가지 관점과 어떤 관련이 있는지 보여주고 있다.

이 네 가지 관점은 생산성을 측정할 수 있게 도움을 주는 듯 보이는데, 개발자 생산성을 유추할 수 있는 시스템으로 모델링할 수 있는지 한번 살펴보자.

- 풀 리퀘스트(pull requests)는 코드 리뷰 비율에 따라 **준비된 커밋(ready commits)**으로 전환된다.
- **준비된 커밋**은 배포 비율에 따라 **배포된 커밋(deployed commits)**으로 전환된다.
- **배포된 커밋**은 결함 비율에 따라 **장애(incidents)**로 전환된다.
- **장애**는 복구 비율에 따라 **취소된 커밋(reverted comits)**으로 전환된다.
- **취소된 커밋**은 디버그 비율에 따라 디버깅 후 새로운 **풀 리퀘스트**로 전환된다.

이 각각의 조각을 모두 연결한 것을 '피드백 루프(feedback loop)'라고 하며 피드백 루프는 시스템의 업스트림 동작에 영향을 주는 다운스트림 동작을 의미한다. 결함 비율이 너무 높거나 복구 비율이 너무 낮으면 배포가 현저히 느려지는 현상을 보게 될 것이다.

모델링을 잘 했다면 개선해야 할 부분이 바로 드러난다. 필자의 생각에는 이 예제의 경우가 그렇다. 하지만 어느 부분에 투자해야 하는지를 제대로 파악하려면 이 스톡과 플로의 진정한 가치를 알아내야 한다. 예를 들어 **준비된 커밋**에 대한 백로그가 없다면 배포 비율을 높인다고 해서 크게 도움이 되지 않을 것이다. 마찬가지로 결함 비율이 매우 낮다면 복구 시간을 줄여도 시스템에 별 영향이 없을 것이다.

사전에 필요한 작업을 하지 않고도 가설을 신속하게 테스트할 수 있는 환경을 구축하는 것이 최고의 시스템적 사고라고 생각한다.

모델링

일단 시스템에 대해 생각하기 시작하면 멈추기 어렵다는 점을 알게 될 것이다. 웬만한 어려운 문제들은 모두 시스템 관점에서 표현해 보는 것이 좋다. 경험상 설령 숫자를 부여하지 않아도 꽤나 강력한 방법임을 알 수 있었다.

시스템적 사고에 대해 더 많은 경험을 해보고 싶다면 몇 가지 도구를 살펴보길 바란다. 스텔라(Stella)는 독보적이지만 가격이 비싸서 교육용이 아닌 라이센스는 노트북 몇 대 가격이다. 가장 저렴한 대안은 인사이트 메이커(Insight Maker)[1]로 몇 가지 UI는 제공하지만 기능은 기부 형태로 구입하는 모델을 채택하고 있다.

---

1 https://insightmaker.com

3.2

제품 관리 – 파악, 선택, 검증

대부분의 엔지니어링 조직은 엔지니어링과 제품 리더십을 별개로 분리하고 있다. 두 역할의 스킬이 다를 뿐만 아니라 관점과 우선순위가 다르므로 보통은 두 역할을 분리하는 것이 맞다. 동시에 두 역할을 모두 잘하기란 어렵다.

필자가 만났던 제품 관리자 중 상당수는 훌륭한 운영자였지만 운영도 잘 하면서 사용자의 요구 사항을 깊이 파악할 수 있는 제품 관리자는 드물었다. 마찬가지로 사용자의 요구 사항에 따라 업무를 잘 수행하는 엔지니어링 관리자는 많았지만 팀 업무가 불안정해지기 시작하는데도 사용자에게 주의를 기울이는 엔지니어링 관리자는 거의 없었다.

하지만 현실에서는 이런 이상적인 셋업을 찾아보기 어렵다. 어쩌면 여러분은 팀의 제품 관리자가 퇴사하거나 새로운 팀이 만들어져서 엔지니어링 리더로서 몇 달간 두 가지 역할을 병행해야 할 수도 있다. 물론 신명 나는 기회일 수도 있지만 그 '신명 난다'가 곧 '살 떨리는' 시간이 될 수도 있다.

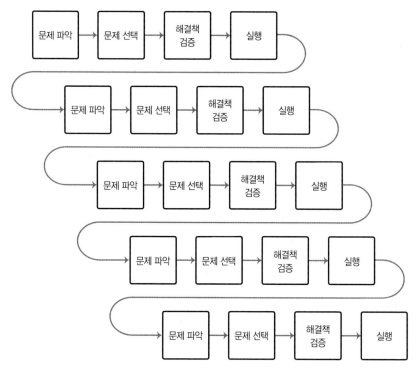

그림 3-3 제품 개발 과정

제품 관리는 전문 직업이며 전문가가 되려면 수년의 노력이 필요하지만 필자 스스로가 팀을 위해 제품 관리 역할을 수행했을 때 간단한 프레임워크를 개발했던 적이 있다. 이 프레임워크는 완벽하진 않지만 여러분에게도 도움이 되길 바란다.

제품 관리는 반복해서 문제를 제거해 가는 토너먼트로, 각 라운드는 '문제 파악', '문제 선택' 그리고 '해결책 검증'까지 3단계로 구성된다. 문제 파악은 해결해야 할 문제를 판단하는 과정이고, 문제 선택은 파악한 문제를 실행 가능한 단위로 나누는 것이며, 해결책 검증은 이 문제를 최대한 저비용으로 해결하는 방법을 찾아내는 과정이다.

이 3단계를 모두 제대로 처리하면 조금 더 복잡하고 큰 문제를 같은 방법으로 해결할 수도 있다. 하지만 그렇지 못하면 제품 관리 역할을 제대로 수행할 수 없을 것이다.

문제 파악

계획 사이클의 첫 단계는 여러분이 해결해야 할 여러 가지 문제점을 파악하는 것이다. 놀라울 정도로 이 단계를 건너뛰는 경우도 많지만 그러면 타성에 젖어갈 뿐이다. 충분한 시간을 들여 문제를 평가하는 것이 팀의 장기적 성과를 가장 잘 예측할 수 있는 방법이다.

문제 영역을 찾아낼 때 유용한 테마는 다음과 같다.

사용자의 어려움. 사용자가 어떤 문제를 경험하고 있는가? 설문 조사를 이용해 문제를 파악하는 방법도 좋고 사용자 중에서 표본을 수집해 인터뷰해 보는 방법도 좋다.

사용자의 목적. 사용자가 여러분의 시스템을 사용하는 이유는 무엇인가? 어떻게 하면 사용자가 원하는 목적을 이루게 할 수 있을까?

벤치마크. 동종 업계의 경쟁자들과 여러분의 회사가 어떻게 다른지 살펴보자. 우리 회사가 특히 취약한 부분이 있는가? 이런 부분에 더 많은 투자를 고려해야 한다. 간혹 벤치마킹을 수행할 때 대상을 좁히는 경우가 있는데 매우 비슷하면서도 다른 회사를 벤치마킹할 때 알아낼 수 있는 것들이 훨씬 더 많다.

집단. 사용자 분포에서 드러나지 않는 부분이 있는가? 최상위 수준 분석에 드러나지 않는 집단(cohorts)의 데이터를 살펴보는 것은 미처 예상치 못했던 요구 사항을 가진 새로운 종류의 사용자를 발견하는 효과적인 방법이다.

경쟁적 장점. 여러분이 특히 강점을 보이는 분야를 이해하면 다른 회사보다 더 나은 위치를 확보할 수 있는 기회를 찾을 수 있다.

경쟁적 우위. 우위는 경쟁적 장점이 가장 두드러지는 분야다. 우위는 지속적으로 경쟁할 수 있는 분야를 의미하며 다른 회사는 불가능한 서비스를 사용자에게 제공할 수 있는 분야를 뜻한다. 경쟁적 우위는 다음과 같은 방법으로 알아낼 수 있다.

- 현재 우리 회사에서 경쟁적 우위를 갖추고 있는 분야는 무엇인가?
- 미래를 위해 우위를 만들어낼 수 있는 분야는 무엇인가?
- 여러분의 경쟁자가 뒤처지고 있는 분야는 어떤 분야인가?

영향력의 조합. 제품이나 기술적 영향력을 만들어내기 위해 지금 당장 조합할 수 있는 것은 무엇일까? 필자는 이 범주의 작업은 적어도 이윤을 두 배 이상 낼 수 있는 방법을 찾는 것이라 생각한다. 이런 작업이 처음에는 우선순위를 둘 정도로 중요한 업무처럼 보이지는 않겠지만 가치를 조합하면 관련 업무의 우선순위를 높일 수 있다.

- 디자인 예시를 통해 지금 갖고 있는 다양한 기능과 모드를 더 잘 찾아낼 수 있을 뿐만 아니라 향후 사용자의 확산에도 도움이 될 새로운 내비게이션 시스템을 제시할 수 있다(게다가 기존 기능과 관련된 새로운 기능이 추가될 때 어느 위치에 추가할 것인지에 대한 논쟁의 여지도 없앨 수 있다면 금상첨화일 것이다).
- 인프라스트럭처 예시를 통해 잘 동작하지 않던 기술적인 부분에 대한 새로운 표준을 제시할 수 있다. 그렇게 하면 신뢰성 이슈를 해결하고 유지보수 비용을 줄일 수 있으며 향후 마이그레이션 비용까지 절약할 수 있다.

문제의 선택

일단 발생 가능성이 높은 문제를 발견했다면 그다음은 문제의 범위를 구체적으로 좁혀야 한다. 이 과정에서 생각해 봐야 할 몇 가지 관점이 있다.

현재 단계의 경쟁에서 살아남기. 반복적으로 패자가 사라지는 토너먼트가 진행 중이라고 생각한다면 이번 라운드에서 살아남기 위해 해야 할 일이 무엇일까? 어쩌면 제품의 수익을 포기해서라도 사용자가 서비스 사용을 취소하거나 적응 기간이 길어지지 않도록 해야 할 수도 있다.

다음 단계의 경쟁에서 살아남기. 현 라운드에서 살아남았다면 다음 라운드에서 살아남기 위해 필요한 것은 무엇일까? 단기적으로 속도를 내기 위해 장기적인 목표를 줄이는 방법은 여러 가지(그중 대부분은 품질에 대한 트레이드오프가 발생한다)가 있다(반대로 시장에서 승자가 되면 나중에 훨씬 많은 리소스가 생기므로 트레이드오프가 필요한 경우도 있다).

라운드에서 승리하는 법. 모든 라운드에서 살아남는 것도 중요하지만 결국 라운드에서 승리하는 것도 중요하다. 어떻게 해야 라운드에서 승리할 수 있을까?

다른 시점을 고려하기. 동료들이 특정 문제를 해결해야 한다는 점에 동의하지 않는다면, 대부분 그 이유는 문제를 해결할 적절한 시점이 지금인지에 대한 생각이 서로 다르기 때문이다. 회사의 자금이 6개월 안에 바닥난다면 어떨까? 2년 혹은 5년 후에도 성과를 강요하는 외부적 요인이 없다면 어떨까?

업계 트렌드. 업계의 발전이 어떤 방향으로 흘러가는가? 이런 트렌드를 활용하려면, 아니면 적어도 트렌드에 맞춰 일을 다시 시작해야 하는 경우를 피하려면 어떻게 해야 할까?

투자 수익. 개인적인 생각이지만 필자는 사람들이 쉽고 빠른 승리를 과소평가한다고 생각한다. 소규모 프로젝트를 수행 시 영향과 비용을 모두 파악해야 하는 흔치 않은 위치에 있다면 투자에 대한 기대 수익으로 문제의 우선순위를 생각해 보는 시간을 가져보자. 대부분은 정확한 상황을 파악하지 못한 상태여서 비용을 파악하기가 어렵지만 한 번 겪어본 문제라면 나름 정확한 예측이 가능할 것이다(본인이 경험해 본 적이 없다면 주변에 물어보자). 특히 사업이 성공적으로 진행되는 경우라면 이 방법은 중장기적으로 매우 가치가 있을 것이다.

경험을 쌓기 위한 실험. 나중에 문제를 더 손쉽게 선택하기 위해 지금 배워야 할 것은 무엇일까?

해결책 검증

해결할 문제를 선택한 후 당장 실행에 옮기는 경우가 많은데 그렇게 하면 어려운 방법을 택할 수 있다. 그러니 바로 실행에 옮기는 것보다는 해결책에 대한 검증을 통해 위험을 평가해 보는 단계를 거치는 편이 좋다.

효과적인 해결책 검증을 위해서는 다음의 요인들을 고려해 보자.

대고객 안내문을 써본다. 해결책을 적용한 후 고객에게 이를 알리기 위한 안내문을 작성해 보자. 뭔가 대단하거나 유용하거나 실질적인 내용을 담을 수 있는가? 자신의 직감에 의존하는 것보다는 실제 사용자를 대상으로 테스트를 해보는 편이 훨씬 효과적이다.

선행 기술을 파악한다. 같은 업계의 다른 사람들은 이 문제를 어떻게 해결했을까? 다른 누군가가 어떤 방법으로 문제를 해결했다고 해서 그 방법이 좋은 방법이라고 할 수는 없지만 적어도 문제 해결이 가능하다는 것은 알 수 있다. 작은 팁을 주자면 세상에는 잘못된 정보가 넘쳐나므로 컨퍼런스에서 발표한 내용 같은 것보다는 지인들이 채택한 방법을 알아보는 편이 좋다.

테스트를 도와줄 사용자를 찾는다. 해결책을 처음 사용해 줄 의사가 있는 사용자를 찾을 수 있는가? 만일 그렇지 않다면 현재 구현 중인 해결책이 적합한 방법이 아닐 수도 있다고 생각해야 한다.

분석보다는 실험을 활용하자. 지속적으로 올바른 해결책을 선택하는 것보다는 적은 비용으로 검증을 잘 하는 방법이 훨씬 더 나은 방법이다. 여러분이 아무리 똑똑하더라도 설계를 시작할 때 기본적인 정보를 놓치는 일은 거의 항상 일어난다. 분석을 통해 놓친 정보를 찾는 경우는 어떤 부분을 확인해야 하는지 알 수 있는 반면 실험은 예상하지 못했던 문제를 발견하는 데 도움이 된다.

더 빨리 확인할 수 있는 경로를 찾자. 해결책을 완전히 구현하는 건 해결책을 검증하는 방법 중에서 가장 비용이 많이 드는 방법이다. 제대로 된 해결책을 선택한 경우라면 시간을 낭비하지 않아도 되지만 제대로 된 해결책이 아닌 경우에는 엄청난 시간을 손해볼 수 있다. 검증을 하되, 비용이 가장 적게 드는 방법을 찾아보자.

전환 비용을 정당화하자. 사용자가 여러분이 문제를 해결하는 방식으로 전환하는 데 드는 비용은 얼마나 될까? 사용자들이 그 방식을 따르고 싶다 하더라도 전환 비용이 높으면 부담이 따를 것이다. 여러분이 해결 방법으로의 마이그레이션 비용을 전액 부담할 의사가 있는 사용자들과 테스트를 진행해 보자.

한 가지 첨언하자면 기술적인 마이그레이션을 성공적으로 수행한 경우는 대부분 해결책을 적절히 검증한 경우다. 따라서 일단 시간을 투자해 해결책을 검증해 두면 그보다 훨씬 큰 보상이 따를 것이다.

살펴보고 선택한 뒤 검증하는 세 단계를 지금 당장 적용한다고 다음 날 바로 단번에 유명한 제품 관리자가 되는 일은 없겠지만 제품 관리자로서 필요한 역량을 개발하는 좋은 출발점이 될 것이다.

3.3

비전과 전략

조직이 50명 이상 규모로 커지면 관리 체계를 세 계층으로 나눠야 한다는 부담이 생기고 결국엔 그렇게 될 것이다. 이 과정은 부드럽게 진행되어야 한다. 관리자를 도와주는 것과 관리자의 관리자를 도와주는 것은 서로 별다른 차이가 없지만, 경험상 또 다른 레벨의 관리자가 추가되면서 업무의 진행 방향을 맞추기 위한 기존의 메커니즘이 제대로 동작하지 않으면 차이점이 생겼다.

예컨대 전에는 프로젝트가 어떻게 진행되는지 파악한 채로 협업을 했지만, 나중엔 팀에서 나도 모르는 프로젝트를 수행 중인 경우가 있었다. 예전에는 팀원들과 여러 해결책을 논의하곤 했는데 이제는 여기에 시간을 할애할 수 없는 상황이 생기면서 나도 모르게 논의가 오가는 경우가 생겼다.

이 문제를 해결하고자 우선 각각의 상황을 이해하려 애썼지만 그다지 효과를 보지 못했다. 그 다음에는 정기적으로 지표와 주요 프로젝트를 리뷰하는 '운영 리뷰'를 설계해 봤다. 이 방법들은 나름 유용했지만 전사적으로 업무 방향을 맞추는 것보다는 학습과 조정에 더 효과적이었다. 한 분기가 지나도 방향이 조정되지 않으면 너무 많은 잠재적인 문제점을 알아챌 수 없게 되었다.

내게 필요했던 것은 매우 구체적인 과제와 장기적인 방향의 관점에서 팀 전체에 내가 설계한 방식을 조율하는 것이었다. 여러 가지 방법을 실험해 본 결과 조직의 규모가 커질 때 조직 전체의 업무 방향성을 일치시킬 수 있는 가장 효과적인 방법은 전략과 비전이라는 점을 깨닫게 됐다.

전략과 비전

'전략(strategies)'은 특정 문제를 해결하기 위한 트레이드오프와 조치를 설명하는 근거 있는 문서를 말한다. '비전(visions)'은 서로 긴밀하게 협업하지 않는 사람들이 서로에게 잘 맞는 결정을 내릴 수 있도록 도움을 주는 문서이다.

여러분의 필요에 맞는 형식을 채택하는 것이 중요하지만 더 중요한 것은 시도해 보고 느껴보는 것이다. 전략과 비전은 마스터하는 데 연습이 필요한 조금 이상한 장르의 글쓰기와 같다. 필자도 비전 문서를 편안하게 작성하기까지 수년이 걸렸으며, 서로 공존할 수 없을 것처럼 보이는 이념을 가진 팀을 도와주기 전까지는 이 문서의 가치가 명확하게 드러나지 않았다.

지금까지 이야기한 부분을 염두에 두고 전략 문서를 쓰는 방법을 먼저 살펴보고 그 다음에 비전 문서를 쓰는 방법을 알아보자.

	전략	비전
목적	특정한 문제에 대한 해결법	방향 조정을 위한 적절한 압박
성향	구체적	이상적
기간	조정 가능	장기적
특성	정확하고 상세함	분명히 보여주고 방향을 제시함
분량	필요한 만큼	가능한 한 적게

그림 3-4 전략과 비전 사이의 차이점

전략

전략은 주어진 문제의 제약을 해결하기 위해 특정한 조치를 취하도록 권장한다. 필자는 『전략의 거장으로부터 배우는 좋은 전략 나쁜 전략』(센시오, 2019)에서 설명하고 있는 방법이 매우 효과적이라는 점을 깨달았다. 이 방법은 '분석(diagnosis)', '정책(policies)', '행동(actions)' 세 개의 섹션으로 나뉘어 있다.

'분석'은 현재 해결하려는 과제를 이론적으로 설명한 것이다. 문제를 정의하는 요소와 제약을 드러내고 문제의 핵심을 매우 철저히 기술한다. 간단한 분석의 예를 살펴보자. "너무 바빠서 장기적인 목표를 생각해 볼 겨를이 없습니다. 매주 회의에 35시간을 쓰고 있거든요. 게다가 팀 성과를 빨리 높여야 하는 부담도 느끼고 있습니다. 현재 참석 중인 회의를 줄인다면 단기적으로 팀의 성과가 낮아질 거라고 믿습니다. 팀의 단기적 성과가 낮아지면 효율적인 리더로 평가받을 수 없으니 제 경력에 위험이 되겠죠. 그런데 제가 장기적 목표에 대해 고민하지 않는다면 팀의 성과는 전혀 개선되지 않을 거고 이 역시 제 경력에 문제가 될 겁니다." 분석 내용을 다 읽기도 전에 몇 가지 좋은 방안이 떠오르는 경우도 많을 것이다. 이것이 문제를 잘 정의하는 것의 힘이자 여러분의 전략에 매우 중요한 기본 요소인 이유이다.

두 번째 단계는 문제를 해결하기 위해 적용할 '정책'을 결정하는 것이다. 정책은 여러분이 채택할 방법을 서술하며 서로 대립 관계에 있는 두 목표 사이의 트레이드오프가 되는 경우도 많다. 앞서 살펴봤던 예를 생각해 보면 여러분은 이해관계자들과 적극적으로 기대치를 설정하는 정책을 도입해서 단기적 성과의 저하를 감수하고서라도 장기적 성과를 높이기로 결정할 수도 있다. 아니면 장기적 성과 향상으로 이어질 수 있는 단기적 개선을 반복해서 조금씩 장기적 성과를 이뤄가는 방법을 채택할 수도 있다. 두 방법 모두 좋은 정책이며, 성과 개선에 투자할 자원이 제한적이라는 현실을 잘 반영하고 있다. 하지만 잘못된 정책은 현 상태를 정당화하는 내용을 담고 있어서 읽어보면 '그래서 어쩌자는 거지?'라는 생각을 하게 된다. 반면 좋은 정책은 목표에 대한 명확한 입장을 취하기 때문에 '아, 안나, 빌, 클레어는 정말 어려움이 많겠구나'라는 생각을 하게 된다.

'행동'은 분석한 내용을 바탕으로 정책을 적용하는 것이다. 사람들은 추상적인 상황에서 곧잘 어려운 결정을 내리긴 하지만, 정책을 구현하기 위한 특정 단계를 찾아내는 데는 어려움을 겪는다. 글로 쓰기에는 가장 쉬운 부분이지만 이를 외부에 공개하고 끝까지 완수해 내는 것은 어려운 일이다. 앞서 예제를 살펴보면 여러분이 취해야 할 행동은 주간 팀 회의에 참석하는 대신 집중 시간을 정해서 월간 지표 리뷰 회의를 진행하는 방법일 것이다. 일관된 논리로 잘 작성된 행동을 읽어보면 '마음은 좀 불편하겠지만 좋은 선택인 것 같다'고 생각할 수 있는 반면, 그렇지 않은 경우라면 '아, 우리는 결과에 너무 부담을 갖고 있구나. 게다가 실제로 바뀌는 것도 없네'라고 생각하게 될 것이다.

전략은 특정 문제를 해결하기 위한 것이므로 몇 가지만 작성해도 된다(오히려 그렇게 하는 것을 권장한다). 지난 몇 년간 다른 팀과 협업하는 방법, 종단 간 API 레이턴시를 관리하는 방법, 인프라스트럭처 비용을 관리하는 방법 등에 대한 전략을 다른 사람들과 수립한 적이 있다. 또한 몇 가지 추가 아이디어에 대해 작업하는 동안 다른 사람의 도움을 받기도 했다. 전략을 작성하는 일은 시스템적인 분석이 필요하며, 다른 사람과 공유하지 않더라도 문서를 작성하는 일은 어렵든 아니든 몇 가지 문제를 해결해 나가는 데 도움이 된다.

사람들은 간혹 전략을 예술적이나 철학적으로 쓰기도 하는데, 좋은 전략을 쓸 때 가장 어려운 점은 그 일이 지루하다는 점이다. 거의 항상 인정하기 껄끄러운 사람과 조직적 측면을 포함해 문제를 어렵게 만드는 제약을 솔직하게 기록해야 한다. 기교를 부려 문성을 작성한다고 해서 여러분이 인정하기 싫은 문제를 해결할 수는 없기 때문이다.

┊ 비전 ┊

전략이 어떤 문제를 해결하기 위해 필요한 트레이드오프를 서술한다면 비전은 그런 트레이드오프가 더 이상 서로 배타적이 되지 않을 미래를 서술한다. 효율적인 비전은 사람들이 각자 느끼는 제약을 넘어 생각하도록 돕고 누군가 가운데서 조율하지 않아도 진행 상황을 조금씩 조정하는 데 도움을 준다.

비전은 불확실성의 오차에 영향을 받지 않고 세부 사항보다는 개념에 집중할 수 있는 관점으로 작성해야 한다. 비전은 세부적이어야 하지만 그 세부 사항은 가능성의 범위를 좁히는 것이 아니라 이루고자 하는 것을 더 명확하게 서술하는 방향으로 활용해야 한다.

잘 작성한 비전은 다음과 같은 내용으로 구성된다.

1. **비전 정의.** 한두 문단으로 문서의 나머지 내용을 요약한다. 이 부분은 회의나 계획 단계, 전략 리뷰 등에서 계속 반복하게 될 핵심 발표 주제이다. 모든 세부 사항을 언급하려 하지 말고 비전을 쉽게 기억할 수 있도록 효율적으로 작성해야 한다.

2. **가치 제안.** 여러분의 사용자와 회사에 어떤 가치를 제시할 것인가? 이 비전을 달성하면 어떤 성공을 가져올 수 있는가? (다음에 소개할) '역량 (capability)'을 먼저 소개하고 그다음에 '가치를 제안'하는 방법이 나은지 그 반대의 순서가 나은지는 여전히 논란의 여지가 있지만, 사용자를 고려하는 것부터 시작하는 것이 더 야심차고 근거 있는 비전을 이끌어낸다.

3. **역량.** 여러분이 제시하는 가치를 달성하기 위해 제품, 플랫폼 또는 팀에 필요한 역량은 무엇인가? 여러 개의 독립적인 비즈니스를 지원할 필요가 있는가? 여러 고객군의 다양한 수요를 충족해야 하는가?

4. **해결된 제약 사항.** 지금은 문제가 되지만 나중에는 더 이상 문제가 되지 않을 제약 사항은 무엇인가? 만약 지금 개발자의 속도 향상에 '주력하고' 있지만 나중에는 저비용을 유지하면서도 상당한 개발 속도를 달성할 수 있을 것이다.

5. **향후의 제약 사항.** 나중에 발생하게 될 제약 사항은 어떤 것이 있을까? 편

딩이나 채용을 통해 쉽게 해결이 가능한 제약 사항이면 좋을 것이다.

6. **참고 문헌**. 비전에 대해 더 잘 이해하고 싶어 하는 사람들을 위해 현존하는 모든 계획, 지표, 업데이트, 참고 자료 및 문서를 첨부하자. 그러면 문맥을 해치지 않고도 비전 문서의 복잡한 내용을 잘 설명할 수 있다.

7. **서술**. 지금까지 소개한 섹션을 모두 작성했다면 설득력 있는 비전 문서를 완성하기 위한 마지막 단계로 모든 내용을 쉽게 이해할 수 있도록 짧게(한 페이지 정도 분량으로) 서술하는 것이다. 최종 버전의 문서에는 비전 정의 다음에 서술 섹션을 추가하면 좋다.

지금까지 설명한 내용을 모두 추가하면 팀이 올바른 방향으로 의사 결정 내리면서도 그 과정에서 스스로 선택하고 절충할 수 있는 여지를 제공하는 좋은 문서를 작성할 수 있다. 사람들이 의사 결정을 내릴 때 문서를 참조하기 시작하면 비전 문서를 잘 작성한 것이고 계속해서 방향과 어긋나는 의사 결정이 내려진다면 비전 문서를 잘못 작성한 것이다.

비전 문서는 전략 문서와 비교해 보면 그 형식이 조금 더 자유로운 편이다. 전략 문서보다는 비전 문서가 훨씬 적으므로 비전 문서에서 일관성은 그다지 중요하지 않다. 그러므로 상황에 가장 적합한 형식을 채택하자.

더불어 몇 가지 유용한 팁을 제시하고자 한다.

문서의 내용을 테스트하자! 비전 문서는 주요 리더십 도구이며 처음 작성한 문서는 거의 확실히 형편없을 것이다. 초안을 먼저 작성하고 몇몇 동료들과 마주 앉아 의견을 들어보고 피드백을 모두 수렴할 때까지 문서 수정하는 일을 반복하자. 만일 피드백에 동의할 수 없다면 비전 정의에 명시적으로 동의하지 않는 이유를 첨부해서 충돌을 해결할 기회로 활용하자.

정기적으로 갱신하자. 매년 비전을 갱신할 시간을 갖고, 일관성보다는 유용성에 더 중점을 두자. 기존 비전이 그다지 좋아 보이지 않는다면 다시 시작해도 괜찮다. 그건 여러분이 지난 한 해 동안 많은 것을 배웠다는 뜻이기 때문이다.

현재형 문장을 사용하자. 그러면 강렬하면서도 간결한 문장을 작성할 수 있고 미래에 대한 자신감을 전달할 수 있다.

간단하게 작성하자. 비전 문서에 유행어를 남발하면 읽는 사람의 관심이 쉽게 사그라들 것이다.

개별 분야마다 하나의 비전 문서를 준비하는 것은 좋지만 그 이상은 곤란하다. 겹치는 분야가 있다면 통합 버전을 만들어보자. 한 분야에 대해 명확하게 연결된 두 비전을 갖추는 것은 아예 비전이 없는 것보다는 낫다.

비전이나 전략 문서는 다른 리더십 도구와 마찬가지로 특정한 문제를 해결하기 위한 방법일 뿐 모든 문제를 해결해 주지는 않는다. 팀이 방향성을 갖추고 업무를 잘 수행하고 있다면 굳이 시간을 들여 이런 문서를 작성할 필요는 없다.

하지만 팀이 이해 당사자와의 방향성을 맞추는 데 어려움을 겪거나 여러분이 조직의 응집력을 높이는 데 고전하고 있다면 이런 문서를 작성하는 것은 분명히 도움이 되고 경험을 쌓으면 빠르게 작성할 수 있을뿐더러 별다른 위험도 없다(최악의 상황이라고 해봐야 아무도 읽지 않을 뿐이다).

3.4

지표와 기준치

모든 회사는 성장 과정에서 최상위 계획이 특정 프로젝트에 대한 논의에서 목표에 대한 논의로 바뀌는 순간을 경험한다. 이런 일은 반복적으로 일어나는데 그 이유는 리더가 모든 프로젝트의 세부 사항을 일관적으로 이해하기에는 책임져야 할 영역이 너무 넓거나 복잡해지기 때문이다.

목표는 '무엇'을 해야 할지와 '어떻게' 해야 할지를 따로 설정하는 것이므로 목표를 논의하는 시간은 조직에 힘을 실어주기도 하지만, 참석자 입장에서는 프로젝트에 대한 논의가 목표에 대한 논의로 바뀌는 그 순간이 혼란스러울 수 있다. 명확한 목표에 대한 문서를 작성하는 데는 연습이 필요하다.

목표 설정하기

잘못된 목표는 숫자로는 구분할 수는 없다. 'p50² 빌드 시간을 2초 이내로 단축하자'거나 '8개의 대형 프로젝트를 실행할 겁니다' 같은 목표는 잘못된

---

2 역주 백분위 수. 크기가 있는 값들로 이뤄진 자료를 순서대로 나열했을 때 백분율로 나타낸 특정 위치의 값.

목표다. 이런 목표를 읽어보면 단순히 숫자만을 이야기하고 있을 뿐 달성 가능한 목표인지 아니면 중요한 목표인지는 알 수가 없다.

좋은 목표는 네 가지 특정한 숫자로 구성된다.

1. 이루고자 하는 **목표** 상태
2. 현재 상태를 의미하는 **기준치**
3. 현재의 속도를 설명하는 **동향**
4. 변화의 범위를 설정하는 **기간**

이 네 가지 숫자를 잘 활용한다면 '3분기에 우리는 프런트 페이지의 렌더링 속도를 600밀리초(p95)에서 300밀리초(p95)로 단축할 것입니다. 2분기에 렌더링 속도가 500밀리초에서 600밀리초로 증가했습니다'처럼 목표를 제대로 작성할 수 있다.

목표의 효율성을 확인하는 두 가지 방법은 그 분야에 대해 잘 모르는 사람이 목표의 복잡도를 느낄 수 있는지 여부와 나중에 목표를 성공적으로 달성했다고 평가할 수 있는지 여부다. 앞서 설명한 네 가지를 잘 정의했다면 여러분의 목표는 이 조건을 충족할 수 있을 것이다.

투자와 기준치

여러 목표 중에서도 투자와 기준치는 특히 더 흥미로운 종류의 목표다. 투자는 달성하려는 미래의 상태를 의미하며 기준치는 유지하고자 하는 현재 상태를 의미한다.

데이터 파이프라인의 속도를 향상시키고 싶다고 가정해 보자. 그래서 '3분기 내에 핵심 배치 작업을 3시간(p95) 이내에 완료해야 합니다. 현재는 6시간(p95)이 걸리며 2분기 사이에 2시간이 더 늘었습니다'라는 목표를 세웠다고 가정하자. 물론 잘 작성한 목표이기는 하지만 아직 완벽하지는 않다. 이 목표는 클러스터의 크기를 두 배로 늘리면 당장 내일이라도 달성할 수 있지만 그런 결과를 원하는 것은 아니기 때문이다.

이런 의도치 않은 결과가 발생하는 것을 막을 수 있는 가장 좋은 방법은 투자 목표를 기준 지표와 맞추는 것이다. 앞서 데이터 파이프라인의 예를 들어보면 다음과 같은 몇 가지 기준 지표를 찾아볼 수 있다.

- 핵심 배치 작업의 실행 효율성은 GB당 $0.05라는 현재 가격을 넘지 않아야 한다.
- 현재 핵심 배치 작업의 실행 중에 주 2회 경고가 발생하는데, 파이프라인을 운영하거나 사용하는 동안 이 경고 횟수가 증가하지 않아야 한다.

기준 지표는 투자 목표를 달성하기 위한 해결책을 고민할 때 그 범위를 좁혀준다. 또 어느 시점에 목표 달성을 중단하고 플랫폼의 품질에 투자해야 하는지를 결정할 때도 도움이 된다. 예를 들어 새 기능을 출시하는 과정이 훌륭하게 진행되고 있지만, 사이트의 안정성이 기준치 아래로 내려가는 경우에 이 프레임워크는 우선순위를 재조정할 수 있는 구조를 제공한다.

기준치는 현재의 상태를 유지하는 것과 관련이 있긴 하지만 우선순위를 재조정하기 전에 일부 성능 저하를 허용할지를 결정할 수도 있다. 어쩌면 투자 목표를 달성할 수 있다면 10%의 비용 증가를 용납할 수도 있을 것이다. 이렇게 트레이드오프에 대해 미리 명시적으로 정해두는 것은 매우 강력한 도구가 될 수 있다.

계획과 계약

목표를 활용하는 가장 보편적인 방법은 계획 단계에서 참고하는 것이다. 각 팀의 투자와 기준 목표에 대한 합의를 마치면 팀이 자율적으로 모든 제약에 만족할 방법을 찾게 허용하면서도 팀별로 명확한 기대치를 설정할 수 있다. 투자 목표는 가능한 세 개 정도로 적게 설정하고 계획에 대해 논의하는 동안 그 세 가지 목표에만 집중하는 편이 좋다.

투자 목표보다는 기준 목표를 설정하고 싶겠지만 목표에 대한 논의를 제대로 진행하려면 둘을 구분하는 것이 가장 좋다. 이상적이라면 기준 목표는 투자 목표를 논의하는 과정에서 자연스럽게 정해지지만 그렇다고 해서 기준 목표에 대해 논의하느라 너무 많은 시간을 쓸 필요는 없다.

한 가지 예외 상황은 SLO를 지정할 수 있는 제2자[3]와의 계약으로 기준 목표를 사용하는 경우이다. 이 시점에서는 다른 기준 목표보다 더 명시적으로 논의를 해야 한다. 물론 자세히 논의하지 않은 다른 기준 목표는 대부분 체계적으로 해결할 수 있다.

지표의 설정은 OKR을 비롯해 여러 가지 방법이 있지만 필자의 생각에는 이 방법이 상당히 유용하며 가볍게 시작할 수 있다. 혹시 독자 중에 더 쉽거나 유용한 다른 방법을 알고 있다면 의견을 들어보고 싶다!

---

3 역주 회사 소속은 아니지만 회사의 업무를 수행하는 사람 또는 조직

3.5

지표를 이용해 광범위한 조직적 변화를 유도하기

사람들은 주로 새로운 계획을 작성하거나 기존의 계획을 반영할 때 목표와 지표를 언급하곤 하지만, 필자는 대규모 조직적 변화를 유도하는 데 사용되는 것이 가장 좋았다. 특히 지표는 조직의 승인을 거의 또는 아예 받지 않고도 변화를 이끌어낼 수 있는 매우 효과적인 방법임을 깨달았고, 그래서 어떤 일이 있었는지 기록으로 남기고 싶었다.

필자는 스트라이프와 우버에서 인프라스트럭처 비용을 관리할 기회가 있었다(라이언 로포폴로의 「Effectively Using AWS Reserved Instance」[4]라는 훌륭한 블로그 포스트도 소개하고 싶다). 이 문제에 대해 고민해 본 적이 없는 사람들은 이 문제가 따분하다고 생각하지만 좀 더 깊이 생각해 보면 조직의 변화를 이끌어내는 것에 대해 배울 수 있는 점이 매우 많다.

게다가 지표를 이용해 변화를 유도하는 방법의 좋은 예이기도 하다!

인프라스트럭처 비용은 기준 지표의 예로 매우 적합하다. 회사의 전체 인프

---

4 https://stripe.com/blog/aws-reserved-instances

라스트럭처 비용에 대한 책임을 지게 되면 '인프라스트럭처 비용을 현재 순이익의 30% 수준으로 유지한다' 같은 목표를 먼저 달성해야 한다(순익 대비 비용은 상황에 따라 달라질 수 있으므로 30%는 예를 위해 사용한 숫자임을 기억하자. 하지만 경험상 비용은 구체적인 금액보다 순익의 일부로 목표를 잡는 것이 더 유용하다).

지금까지 설명한 내용을 토대로 필자가 발견한 방법을 설명하고자 한다.

1. **탐구하기.** 첫 번째 단계는 SQL 데이터베이스나 엑셀 스프레드시트 같은 데이터 웨어하우스나 탐구할 만한 형태로 데이터를 찾아내는 것이다. 일단 데이터를 찾았다면 시간을 투자해 데이터를 들여다보자. 이 단계의 목적은 변화를 이끌어내야 하는 부분을 알아내는 것이다. 예를 들어 배치 파이프라인이 가장 많은 비용을 소비하고 있으며 데이터 웨어하우스는 이상할 정도로 비용이 적게 든다면 이 부분을 집중적으로 검토해야 할 것이다.

2. **심층 분석.** 일단 3~4가지 문제를 찾아냈다면 이 문제들을 깊이 있게 분석해 보자. 배치 비용은 실행하는 작업의 개수, 저장된 총 데이터 또는 새 제품 개발에 영향을 받을 수도 있지만 한두 개의 대규모 작업이 비용의 대부분을 차지할 수도 있다. 심층 분석은 멘탈 모델을 갖추는 데 도움이 되며 긴밀하게 협업해야 할 팀과 여러분 사이의 관계 형성에도 도움이 된다.

3. **책임 소재의 파악.** 대부분 회사에서 중요시하는 지표(비용, 레이턴시, 개발 속도 등)의 경우 가장 먼저 해당 지표에 영향을 미치는 하나의 팀을 찾아내야 하지만 대부분 이런 팀은 잘 드러나지 않는다. 하지만 이 팀 외 다른 요인으로 눈을 돌려보면 그 팀의 성과는 대부분 수많은 다른

팀에게 영향을 받는다. 예를 들어 클라우드 엔지니어링 팀은 VM의 프로비저닝을 담당하지만 그 VM에서 실행되는 코드를 직접 작성하지는 않는다. 클라우드 팀에게 비용 문제를 들이대는 것은 쉽지만 그렇게 하면 클라우드 팀에게 책임을 전가하는 것이다. 대신 클라우드 팀이 2차 분석을 위해 시스템 구축하는 것을 도와준다면 플랫폼을 사용하는 팀과 관련된 데이터를 구축할 수 있다. 이런 2차 분석을 통해 다음 단계에 영향을 미치는 사람들에 집중할 수 있다.

4. **맥락화.** 책임 소재를 명확히 하는 데이터를 갖췄다면 각 팀의 성과에 대한 맥락을 파악해야 한다. 맥락을 파악하는 가장 보편적이면서도 자체적인 방법은 벤치마킹이다. 팀이 한 달에 1억 원을 소비한다는 걸 아는 것과 팀이 한 달에 1억 원을 소비하는데 그 금액이 나머지 47개 팀의 비용 중 두 번째로 높은 걸 아는 것은 무척이나 다른 일이다. 벤치마킹이 특히 강력한 이유는 벤치마킹으로 자연스럽게 행동이 바뀔 수 있기 때문이다. 모든 팀을 벤치마킹하는 것이 너무 어려울 경우에는 몇몇 집단만 벤치마킹하는 것이 좋다. 예를 들어 프런트엔드, 백엔드, 인프라스트럭처 팀이 소비하는 비용은 상당히 다르므로 이들을 대상으로 집단을 정의할 수 있다.

5. **설득하기.** 데이터에 대한 맥락을 갖춰서 사람들이 데이터를 이해할 수 있게 되었다면 다음 단계는 팀이 행동을 취하도록 설득하는 것이다. 대시보드가 분석에 적합하지만 기준 지표를 확보하기 어려운 이유는 사람들이 오랜 시간 동안 기준 지표에 대해 생각하지 않아서 완전히 잊어버리는 경우가 많기 때문이다. 가장 효과적인 방법은 지표가 최근에 완전히 바뀌었거나 벤치마킹한 성과가 바뀐 경우에 매일 같은 방법으로 알림을 보내는 것이다. 이렇게 하면 매번 팀이 대응해야 할 중요한 정

보를 제공할 수 있다. 이런 식의 설득이 강력한 이유는 조직으로부터 아무런 권한을 받지 않고도 사람들이 자신의 행동이 바뀌었다는 것을 알게 함으로써 올바른 방향으로 유도할 수 있기 때문이다(이 주제에 대한 더 자세한 내용은 『넛지』(리더스북, 2022)를 참고하기 바란다).

6. **기준 지표.** 최상의 환경이라면 설득을 통해 조직에 영향을 미칠 수 있겠지만 그것만으로는 충분하지 않은 경우도 많다. 이런 경우 다음 단계는 기준 지표를 이용해 성과를 측정하는 것에 동의한 핵심 팀과 협업하는 것이다. 이 방법은 기준 지표를 늘 염두에 두고 이해 당사자와 우선순위를 협상할 수 있는 강력한 도구를 제공하므로 매우 유용하다. 경우에 따라서는 조직에서 권한을 부여받아야 하지만 사람들은 대부분 권한보다는 책임을 지고 싶어 한다. 핵심 팀과 함께 목표가 왜 중요한지 차분하게 이야기해 볼 기회가 있다면 굳이 조직으로부터 권한을 부여받을 필요는 없다.

7. **리뷰.** 여러분이 이 단계까지 오지 않길 바라지만 마지막 단계는 각 팀의 성과를 월 단위 또는 분기 단위로 리뷰하고 팀이 동의한 기준치에 미달한다면 그 팀의 우선순위 조정에 도움을 주는 것이다. 기준치에 미달하는 팀은 거의 항상 다른 목표를 우선으로 하기 때문에 여기에 변화를 주는 것이 왜 중요한지 이해 당사자들에게 설명하려면 임원급의 지원이 필요하다.

이 방법도 효과적이지만 더 중요한 것은 확장성이 뛰어나다는 점이다. 이 방법은 회사가 팀에 부담을 주지 않으면서도 여러 기준 지표를 동시에 관리할 수 있다. 그것이 가능한 이유는 이 방법이 핵심 부서가 목표한 변화를 이끌어내는 것에 집중하면서도 모든 팀이 이 변화에 참여할 필요가 없기 때문이다. 또한 팀이 우선순위를 스스로 조정할 수 있게 필요한 정보를 제공할 때 하향식 조율을 최소화하므로 매우 효과적이다.

3.6

마이그레이션 - 기술 부채를 해결하는 확장 가능한 유일한 방법

필자가 참여했던 마이그레이션 중 가장 인상 깊었던 것은 우버에서 퍼펫(Puppet)이 관리하던 서비스를 회사의 엔지니어라면 누구나 새 서비스를 클릭 두 번만으로 띄울 수 있는 자체 프로비저닝 모델로 마이그레이션한 것이었다. 단순히 그렇게 할 수 있게 된 것뿐만이 아니라 서비스를 완성하면 하루에도 여러 개의 서비스를 프로비저닝할 수 있었으며 새로 채용한 엔지니어도 첫날부터 서비스를 올릴 수 있었다.

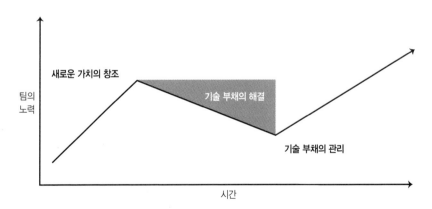

그림 3-5 기술적 마이그레이션의 과정

이 마이그레이션이 인상 깊었던 이유는 그 규모였다. 처음 시작할 때는 새 서비스를 프로비저닝하려면 총 2주가 걸렸고 엔지니어링도 2일의 시간이 필요했으며 매일 새 서비스의 론칭이 늦어졌다. 당시 이 문제는 단순한 스트레스 이상이었지만 대규모 소프트웨어 마이그레이션이 어떻게 동작하는지를 배울 수 있었던 완벽한 시간이기도 했다. 작은 변화도 볼 수 있을 만큼 충분히 규모가 컸고 여러 가지 방법을 시도해 볼 수 있을 정도로 오랜 시간이 걸렸다.

기반 코드가 오래되고 비즈니스가 성장하면서 마이그레이션은 기본적인 것인 동시에 불안할 정도로 빈번하게 일어났다. 대부분의 도구와 프로세스는 그 효율성이 떨어지기 전까지는 한 자릿수의 성장만 지원했으므로 회사가 빠르게 성장함에 따라 마이그레이션은 그 수명이 다해가고 있었다. 이는 프로세스나 도구의 문제가 아니라 그 반대였다. 어떤 것이 굉장히 큰 규모에서 제대로 동작하지 않는다는 것은 이전의 상태에 따라 과하지 않고 적절하게 설계되었다는 뜻이다.

결과적으로 도구를 너무 많이 바꾸면 새 소프트웨어를 마이그레이션할 수 있는 역량이 전체적인 속도에 결정적인 제약이 될 수 있다. 마이그레이션의 중요성에 비해 우리는 마이그레이션을 실행해야 한다고 그렇게 자주 이야기하진 않는다. 이제 이 문제를 해결해 보자!

마이그레이션이 중요한 이유

마이그레이션이 중요한 이유는 기술 부채를 의미 있게 개선할 수 있는 유일한 방법이기 때문이다.

엔지니어는 기술 부채를 싫어한다. 개인적으로 기술 부채를 줄일 수 있는 쉬운 프로젝트가 있다면 알아서 해결할 것이다. 엔지니어링 관리자도 기술 부채를 싫어한다. 팀이 독자적으로 처리할 수 있는 쉬운 프로젝트가 있다면 관리자는 이 프로젝트를 실행할 계획을 세울 것이다. 종합해 보면 기술 부채를 줄이기 위한 쉬운 방법이 없고 여러 팀이 함께 작업해야 한다. 결론적으로 말하면 마이그레이션이 필요하다.

각 마이그레이션의 목표는 기술적 레버리지를 활용하거나(더 이상 서버 하나에만 연연하지 않아도 된다!) 기술 부채를 줄이는(쓰기 작업이 마스터의 장애 조치 서버에도 데이터가 기록되도록 보장한다!) 것이다. 이런 작업은 지금 당장 서비스를 개선할 수 있는 시간을 나중을 위해 허비하는, 그다지 좋지 않은 방법이라고 할 수 있다. 바로 이 점이 마이그레이션을 쉽게 결정할 수 없는 이유이자 시스템이 커질수록 더 비용이 많이 드는 이유다. 로어(Lore)에 따르면 구글 직원들은 의존성과 패턴을 업그레이드하느라 소유한 제품/시스템에 아무런 진척을 만들어내지 못하는 팀을 가리켜 '현상 유지에 급급한 팀'이라고 부른다고 한다. 마이그레이션에 '모든' 시간을 투입하는 것은 너무 극단적이지만 중간 규모의 모든 기업은 해야 할 마이그레이션이 너무 많다. VM을 컨테이너로 옮기기, 서킷 브레이커 적용하기, 새 빌드 도구로 이전하기 등등 해야 할 일이 끝도 없다.

마이그레이션은 회사와 코드의 크기가 커질수록 기술 부채를 효율적으로 관리할 수 있는 유일한 메커니즘이다. 소프트웨어와 시스템 마이그레이션에 효율성을 갖추지 못한다면 기술 부채에 허덕이게 될 것이다(그래도 마지막으로 해볼 수 있는 한 가지는 완전히 새로 개발하는 것이다).

마이그레이션 제대로 수행하기

마이그레이션은 쉽지 않지만 그나마 좋은 소식은 정말 잘 동작하는 표준화된 방식이 존재한다는 점이다. 위험을 제거하고 마이그레이션을 활성화한 후 끝내면 된다.

위험 제거하기

마이그레이션의 첫 단계는 최대한 신속하고 적은 비용으로 **위험을 제거(de-risking)**하는 일이다. **설계 문서**를 작성하고 믿을 수 있는 팀이 설계 문서의 내용을 도입하게 만드는 것이 마이그레이션에서 가장 어려운 부분일 것이다. 될 때까지 반복하자. 설계 문서를 이례적인 패턴과 예외 상황이 있는 팀에서 도입하도록 유도해야 한다. 이것도 될 때까지 반복하자. 설계 문서는 향후 6~12개월의 로드맵에 따라 테스트해야 한다. 이것도 계속해서 반복해야 한다.

설계를 개선했다면 다음 단계는 **가장 어려움을 겪고 있는 한두 팀에 도입해** 그 팀들과 함께 새 시스템을 개발하고 개선하며 마이그레이션하는 것이다. 가장 쉬운 마이그레이션부터 시작하면 보안에 대해 잘못된 감각을 갖게 될 수도 있다.

위험을 효과적으로 제거하는 것이 중요한 이유는 **마이그레이션을 지지하는 모든 팀이 여러분이 이 지긋지긋한 일을 마무리해 줄 것이며 마이그레이션이 완료되지 않은 채로 내버려두지 않을 것이라 믿기 때문이다.** 만일 여러분이 어떤 마이그레이션을 완전히 끝내지 못한다면 사람들은 다음 마이그레이션에 참여하지 않을 것이다.

마이그레이션 진행하기

의도한 문제를 해결할 방법에 대한 검증을 마쳤다면 이제 이 방법을 더 다듬어야 한다. 많은 사람이 이 시점에서 팀이 구현해야 할 티켓을 만들어 마이그레이션을 시작하는데, 그것보다는 한숨 고르면서 90%에 달하는 쉬운 마이그레이션 작업을 프로그래밍으로 처리할 수 있는 도구를 구현하는 편이 좋다. 그러면 조직 전체의 마이그레이션 비용을 획기적으로 줄일 수 있어서 조직의 성공률을 높일 수 있는 것은 물론, 향후 다른 마이그레이션을 진행할 기회도 창출할 수 있다.

최대한 많은 마이그레이션을 프로그래밍적으로 처리했다면 모든 팀이 문제 없이 필요한 부분을 변경할 수 있도록 **자체적으로 사용할 수 있는 도구와 문서를** 마련하자. 최고의 마이그레이션 도구는 증분적이며, 원상 복구가 가능해야 한다. 즉, 뭔가 잘못되면 즉시 이전 상태로 되돌릴 수 있어야 하며 필요한 마이그레이션 과정의 위험을 충분히 제거할 수 있을 정도로 표현력이 뛰어나야 한다.

문서와 셀프 서비스 도구도 제품이며, 같은 체제 내에서 활성화된다. 몇몇 팀과 함께 그 팀들이 여러분이 제시한 절차를 따르는지 지켜보고 개선하게 도와주자. 그리고 다른 팀을 찾아 같은 일을 반복한다. 한 이틀 정도 시간을 내서 여러분이 작성한 문서와 도구를 더 깔끔하게 정리하면 대규모 마이그레이션 수행에 필요한 시간 중 몇 년은 절약할 수 있다. 지금 당장 문서와 도구를 정리하기 바란다!

마무리하기

마이그레이션의 마지막 단계는 교체한 레거시 시스템을 제거하는 것이다.

그러려면 모든 업무가 새 시스템으로 완전히 전환되어야 하는데 이 부분이 어렵다.

새로 작성한 모든 코드가 새로운 방식을 사용하는지 확인하는 **지혈** 작업을 먼저 시작하자. 린터(linter)에 래칫(ratchet)을 설치하거나 문서 및 자체 도구를 업데이트하는 것도 이런 작업이다. 이 단계는 시간을 벌어줄 수 있으므로 항상 가장 먼저 진행해야 한다. 이 과정을 통해 자연스럽게 뒤처리를 하는 것이 아니라 자연스럽게 진척을 이뤄낼 수 있다.

자, 이제 **추적용 티켓을 만들고** 마이그레이션을 실행할 팀과 보편적인 관리 체계에 **마이그레이션 상태를 강제하는** 메커니즘을 도입해야 한다. 관리자도 마이그레이션에 대한 우선순위를 고려해야 하는 사람이므로 가능하면 관리에 대한 문맥을 광범위하게 제공하는 것이 중요하다. 팀이 마이그레이션 업무를 수행하고 있지 않다면 대부분 그 이유는 리더가 마이그레이션에 우선순위를 두지 않기 때문이다.

이 시점이 되면 마이그레이션은 거의 완료된 상태지만 이상하게 동작하거나 담당자가 없는 작업이 있을 수도 있다. 이 경우 해결책은 **여러분 스스로 해결**하는 것이다. 이 작업은 그다지 재미있지는 않겠지만 마이그레이션을 완전히 마무리하려면 마이그레이션을 주도하는 팀이 스스로 구석구석을 살펴야 한다.

마이그레이션 완료에 대해 마지막으로 팁을 주자면, 노력을 인정해 주는 것에 중점을 두어야 한다. 마이그레이션을 시작하게 된 걸 축하하는 것도 중요하지만 실질적인 축하와 인정은 **마이그레이션을 성공적으로 완료했을 때** 주어져야 한다. 특히 시작은 했지만 완료되지 않은 마이그레이션은 심각한 기술 부채가 될 수 있으므로 적절하게 보상을 할 수 있는 구조를 갖춰야 한다.

엔지니어링 조직의 개편

성장이 빠른 회사에서는 조직의 성공에 불균형한 영향을 미치는 관리 기술이 두 가지가 있다. 기술적 마이그레이션의 비용을 줄이는 것과 조직 개편을 실행하는 것이 바로 그것이다. 이 두 가지 스킬을 모두 갖추고 있다면 현상 유지에 급급한 상황을 넘기고 본인의 시간을 더욱 효율적으로 활용할 수 있다.

두 가지 스킬 중에는 조직적 변화를 관리하는 스킬이 더 일반적이므로 엔지니어링 조직을 (재)개편하는 구조화된 프레임워크를 살펴보자.

한 가지 알아둘 건 지금부터 설명하는 내용은 따라야 할 절차라기보다는 여러분의 계획을 돕기 위한 도구일 뿐이라는 점이다.

필자가 조직적 변화를 계획하는 방법은 다음과 같다.

1. 조직적 변화가 적절한 방법인지 검증한다.

2. 프로젝트에 필요한 연간 인력의 수를 결정한다.

3. 관리직부터 개별 기여자(individual contributors)의 목표 비율을 설정한다.

4. 논리적인 팀과 팀의 그룹을 정의한다.

5. 팀과 그룹의 인력 구성에 대한 계획을 세운다.

6. 계획을 진행한다.

7. 변화를 적용한다.

이제 각각의 단계를 더 자세히 살펴보자.

조직 개편이 적절한 방법인가?

좋은 조직 개편은 두 가지로 생각할 수 있다.

- 구조적인 문제를 해결하는 조직 개편
- 하지 않아도 되는 조직 개편

반면 인력 관리 이슈를 회피하려는 목적으로 시행하는 조직 개편은 최악의 조직 개편이다.

조직 개편이 필요한 것인지를 검증하기 위한 체크리스트는 다음과 같다.

1. 조직 개편을 통해 해결하려는 문제가 구조적인 문제인가? 조직을 개편하면 더 많은 의사소통과 의사 결정에 대한 저항의 감소 그리고 주의의 집중 등을 이끌어낼 수 있다. 만일 다른 종류의 변화를 원한다면 더 직접적인 방법이 있는지 생각해 보자.

2. 무너진 관계를 회복하기 위해 조직 개편을 하는가? 관리 업무는 항상 카르마가 발생하는 일이므로 문제가 드러날 때마다 계속 해결해 나가는 것보다는 근본적인 문제를 해결해야 한다.

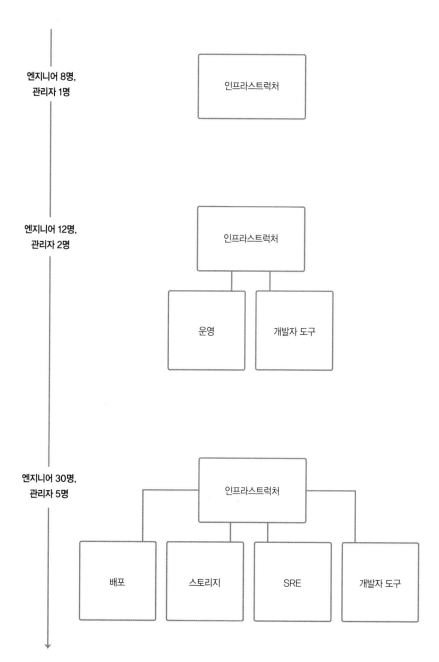

엔지니어 8명,
관리자 1명

인프라스트럭처

엔지니어 12명,
관리자 2명

인프라스트럭처

운영

개발자 도구

엔지니어 30명,
관리자 5명

인프라스트럭처

배포

스토리지

SRE

개발자 도구

그림 3-6 조직의 성장에 따른 조직 개편

3. 이미 존재하는 문제인가? 나중에 발생할 문제를 예측하는 것은 어려운 일이므로 지금 당장 문제가 없다면 문제가 발생할 때까지 기다리는 편이 좋다. 설령 문제가 발생할 것이라는 예측이 틀리지 않더라도 다른 문제가 먼저 발생할 수도 있다.

4. 현재의 상황이 일시적인가? 지금 매우 바쁜 기간인가 아니면 다시 하고 싶지 않은 어떤 일을 하고 있는가? 만일 후자라면 일시적인 문제를 최적의 방법으로 해결하는 것보다는 우선 시급한 문제를 해결하고 다른 측면에서 생각해 보는 편이 낫다.

그래도 조직 개편을 해야 한다고 생각한다면 다음 단계로 넘어가 보자.

프로젝트에 필요한 인력 충원

조직 개편의 첫 단계는 조직의 전체 규모를 대략적으로 결정하는 것이다. 필자는 이 숫자를 3~4가지 다른 방향으로 생각해 볼 것을 권한다.

1. 거의 불가능하지만 낙관적인 숫자
2. 모든 팀과 역할에 담당자가 있다면 조직의 '자연스러운 크기'에 기반한 숫자
3. 지금까지의 채용률에 기반한 실질적인 숫자

그런 다음 이 숫자를 하나로 합쳐보자.

프로세스에서 뭔가 의미 있는 것을 변경하지 않는다면 지금까지의 채용 추세가 가장 정확할 가능성이 높으므로 그 숫자에 가장 큰 가중치를 줘야 한다(경험상 채용을 통해 상당한 결과를 낼 수 있는 쉬운 변화는 그 수가 많지 않았다).

연간 프로젝트에 필요한 인원수를 결정하는 목적 중 하나는 현재의 정확한 상태와 현재 여러분이 함께 일하고 있는 사람들을 너무 최적화하려는 시도를 방지하기 위한 것이다. 조직의 변화는 너무 많은 사람에게 심각한 지장을 주므로 필자는 조직에서 중추적 역할을 수행하는 개인이 아니라 구역 단위로 조직을 개편해야 한다고 믿게 되었다.

관리자 대 엔지니어 비율

일단 인원수를 결정했다면 각 관리자를 지원할 팀원 수를 정해야 한다. 팀원의 수는 회사가 엔지니어링 관리자의 역할을 어떻게 정의하고 있는가에 따라 달라진다. 엔지니어링 관리자가 기술적인 업무도 수행해야 한다면 팀원의 수는 3~5명 정도가 적당하다(다만 팀원들이 오랜 시간 동안 손발을 맞춰왔다면 매우 특별한 경우라 일반화하기 힘들다).

그렇지 않다면 팀원의 경력에 따라 5~8명의 엔지니어로 팀을 구성하는 것이 일반적이다. 관리자 1명당 8명 이상의 팀원을 배정해야 한다면 왜 여러분의 관리자가 업계 표준보다 훨씬 많은 팀원을 관리할 수 있다고 믿는지 그 이유를 반영해야 한다. 관리자의 경력이 대단해서? 아니면 보통 수준 이하의 성과를 기대하고 있어서?

이유가 뭐가 됐든 6~8명 사이의 범위로 목표치를 정하자.

팀과 그룹의 정의

이제 조직의 규모와 관리자 대 엔지니어의 비율을 정했다면 조직의 전반적인 형태를 생각할 시점이다.

여러분의 조직에 35명의 엔지니어가 있고 한 팀마다 7명의 엔지니어를 배정했다고 가정해 보자.

$$35 \div 7 = \text{관리자 5명}$$

$$\text{Log}_7(35) \approx 1.8\text{명 관리자의 관리자(2차 관리자)}$$

회사가 계속 성장 중이라면 이 계산은 '최소한'을 의미하므로 관리자의 수는 올림해야 조직이 계속 살아남아 개선될 수 있다.

이렇게 계산한 숫자는 여러분이 조직해야 할 팀의 수와 팀의 그룹의 수를 결정하는 '근거'로 사용하기에 좋다.

먼저 35명의 엔지니어를 보유한 상황이라면 5~6개의 팀을 1~3개의 그룹으로 구성할 수 있다. 엔지니어가 74명인 경우라면 12~15개의 팀을 2~4개의 그룹으로 구성할 수 있다.

일단 근거를 마련했다면 다음의 사항을 추가로 고려해 보자.

1. 각 팀마다 적절한 강령을 만들어줄 수 있는가?

2. 여러분 스스로 각 팀의 구성원이나 관리자가 된다면 신명 나게 일할 수 있을 것인가?

3. 함께 일하는 팀(특히 협업이 잘 안 되는 팀)은 가능한 한 가까이 배치한다. 그렇게 하면 합의가 제대로 진행되지 않을 때 팀장들이 빠르게 개입할 수 있으며, 중재자가 충분히 상황을 파악할 수 있다. 또한 대부분 협업이 제대로 안 되는 이유는 정보의 격차 때문이며, 가까이서 일하는 것보다 정보의 격차를 빨리 채울 수 있는 방법은 없다.

4. 각 팀의 인터페이스를 명확히 정의할 수 있는가?

5. 각 팀이 담당할 영역을 정리할 수 있는가?

6. 각 팀이 담당할 영역을 빠짐없이 정의하고 그 책임을 각 팀에게 전달했는가? 가능하면 담당 팀이 없는 경우는 만들지 말자. 만일 명시적으로 담당 팀을 지정하지 않아야 한다면 그게 더 나은 방법이다(기본적으로 팀원이 채워지지 않은 팀을 정의한다).

7. 각 팀이 매력을 느끼고 열심히 해볼 만한 일이 있는가?

8. 늘 그렇듯 적합한 구조를 설계하는 것보다 개인을 더 우선시하고 있진 않았는가?

지금까지 설명한 내용은 조직 설계의 관점에서 필요한 최소한의 공식이며 필요하다면 여러분의 인맥과 유사한 조직을 참고해 아이디어를 얻는 것도 좋다.

팀과 그룹 구성원의 조달

조직 설계와 인력 규모에 대한 계획이 완성되었다면 기술 리더와 관리 리더를 언제 조달할지 대략적으로 결정할 수 있다.

팀원은 크게 네 가지 방법으로 보충할 수 있다.

1. 필요한 역할을 수행할 준비가 된 팀원

2. 목표 시간 내에 필요한 역할을 맡을 수 있을 정도로 성장할 수 있는 팀원

3. 회사 내에서 팀 간 이동

4. 필요한 스킬을 갖춘 외부 인력의 채용

아마도 주요 인력을 조달하는 순서는 이 순서와 같아야 할 것이다. 그래야 하는 이유는 아직 채용하지 않은 인력을 중심으로 조직을 개편하는 것은 성공하기 어려우므로 여러분의 문화를 이미 아는 사람들 위주로 인력을 구성하는 편이 낫기 때문이다.

특히 개개인의 이름, 현재 소속 팀 그리고 향후에 이동할 팀을 모두 적어둔 스프레드시트를 만들어둘 것을 권한다. 실수로 누군가를 놓친다는 것은 조직 재개편에 있어선 안 되는 실수이기 때문이다.

계획을 실행할 준비하기

이제 실행에 대한 결정을 내릴 때다. 실행에 앞서 스스로에게 다음의 몇 가지 질문을 던져보자.

1. 이 변화는 의미 있고 긍정적인 변화인가?
2. 새 조직 구조가 최소한 6개월은 유지될 수 있는가?
3. 설계 과정에서 어떤 문제점을 발견했는가?
4. 이번 조직 개편 이후 다시 조직을 개편해야 한다면 그 이유는 무엇일까?
5. 이번 조직 개편으로 가장 크게 영향을 받을 사람은 누구인가?

이 질문에 대해 답해봤다면 여러분의 의견뿐만 아니라 동료와 리더의 동의도 얻어야 한다. 조직적 변화는 한 번 일으키면 돌이키기 어려우므로 설령 개편 도중에 문제가 발생하더라도(역사가 사실이라면 거의 그럴 것이다) 모두가 함께 힘을 합쳐서 진행해야 한다.

변화의 적용

마지막이자 가장 어려운 부분은 조직 개편을 시행하는 일이다. 조직 개편을 시행하는 데 가장 중요한 세 가지 요소는 다음과 같다.

1. 조직을 개편하는 이유의 타당성
2. 각 개인 및 팀에게 미치는 영향에 대한 문서화
3. 조직 개편으로 피해를 보는 개인을 도울 수 있는 능력과 공감

보통 조직 개편을 시행하는 실질적인 전략은 다음과 같다.

1. 조직 개편의 영향을 심하게 받는 개인과 먼저 비공개로 이야기를 나눠 본다.
2. 관리자 및 핵심 인력들이 변화의 이유에 대해 설명할 준비가 되었는지 확인한다.
3. 문서화한 변화의 내용을 이메일로 조직 전체에 전달한다.
4. 언제든 다른 사람들과 이야기할 준비를 한다.
5. 필요하다면 조직 전체의 업무를 중단해도 되지만 가능하면 그러지 않도록 하자. 사람들은 규모가 큰 그룹에서는 일을 잘 처리하지 못하며, 사적인 자리에서 이야기하는 것이 최고다.
6. 직급에 관계없이 일대일 회의를 더 많이 한다.

이렇게만 하면 엔지니어링 조직 개편을 무사히 완수할 수 있다. 모쪼록 한 동안은 조직 개편을 다시 할 일이 없길 바란다.

마무리하자면 조직은 ①사람들의 집합이자 ②조직을 구성하는 개인들에게 서 분리된 생각의 표현이다. 조직을 이 둘 중 한쪽으로만 생각할 수는 없 다. 조직 개편을 매우 타당하게 바라보는 방향은 무궁무진하며 여러분은 이 런 방향을 절대적인 로드맵이 아닌 그저 하나의 모델로 받아들여야 한다.

3.8

통제할 수 있는 부분 찾기

관리자들과 파트너십을 유지하는 역할에서 팀을 직접 지원하는 역할로 바꾸었을 때 가장 힘들었던 점은 팀의 일상을 이해하지 못한 상태에서 효율성을 유지하는 것이었다. 처음에는 본능적으로 훨씬 넓은 분야에 대해 예전과 같은 수준의 충실함을 유지하려 했으며, 당시 함께 일했던 사람들은 그런 필자의 노력과 마이크로 매니지먼트(micro-management)를 구분하기 어려웠을 것이다. 어쩌면 마이크로 매니지먼트였을지도 모르겠다.

하지만 필자는 많은 피드백과 소견들을 전해 들으면서 어디에 참여하고 어디서 빠져야 하는지를 신중하게 고르기 시작했다. 필자는 이 프로세스를 '통제할 수 있는 부분 찾기'라고 부르기로 했다.

통제(controls)란 여러분이 함께 일하는 다른 리더와 방향을 맞추는 메커니즘이며, 지표의 정의부터 (필자는 별로 추천하지 않지만) 스프린트 계획까지 폭넓은 범위를 의미한다. 통제의 종류는 범용적이지 않아서 팀의 규모와 리더와의 관계에 따라 다양한 방법을 혼합해서 사용하겠지만 통제의 구조 자체는 보편적으로 적용이 가능하다.

필자가 경험했던 가장 공통적인 통제 중 몇 가지를 예로 들면 다음과 같다.

지표는 결과를 달성하는 방식에 대한 유연성은 유지하되 결과에 집중할 수 있게 해준다.

비전은 단기적 유연성을 유지하면서도 장기적인 방향이 일치하도록 도와준다.

전략은 현재의 제약과 그 제약을 해결하기 위한 방법을 공통적으로 이해할 수 있도록 해준다.

조직 설계는 하위 조직의 범위 내에서 더 큰 조직의 혁신을 조율할 수 있다.

인력과 업무 전환은 우선순위의 궁극적인 형태이며, 조직적 우선순위가 개별 팀에 맞춰져 있는지 검증하는 좋은 도구이다.

로드맵은 문제의 선택과 해결책 검증을 조율한다.

성과 리뷰는 문화와 인식을 조율한다.

기타 다른 가능성도 얼마든지 존재하며, 그중 상당수는 여러분의 회사에서 도입한 특정 회의와 포럼에 잘 어울릴 것이다. 우선은 여기서 나열한 것들부터 시작하되 여기에만 머무르지 말기 바란다.

어떤 통제 방식을 선택하든 두 번째 단계는 각 방식의 '조정 정도'를 확립하는 것이다. 필자의 생각에는 다음 몇 가지가 특히 유용하다.

1. **제가 할게요.** 개인적으로 책임질 만한 일들이다. 명확하며 책임 소재의 혼선을 방지하는 데 가장 좋다. 물론 가능한 아껴야 한다.
2. **사전 검토.** 초기에 좀 더 자주 참여하고 싶은 일들이다. 어쩌면 서로 잘 이해하지 못하는 부분일 것이며 같은 일을 반복하지 않도록 하는 데 도움이 될 것이다.

3. **리뷰.** 주제와는 잘 맞춰져 있지만 완전히 공유하기 전에 다시 한번 검토하고 싶은 일들이다.

4. **노트.** 진척 상황은 알고 싶지만 크게 기여할 부분은 없는 프로젝트다. 보통은 영향 반경이 넓고 잘 조정된 목표에 따라 동료들이 현재 진행하는 업무를 대표할 수 있게 되기를 원하는 경우에 사용한다.

5. **업데이트.** 현재 합의한 업무지만 멘탈 모델을 유지하기 위해 업데이트가 필요한 일이다. 누군가 관련된 문제에 대해 질문한다면 올바르게 대답할 수 있어야 하기 때문이다. 이 부분이 특히 중요한 이유는 새로운 문제를 얼마나 잘 인지하느냐에 따라 효율성이 개선될 수 있기 때문이다.

6. **알려주세요.** 동료들이 비슷한 일을 해본 적이 있고 잘 해냈기 때문에 큰 조정 거리가 없는 일이다. 이런 경우라면 그저 무슨 일이 생겼을 때 도움을 줄 수 있도록 알려주면 되지만 그렇지 않다면 일이 제대로 진행될 거라는 점에 큰 의구심이 없는 일이다.

여러분이 통제할 수 있는 부분과 그 부분의 조정 정도를 조합하면 여러분과 여러분이 지원하는 사람들 간의 인터페이스를 정의할 수 있다. 이런 인터페이스를 정의하면 다른 사람과의 협업 방식에서 발생하는 모호성을 줄이고 모든 사람이 집중하는 데 도움이 된다. 게다가 성과 목표를 함께 정의하거나 여러분과 동료들 사이의 이해 간극을 알아내는 데도 매우 도움이 된다 (예를 들어 이제 막 협업을 시작한 사람이 아닌 누군가의 작업 하나하나를 모두 사전 검토하고자 한다는 것은 문제가 있다는 뜻이다).

마지막으로 여러분이 리더로서 마이크로 매니징을 하고 있는지를 판단해 보는 것도 좋은 방법이다. 만일 모든 사람의 작업을 사전에 검토하지 않고는 못 견디겠다면 여러분의 팀의 성장을 방해하는 요소가 무엇인지 생각해 봐야 할 것이다.

3.9

경력 기술서

관리직 업무에서 다소 이상한 점은 사람들이 각자의 목표에 확신이 없는데도 누군가의 경력 개발에 투자하려 한다는 점이다. 여러분은 관리자로서 더 많은 경험을 갖추고 회사에서 더 많은 기회를 얻을 수 있겠지만 그 기회란 다른 누군가에게도 경력을 쌓는 데 필요한 작은 가능성이다. 보통 학교에서는 꼼꼼하고 순차적인 사고를 잘하면 칭찬을 받지만 의도적으로 가능성이 제한된 공간을 벗어나면 그 효율성은 떨어지기 마련이다.

기술 업계에서 일할 수 있는 특권을 가진 우리는 경력을 대할 수 있는 방법이 굉장히 많아서 그 방법들을 효과적으로 탐구할 수 있는 다른 방법이 필요하다. 관리자 입장에서 이런 방대함은 타인의 커리어 패스(career path)를 단순하게 제안할 수 없다는 것을 의미하기도 한다. 그래서 어쩔 수 없이 경쟁을 피해 가장 확실한 쪽으로 방향을 제시하게 될 것이다.

관점을 바꿔보면 여러분의 경력에 대한 계획을 세우는 것 또한 어려운 일이다. 필자는 가끔 다른 사람의 경력에 대한 회의를 마친 후 곧바로 내 자신의 경력에 대한 회의에 참석하는 경우가 있다. 이때 가장 어려운 점은 대부분의 사람들은 자신의 경력을 이룰 만큼 이뤘고 회사가 제시할 수 있는 새로운 기회를 볼 수 있는 기회는 제한된 채 매번 알 수 없는 방향으로 변화를 한 걸음씩 만들어가고 있다는 점이다.

필자가 찾아낸 개인과 그 관리자의 관점 사이의 교집합이 바로 '경력 기술서(career narrative)'다. 경력 기술서는 이후 '초고속 성장 중의 역할'과 '관리자와 협업하기'에서도 언급되는데, 꽤나 유용한 문서인 만큼 잘 관리하는 방법을 설명할 필요가 있다.

인위적 경쟁

10분 정도 시간을 내서 지금 당장 경력에 대해 가지고 있는 목표가 있는지 물어보면 십중팔구는 승진이나 이직이라고 답할 것이다. 경력 사다리를 오르는 것이 나쁘다는 뜻은 아니지만(경력 사다리의 존재 이유가 그것이다) 많은 사람이 기회가 제한되는 방향으로 가게 되는 부작용은 존재한다.

필자가 천천히, 하지만 지속적으로 믿게 된 것은 승진을 위해 경력 사다리를 오르는 것이 그러지 않는 것보다 더 많은 기회를 창출하며 이를 통해 더 많은 진전을 이루고 또 그렇다고 느낄 것이다. 더 나은 것은 제한된 승진 자리를 놓고 동료와 경쟁하는 것보다는 파트너 관계를 맺으면 훨씬 더 많은 기회를 찾을 수 있다는 점이다.

예를 들어 여러분의 장기적 목표가 중견 기업의 엔지니어링 본부장이 되는 것이라면 현재 회사에서 엔지니어링 본부장이 될 수 있는 방향으로 자신의 역할을 조금씩 넓혀가면 된다. 이 방법은 회사의 한 사람에게는 그럭저럭 적용되겠지만, 같은 길을 좇는 나머지 모든 사람에게는 더 이상 가장 좋은 방법이 아닐 것이다.

다른 방법은 훌륭한 엔지니어링 본부장이 되는 데 부족한 점을 찾고 현재 역할에서 그 부족한 점을 채워나가는 것이다. 이상적인 엔지니어링 본부장은 조직 설계, 절차 설계, 비즈니스 전략, 채용, 멘토링, 코칭, 공개 발표, 문서를 통한 의사소통에 능숙하다. 게다가 개인적인 인맥도 넓고 제품 엔지니어링부터 인프라스트럭처 엔지니어링에 이르기까지 기반 지식도 탄탄하다. 심지어 지금까지 나열한 것이 필요한 역량의 전부가 아니다! 익혀야 할 것들은 이보다 훨씬 많고 현재 여러분의 위치에서 이 모든 역량을 다듬을 기회를 찾을 수 있다. 지금의 자리가 승진에 발목을 잡는다고 생각할 필요는 없다. 오히려 현재의 위치에서도 필요한 것은 모두 갖추고 있다.

중요한 건, 일반적인 커리어 패스를 따르는 것이 여러분의 목표에 완전히 부합되지는 않을뿐더러 여러분의 강점을 제대로 발휘할 가능성도 낮다는 것이다. 목표를 설정할 때 중요한 점은 성공을 극대화하기 위해 경험이 부족한 부분을 개선하는 것이지만, 잘하는 것에 우선순위를 둬서 현재 환경에서 성공하는 것 역시 중요하다.

그렇다면 1시간 정도를 투자해 내년부터 향후 5년 내에 여러분이 이루고자 하는 목표를 최대한 많이 써보자. 그리고 우선순위를 정한 후 향후 3~6개월 동안 집중할 몇 가지를 선택하고 관리자와의 일대일 회의에서 이를 공유하자.

목표의 전환

일단 목표를 정했다면 다음 단계는 이 목표를 해야 할 일로 전환하는 것이며, 바로 이 단계가 관리자와 힘을 합쳐 경력 기술서에 추가해야 하는 부분이다.

관리자는 비즈니스의 요구에 대해 잘 이해하고 있으며, 그에 따라 비즈니스의 우선순위와 여러분의 개인 관심사 사이의 교집합을 찾을 수 있는 능력이 있다. 목표를 할 일로 바꾸는 것은 창의성을 필요로 하므로 관리자에게만 의존하지 말고 적극적으로 참여하자. 프로젝트에 대한 브레인스토밍을 하고, 다른 회사의 사람들은 유사한 목표를 어떻게 이뤘는지 알아보고, 관리자가 여러분의 목표 분야를 잘 모른다면 지식도 공유하자(예를 들어 엔지니어링 관리자보다는 엔지니어가 컨퍼런스에서의 발표 경험이 더 많을 수도 있다).

이런 이야기를 할 때 정리해 둔 목표를 함께 확인하자. 이럴 때 목표를 대강이라도 준비하지 않는다면 치열하게 경쟁하는 사람들 한가운데로 던져져 여러분의 경력 기술서는 아무런 진척을 이뤄내지 못할 것이다.

회사의 우선순위에 맞춰 재조정한 목표는 여러분과 관리자가 여러분의 경력을 개발하는 데 중요한 산출물이 된다. 매 분기마다 시간을 내서 관리자와 함께 문서를 업데이트하고 리뷰하자.

경력 기술서를 쓰는 것이 시간 낭비라고 생각한다면 군이 쓸 필요는 없다. 대부분의 사람들은 경력 기술서 같은 것을 쓰지 않아도 충분히 만족스러운 경력을 쌓고 있다.

그렇긴 하지만 경력 기술서를 쓰지 않는다면 여러분의 경력을 이끌어줄 사람도 없을 것이다. 승진을 노리는 것도 기껏해야 남들이 다 가는 길을 따라가는 것일 뿐이며 아무리 노력해 봤자 같은 길을 가게 될 뿐이다. 그런 길로는 가지 말자. 여러분 스스로가 누군지, 뭘 원하는지에 따라 가장 가치가 있는 길을 따르길 바란다.

3.10

미디어를 통한 간단한 학습

디그(Digg)에서 일할 때 동료 크리스틴에게 5분간의 짧은 미디어 교육을 받을 기회가 있었다. 그 짧은 학습이 머릿속에 각인되어 스스로 반복할 수 있게 되었다. 결국 그냥 이 방법에 대한 글을 써야 한다는 것을 깨달았다.

미디어에 대한 발표에는 세 가지 규칙이 있다.

1. **묻고 싶은 질문에 답을 해보자.** 누군가 아주 어렵거나 곤란한 질문을 한다면 여러분이 답하기 편한 형태로 질문을 재구성해 보자. 모호한 질문을 그대로 받지 말고 스스로 그 질문을 재구성해 보자. 조지 레이코프의 『코끼리는 생각하지 마 – 진보와 보수, 문제는 프레임이다』(와이즈베리, 2015)는 이슈를 재구성하는 데 간결하면서도 감탄스러운 가이드를 제공한다.

2. **긍정적은 태도를 갖자.** 비관적인 태도는 강제성을 띤다. 게다가 금세 위험해지기도 한다! 인터뷰를 하는 중이라면 긍정적인 태도를 유지하자. 경쟁과 논란이 있는 경우라면 특히 더 그렇다.

3. **세 가지로 요약해 발표하자.** 여러분이 전하고자 하는 메시지를 세 가지로 요약하고 반복적으로 언급하자.

이게 전부다. 필자는 간결하고 단순하게 하라는 이 교훈을 10년째 따르면서 배워가고 있다.

3.11

모델, 문서 그리고 공유

신입 시절 나만의 리더십 스타일을 찾으려 엄청난 시간을 할애했다. 최근에는 다양한 스타일을 개발해 자신의 상황에 맞게 적용하는 것이 리더로서 성장하는 데 더 유용하다고 생각한다. 자신을 한 가지 스타일로 정의하는 것은 너무 어렵다.

가장 까다로우면서도 흔한 리더십 시나리오는 권위를 내세우지 않고 이끄는 것이며 이런 상황에서 놀라운 효율성을 발휘하는 스타일 중 하나에 대한 글을 쓴 적이 있다. 필자는 이 방법을 **모델, 문서, 공유**라고 부른다.

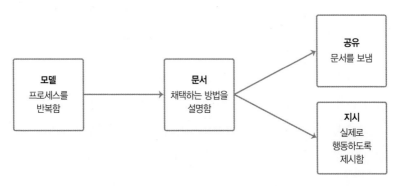

그림 3-7 모델, 문서, 공유 지시의 접근 방식

동작 방식

엔지니어링 관리자로 새로운 일을 시작했는데 계획을 짜기에는 팀이 너무 바쁘다고 가정해 보자. 동료들에게 칸반(kanban)이 매우 효율적이라고 몇 번 언급했지만 사람들은 이미 2년 전에 한 번 시도해 봤고 칸반이라는 말을 꺼내기만 해도 손사래를 쳤다. 이 회사에서는 제대로 동작하지 않았던 것이다.

정면으로 부딪쳐 해결할 수도 있겠지만 이 방법은 이제 막 입사해서 신용을 쌓기까지는 시간이 필요하다. 물론 여러분의 경험 덕분에 채용이 됐으므로 사람들은 여러분의 판단을 존중하겠지만 누군가 여러분의 경험을 따르느라 자신의 경험이 쓸모 없어진다고 느낀다면 그 사람을 설득하기란 굉장히 어려울 것이다.

그래서 필자는 다른 방법을 시도해 봤다.

모델. (간단한 월간 설문 조사 등을 이용해) 팀의 상태와 (팀의 몇몇 시니어 엔지니어와 협력하거나 혼자서라도 간단하게 업무의 규모를 파악하는 형태로) 팀의 업무 처리량을 파악하면 여러분이 원하는 변화를 이끌어내기 전에 기준 값을 파악할 수 있을 것이다.

기준 값을 파악했다면 칸반을 시행할 준비를 한다. 당장은 이를 공개해서 일을 크게 만들지 말고 여러분의 팀에서만 시행하자. 팀에는 잠깐 시험을 하는 것이라고 얘기하고 일단 시작해 보자. 그리고 칸반이 제대로 동작한다는 확신이 들 때까지 반복하자. 한동안은 계속할 수 있도록 마음을 다잡되, 제대로 동작하지 않으면 언제든 중단할 수 있다는 것도 받아들이자. 여러분이 측정한 팀의 상태와 업무 처리량을 활용하면 칸반이 제대로 동작하는지 판단할 수 있다.

문서. 효과적인 방법을 찾았다면 해결해야 할 문제점과 여러분의 학습 과정 그리고 다른 팀은 어떻게 도입했는지 등을 상세히 문서화하자. 최대한 상세히 작성해야 한다. 규범적인 문서를 만들고 다른 팀의 사람들도 읽을 만한 문서인지 확인을 부탁하자.

공유. 마지막 단계는 여러분의 롤아웃 방식에 따라 간단한 이메일로 문서화한 방법을 공유하는 것이다. 모든 사람에게 수용하라고 요구하지도 말고 로비 활동도 하지 말고 그냥 방법과 여러분이 그 방법을 따른 경험만 제시하자.

제시한 방법이 팀에서 효율적으로 동작하도록 조정하는 데 대부분의 시간을 할애하게 될 것이며, 여러분이 했던 일을 문서화할 수 있는 시간은 극히 적을 것이다. 게다가 여러분이 제시하는 방법을 채택하자고 다른 사람을 설득하러 다닐 시간은 거의 없을 것이다.

하지만 필자의 경험상 이 방법은 이상하리만치 하향식 방법보다 훨씬 더 잘 통했다.

어디에 적용해야 하는가

모델, 문서, 공유의 동작 방식을 하향식 전달 방식과 비교해 보면 흥미로운 점을 발견할 수 있다.

하향식 전달은 괜찮은 방법을 빨리 적용하는 편이 좋다라는 생각이 기저에 깔려 있다.

- 팀이 새 방식에 적응할 만한 여력이 있다.
- 조직이 롤아웃을 조율할 리소스를 확보하고 있다.

- 이 주제에 대한 의사 결정을 중앙식으로 내리고 싶다.

- 일관성이 중요하다. 모든 팀이 이 문제를 같은 방식으로 대해야 한다.

- 변화를 빨리 이끌어내는 것이 중요하다.

반면 **모델, 문서, 공유는 훌륭한 방법을 천천히 도입하는 편이 좋다**라는 생각에 기인한다.

- 어떤 팀은 새로운 방식에 적응할 여력이 없을 수도 있다.

- 조직은 롤아웃을 조율할 충분한 리소스가 없을 수도 있다.

- 이 주제에 대한 의사 결정을 분권화하고 싶다.

- 팀은 스스로 적절한 절차에 적응할 수 있다.

- 변화는 점진적으로 이끌어내도 괜찮다.

여러분의 상황도 조직의 가치가 두 번째 목록에 더 잘 맞는다면 이 방법은 강제로 시행하는 것보다 훨씬 효율적일 것이다. 시간이 있다면 조직 내에 권한이 없어도 훌륭한 절차를 천천히 마련할 수 있다(물론 동료의 존중이라는 본질적인 권한은 필요하다).

이 방법이 놀라울 정도로 잘 동작하는 것은 여러 번 봤지만 그렇지 않은 경우도 있었다. 이 방법은 특정 상황을 위한 도구이므로 실패하는 경우도 있다. 실패한다고 해도 (그저 사람들이 적응하지 못한 것뿐이므로) 큰 타격은 없겠지만 어쨌든 여러분의 목적을 달성하지 못한 것이다. 이 방법을 조직의 권한을 우회하기 위한 전략으로 사용하지 않는 것이 특히 중요하다. 권한과 정면으로 충돌하면 보통은 좋은 결실을 맺지 못한다.

3.12

일관성의 확장 – 중앙식 의사 결정 그룹의 설계

소규모 조직에서는 개개인이 다른 사람의 업무를 이해하고 예전에 유사한 문제를 어떻게 해결했는지 기억하는 것이 쉽다. 이런 마인드와 기억은 일관성이 품질에 강한 영향을 미치는 의사 결정을 이뤄낸다. 하지만 조직이 성장하면 일관성이 조금씩 떨어지게 되어 작은 팀이 훨씬 큰 팀으로 발전하는 데 가장 큰 방해물이 된다.

일관성의 저하를 관리하는 방법에는 여러 가지가 있다. 필자가 경험했던 방법으로는 공식적인 스프린트, 트레이닝, 섀도잉, 문서화, 코드 린터, 절차의 자동화(특히 배포) 그리고 장애 리뷰 등이다. 하지만 문제가 심각해지면 사람들은 결국 같은 방법, 즉 책임을 질 수 있는 중앙화된 그룹을 찾게 된다.

이런 식으로 일이 흘러가는 두 가지 보편적인 경우는 제품에 대한 결정을 표준화하는 '제품 리뷰'와 일관된 기술 설계를 위한 '아키텍처 그룹'이다. 이와 유사한 경우는 수백 가지이며, 결정을 내리는 곳이라면 어디든 불쑥불쑥 나타난다.

이런 그룹 중에는 권한을 잘못 활용해서 융통성이 떨어지기도 하고 사람들이 일관성을 갖추도록 교육해 주는 자문단이 되는 그룹도 있다. 여러분의 문화와 일관성에 두는 가치에 따라 방법은 무한하지만 효율적인 의사 결정 그룹의 설계는 몇 가지 핵심 결정에 영향을 받는다.

긍정적 자유와 부정적 자유

설계에 들어가기 앞서 어느 시점에 중앙식 권한을 만들어야 하는지 결정하는 데 사용하는 몇 가지 요인들을 살펴보자.

이 그룹들은 주로 폭넓은 커뮤니티로부터 상당한 권한을 소수에게 부여한다. 여러분이 이런 그룹을 만들면 많은 사람이 상당한 자유를 강탈당했다고 느낄 것이다. 그 사람들의 의사 결정 범위가 새롭게 제한되기 때문이다. 쉽진 않지만 많은 사람들이 중앙식 그룹의 생성은 결국 상당한 힘을 실어주는 것이라는 것을 알게 된다. 차이점은 무엇일까? 대부분 한 그룹은 스스로의 권한을 찾는 데 익숙한 개인으로 구성되며 그런 사람들은 스스로 권한을 갖추는 기준이 상당히 높다.

이는 여러분이 새로운 권한을 도입할 때 여러 면에서 드러나는 역학 관계의 한 예일 뿐이다. 필자가 이런 관계에 대해 고민할 때 유용하게 사용했던 프레임워크는 '긍정적인 자유'와 '부정적인 자유'와 관련이 있다. 긍정적 자유란 여러분이 선호하는 프로그래밍 언어를 선택하는 것처럼 뭔가를 할 수 있는 자유다. 부정적인 자유는 설령 다른 사람이 원하더라도 다른 프로그래밍 언어에 대한 지원을 책임지지 않는 것처럼 여러분에게 일어나는 일에 대한 자유를 말한다.

이런 자유를 어떻게 그리고 누구로부터 바꾸고 있는가? 특히 소유권이 심하게 분산된 경우라면 필자는 권한을 가진 그룹은 부정적 자유를 심각하게 줄이지 않으면서도 순수한 긍정적 자유를 증가시킨다고 조심스럽게 믿는다. 새로운 그룹을 설계할 때 필자가 목표하는 바이기도 하다.

그룹 설계

이제 의사 결정 그룹을 만들기로 했으니 어떤 것들을 선택해야 하는지 살펴보자!

영향력. 이 그룹이 결과에 어떤 영향을 미치기를 기대하는가? 어떤 구속력이 있는 결정을 내리는 권력적인 그룹이 될 것인가? 여러분은 여러분이 선택한 구성원들이 가진 자연스러운 권한에 의지하게 될 것인가? 이 그룹은 주로 다른 그룹이나 사람을 지원하는 형태로 일을 할 것인가? 이 질문에 대한 답변은 그룹 내의 특정한 사람들과 함께 여러분의 그룹이 함께 일하는 사람들의 긍정적인 자유와 부정적 자유에 영향을 미치는 주요 요인이 될 것이다.

인터페이스. 다른 팀은 이 팀과 어떻게 협업하게 될 것인가? 티켓을 제출하거나 이메일을 보내거나 주간 리뷰 세션에 참석하게 될까? 여러분은 출시 전에 업무를 리뷰하게 될까 아니면 적절한 인력을 선택하기 전에 설계를 사전에 검토하게 될까? 이 그룹이 행사하는 영향력의 종류와 회사의 업무 방식에 따라 다른 방법을 채택해야 할 것이다.

규모. 이 그룹의 크기는 어느 정도일까? 그룹 구성원이 6명 이하라면 진정한 팀으로 거듭날 수 있다. 이런 팀은 서로를 잘 알고 긴밀히 협력하며 팀에 상당한 기여를 할 것이다. 만일 그룹 구성원이 10명 이상이라면 제대로 논의하는 것조차 힘들며 제대로 기능하기 위해 더 작은 그룹(여러 구성원이 교대하거나 특정 주제에 몇몇 구성원만 집중하게 하는 워킹 그룹 등)으로 나눠질 필요가 있다는 것을 알게 될 것이다. 그룹의 크기가 커질수록 더 많은 책임이 분산되며, 그룹 내에서 특정 역할을 가진 사람이 필요해질 것이다. 예를 들면 구성원이 집중해야 하는 분야를 조율해 주는 구성원이 필요할 수도 있다.

전념하는 시간. 그룹의 구성원들은 얼마나 많은 시간을 그룹을 위해 일해야 할까? 그룹의 업무가 구성원들의 최우선순위일까 아니면 다른 주로 프로젝트 업무를 하게 될까? 그룹의 업무에 전념하는 시간이 높다는 것은 더 많은 업무와 결정이 따른다는 것을 의미한다. 따라서 구성원들이 피드백 루프가 제대로 동작하지 않는 상황에 시간을 쓰기보다는 자신들의 결정에 대한 결과에 직접적인 영향을 받는 부분에 더 많은 시간을 할애하기를 원할 것이다.

정체성. 그룹 구성원들은 그룹 내에서 자신이 맡은 역할을 자신의 정체성으로 여겨야 할까? 아니면 계속해서 기존에 소속되어 있던 팀의 구성원이어야 할까? 구성원들이 정체성을 바꾸는 것을 지원하려면 팀의 규모를 작게 유지하고 그룹의 업무에 더 많은 시간을 할애하게 해야 할 것이다.

선택 과정. 그룹 구성원은 어떻게 선택할 것인가? 필자의 생각에는 구성원이 되기 위한 요구 사항과 가치가 있을 것이라고 믿는 기술을 파악한 후 선택 과정을 구조화하는 것이 가장 좋은 방법이라고 생각한다. 이런 그룹의 구성원이 될 수 있는 자격은 조직적인 상태의 중요한 신호가 되는 경우가 많으며, 그렇기 때문에 구성원을 선택하는 일관된 절차를 갖추는 것이 중요하다.

기간의 길이. 여러분의 구성원은 얼마나 오래 이 그룹에 속해야 할까? 그룹에 전속되어야 할까 아니면 예컨대 6개월 정도 고정된 기간 동안만 속해야 할까? 기간이 고정되어 있다면 사람들은 그다음에도 같은 그룹에 속할 수 있을까? 기간에 제한은 있을까? 대부분의 조합을 시도해 보니 가장 좋은 방법은 기간을 고정하되 기간의 제한을 두지 않고 다음 선출 때도 그룹에 속할 수 있는 기회를 주는 것이다.

대표자. 이 그룹은 어떤 사람이 대표할 것인가? 팀, 재직 기간, 숙련도 등을 바탕으로 명시적인 대표자를 선출할 것인가 아니면 여러 명이 그룹을 대표하게 할 것인가? 이 부분을 고민하다 보면 프런트엔드와 제품 엔지니어 없이 아키텍처 리뷰를 하는 경우나 인프라스트럭처 관계자 없이 제품 리뷰를 하는 경우는 없을 것이다.

눈치챘겠지만 이런 각각의 결정은 다른 사람의 효율성에도 영향을 미치며 그래서 그룹의 설계가 까다로워질 수 있다. 어떤 방법은 그룹에 특정한 부류의 인력을 배치해야 하기도 하며 참여도가 높은 사람들이 적극적으로 참여할 수 있는 문화를 바탕으로 그룹을 설계해야 한다.

장애 모드

중앙식 의사 결정 그룹을 시작하겠다는 이메일을 보내기에 앞서 이 그룹이 계속해서 실패하게 되는 네 가지 경우에 대해 이야기해 보자. 이런 그룹은 횡포를 부릴 수도 있고 병목이 될 수도 있으며 지위에만 연연하거나 무기력해질 수도 있다.

횡포를 부리는 그룹은 개인의 긍정적/부정적 자유를 심각하게 감소시키며 구성원을 막 부리는 공장처럼 되어버린다. 결정을 내릴 때 그 결과를 제대로 볼 수 없는 그룹이 보통 이런 그룹이 된다. 예를 들어 코드를 거의 작성하지 않는 사람들로 구성된 아키텍처 그룹이 그럴 수 있다.

병목이 되는 그룹은 도움은 많이 주지만 실제로 할 수 있는 것 이상을 하려 한다. 이런 그룹은 금세 지쳐서 구성원들이 번아웃되거나 번아웃을 막기 위해 백로그가 넘쳐나고 결국 그들의 권한을 필요로 하는 사람들의 진도가 심각하게 느려진다.

지위에만 연연하는 그룹은 명목상의 목적보다는 그 그룹의 일원이 되는 것에 더 중점을 둔다. 그룹의 가치는 실질적인 기여보다는 내세우는 것을 중심으로 돌아가며, 사람들은 지위를 얻기 위해 그룹에 참여하려 하고 이 그룹이 해결하려 했던 본연의 임무는 다른 조직으로 넘어가게 된다.

무기력한 그룹은 별로 하는 일이 없다. 보통 이런 그룹의 구성원은 소속감이 없거나 너무 바쁘다. 다행인 점은 그룹이 실패하는 네 가지 경우 중 그나마 나은 경우라는 점이다. 하지만 많은 기회를 놓치는 것도 사실이다.

필자는 이 네 가지를 모두 경험했던 만큼 모든 중앙식 그룹에 관리자를 배치하고 그룹이 실패의 구덩이로 떨어지는 것을 막기 위해 관리자에게 책임이 있는지 확인한다.

3.13

시니어 리더를 위한 발표

야후의 BOSS는 베스파(Vespa)라는 야후의 내부 연구 기술을 부분적으로 지원했다. 우리는 수많은 과제에 당면했고 팀에 SOLR로 마이그레이션하자고 설득했다. 필자의 관리자는 다음 회의 때 필요한 내용을 담은 발표를 준비해 달라고 부탁했다. 그 회의에서 두 장의 슬라이드로 발표를 진행했다.

"아뇨, 그건 필요한 내용을 담은 방법이 아닙니다. 이건 마치 학술 발표 같네요. 결론부터 시작했어야죠." 관리자는 발표를 갑작스럽게 중단시키면서 한탄했다. 신발에 묻은 것을 털어내다 말고 관리자는 마지막 조언을 건넸다. "그리고 다이어그램에 곡선을 사용하지 마세요. 그건 절대 말이 안 돼요."

그 경험에서 뭔가를 배우기까지 몇 년이 걸렸지만 임원에게 바로 발표를 시작하는 사람들을 볼 때마다 그 생각이 자주 떠오르곤 했다. 시니어 리더를 대상으로 발표를 진행하는 것은 다소 어려운 일이다. 익숙해지기까지 시간도 걸릴뿐더러 이 일을 잘하는 대부분의 사람들도 어떻게 그렇게 잘하게 되었는지 제대로 설명하지 못한다. 게다가 이 일을 잘하는 사람들은 카리스마, 순발력, 전문 지식 또는 수년간의 경험 등 쉽게 흉내 낼 수 없는 자신만의 장점을 활용하고 있다.

그렇기에 필자가 야후에서 진행했던 발표를 날려버리는 것을 본 몇몇 사람들은 발표 잘하는 방법을 알아낼 거라고는 생각하지 않았을 것이다. 여러분은 발표도 학습할 수 있는 스킬이라는 점을 알아야 한다. 그래서 여러분이 다음 발표를 준비하는 데 필요한 몇 가지 팁을 제시하고자 한다.

의사소통은 회사마다 다르다. 모든 회사의 의사소통 스타일과 패턴은 각자 다르다. 성공적인 발표를 봐도 왜 성공적이었는지 알아낼 순 없겠지만 잘 보고 중요한 것을 기록하다 보면 일정한 패턴을 발견할 수 있을 것이다. 리더를 대상으로 한 발표를 볼 때마다 그 방식을 잘 연구하기 바란다.

결론부터 시작하자. 특히 문서를 이용하는 경우 사람들은 문서를 대충 훑어보다 지겨워지면 읽기를 그만둔다. 따라서 점진적으로 결론에 다가가는 것보다는 중요한 부분부터 시작하는 편이 좋다.

주제가 중요한 이유를 만들자. 보통 여러분은 아주 익숙한 분야에 대한 발표를 할 것이므로 그 업무가 왜 중요한지를 쉽게 파악하고 있을 것이다. 하지만 그 분야에 대해 고민해 보지 않은 사람들은 그렇지 않다. 그러므로 여러분의 업무가 왜 중요한지 회사에게 설명하는 것부터 시작하자.

누구나 서술적인 방법을 좋아한다. 주제를 구성하는 또 다른 방법은 현재 상황과 진척 과정 그리고 목표하는 바에 대해 서술하는 것이다. 이 부분은 '작년에 우리는 확장성에 대한 우려 때문에 몇몇 주요 고객과의 계약을 진행하는 데 어려움을 겪었습니다. 확장성에 가장 걸림돌이 되는 것이 데이터베이스라는 점을 알고 그때부터 수평적 확장을 위한 새로운 샤딩 모델을 도입하는 업무를 수행 중입니다. 이 작업은 잘 진행되고 있고 3분기에 완료할 수 있을 것입니다'처럼 한두 문장으로 구성해야 한다.

다른 질문에 대비하자. 참가자 대부분은 여러분이 계획한 대로 발표를 진행해도 별 문제를 제기하지 않겠지만 시니어 리더를 대상으로 하는 발표도 그럴 거라고 생각하진 말자. 스스로 전체 발표를 이끌어갈 준비를 하되, 마찬가지로 예상하지 못한 질문에 대한 대책도 마련해야 한다.

직접적으로 답변하자. 시니어 리더는 보통 광범위한 분야에 간접적인 책임을 갖는 경우가 많으며 문제를 살펴보기 위해 여러 분야를 엮어서 생각하는 경우도 많다. 리더들의 그런 경험은 보통 대답을 회피하는 경우에 집중되어 있으며 여러분은 리더들 앞에서 당황하는 모습을 보이고 싶진 않을 것이다. 문제를 숨기는 대신 문제를 해결하기 위한 계획을 설명하는 기회로 활용하자.

데이터를 잘 이해하자. 예상치 못한 질문에 답할 수 있도록 데이터를 충분히 이해해야 한다. 즉, 시간을 내서 데이터를 살펴봐야 하며 가장 보편적인 방법은 목표 설정 훈련을 수행하는 것이다.

원칙에 근거해 행동하자. 여러분의 목표 중 하나는 여러분의 의사 결정 과정에 사람들이 익숙해질 수 있도록 특정 주제를 바라보는 방식의 멘탈 모델을 제공하는 것이다. 여러분이 '데이터 위주'로 의사 결정한다는 것을 보여주는 것도 방법이다. 또 다른 방법은 의사 결정을 내릴 때 따르는 원칙들을 정의하는 것이다.

세세하게 논의하자. 일부 임원은 발표자가 말하기 불편해하는 분야에 대한 세세한 내용을 파악하면서 발표자를 시험하기도 한다. 그러므로 프로젝트의 상태 같은 세부 사항을 알아둬야 하지만 너무 세부적인 내용까지 설명해야 한다면 논의의 방식을 재구성하는 것이 좋다. 대화를 더 생산적인 방향으로 이끌어가려면 데이터나 원칙을 기준으로 하는 편이 낫다.

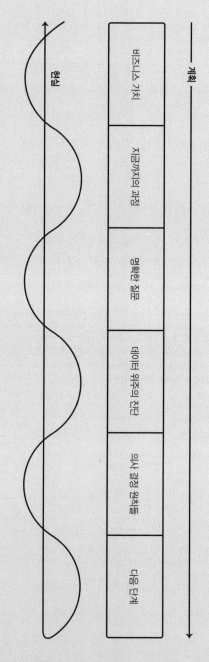

그림 3-8 임원 대상 발표의 기대치와 실제 경험

준비는 많이, 연습은 조금만 하자. 회사 전체를 대상으로 발표를 진행하게 된다면 시간을 내서 발표 연습을 하는 것이 좋다. 리더를 대상으로 하는 발표는 다른 방향으로 흘러가기 일쑤여서 연습이 크게 도움이 되지 않는다. 충분히 편안해질 때까지 연습하되 데이터, 세부 사항, 원리에 너무 치우치지 말고 준비에 집중하자. 당연한 말이겠지만 여러분이 담당하는 분야에 충분한 지식이 있고 발표 형식에 익숙해질 만큼 충분한 시간을 준비에 할애했다면 데이터나 세부 사항, 원리에 대해 크게 연습할 필요가 없어질 것이다. 준비를 많이 하지 않아도 효과적으로 발표를 진행할 수 있는지의 여부는 여러분의 담당 분야를 계속 확장할 수 있는지를 파악할 수 있는 신호이다.

질문은 분명하게 하자. 임원과의 회의에 명확한 목표를 가지고 참여하지 않는다면 아무런 결론도 얻지 못하거나 엉뚱한 방향으로 회의가 흘러갈 것이다. 목표를 명확하게 정하고 회의를 시작하자!

지금까지 설명한 내용을 모두 기억하기에는 양이 너무 많아서 템플릿으로 정리를 해봤다. 시니어 리더를 대상으로 하는 발표를 잘할 수 있는 방법을 하나로 규정할 수는 없지만 이 템플릿이 도움이 되길 바란다.

필자가 시니어 리더를 대상으로 발표할 때 사용하는 방법은 다음과 같다.

1. **비즈니스 가치와 관련 있는 주제를 선정한다.** '왜 그게 중요하죠?'라는 질문에 한두 문장으로 대답할 수 있어야 한다.

2. **지금까지의 과정을 설명한다.** 지금까지 일의 진행 과정과 현재 상태 그리고 다음 계획을 이해하는 데 도움을 주도록 2~4 문장으로 요약한다.

3. **명확하게 질문한다.** 참석자에게 기대하는 것은 무엇인가? 한두 문장으로 준비한다.

4. **데이터 중심의 진단.** 전략의 진단 과정에서 현재의 방해 요소와 관련 정보를 데이터 위주로 설명한다. 사람들이 여러분의 진단을 이해할 수 있도록 충분한 원본 데이터를 제공한다. 진단 결과만 제공한다면 사람들에게 그냥 여러분을 믿어달라고 말하는 것뿐이며, 결국 얼버무리는 것처럼 보일 수 있다. 이 내용은 몇 개의 문단에서 한 페이지까지 준비한다.

5. **의사 결정 원칙들.** 진단에 적용했던 원칙들을 설명하고 의사 결정을 내리는 데 사용했던 멘탈 모델을 명확히 표현한다.

6. **다음 단계와 완수 시간.** 진단에 원칙을 적용해 다음 단계를 도출한다. 읽는 사람으로 하여금 여러분의 원칙과 데이터를 바탕으로 다음 단계를 도출한 것이 확실하게 보여야 한다. 그렇지 않다면 원칙이나 다음 단계를 다시 고민해야 한다!

7. **명확하게 질문하는 단계로 돌아가기.** 마지막 단계는 '명확하게 질문하기' 단계로 돌아가 필요한 정보나 가이드를 얻었는지 확인하는 것이다.

필자는 이 방법으로 대부분 좋은 결과를 얻었으며 여러분에게도 큰 도움이 되길 바란다. 그렇지만 첫 번째 규칙을 꼭 기억하자. 의사소통 방식은 회사마다 다를 수 있다. 이 방법이 여러분의 회사에서 별로 효과가 없다면 다른 사람은 어떻게 발표를 진행하는지 살펴보자. 몇 번의 발표를 주의 깊게 살펴보면 잘 진행됐던 논의를 바탕으로 여러분만의 템플릿을 만들 수 있을 것이다.

3.14

시간 관리

관리자와 커피라도 한잔하다 보면 관리자의 가장 큰 어려움은 시간 관리라는 점을 알게 될 것이다. 물론 시간 관리가 모든 사람들에게 가장 큰 어려움은 아닐 수 있지만 정신없는 하루가 지나가고 나면 시간 관리의 문제가 표면에 드러난다.

시간 관리는 리더가 안고 있는 지속적인 문제다. 리더의 다른 측면을 보면 더 경험이 많은 관리자들이어서 상황을 개선할 수 있을 거라는 신뢰가 생기겠지만 시간 관리 측면을 놓고 보면 가장 경험이 오래된 사람들이 가장 힘들어하는 부분이기도 하다. 물론 시간 관리는 매우 어렵지만 대부분의 사람들이 자신의 시간을 잘 관리한다는 증거가 거의 없다는 점을 감안하면 위험성이 크다.

그래서 시간 관리가 어려운 원인을 알 수 없는 걸까? 그렇지는 않다.

필자의 일상은 여전히 바쁘지만 일을 마무리하는 능력은 점점 더 좋아졌다. 속도가 빨라진 것이 아니라 문제를 더 논리적으로 해결하기 때문이다. 시간을 관리하는 방식을 바꿔보면서 가장 효과가 좋았던 건 다음과 같다.

월요일	화요일	수요일	목요일	금요일	토요일	일요일
준비	면접	계획 모임	장애 리뷰	집중 시간	없음	없음
스태프 회의	점심	점심	일대일	면접		
점심	일대일	면접	점심	점심		
인력 계획	집중 시간	사용자와의 대화	집중 시간	사용자와의 대화		
	일대일	일대일	면접	일대일		
	스킬 레벨 일대일	일대일	스킬 레벨 일대일			

그림 3-9 엔지니어링 관리자의 일정 계획

분기별로 시간을 회고한다. 매 분기마다 몇 시간을 들여 지난 3개월 동안의 일정을 분류하고 시간을 어디에 어떻게 할애했는지 파악해 본다. 그러면서 진행했던 주요 프로젝트를 생각하고, 시간을 어떻게 분배했는지 파악해 본다. 그런 후에는 진단 결과를 토대로 다음 분기에 시간을 어떻게 할애할 것인지 여러 가지로 고민한다.

대부분의 사람들은 이 방법이 시간을 할애할 만한 일인지 의심을 하지만, 필자 생각에는 굉장히 유용한 방법이자 나만의 시간을 아끼는 개인적인 노력이다.

단기적 품질보다는 장기적인 성공을 우선한다. 여러분의 담당 범위가 늘어나면 여러분에게 가장 중요한 일을 끝낼 수 없게 될 수도 있다. 더 문제는 일대일 회의처럼 여러분이 가장 중요하다고 믿는 업무와 중요한 역할 담당자를 채용하는 것처럼 장기적 성공에 꼭 필요한 업무가 상충하는 경우가 잦다는 점이다. 하지만 궁극적으로 여러분은 단기적의 별다른 보상이 없더라도 장기적 성공을 더 우선시해야 한다. 필자가 장기적 성공을 우선하는 방법을 좋아해서가 아니라 그 방법 외에 다른 방법이 없기 때문이다.

작고 영향력 있는 일부터 끝낸다. 영향력이 큰 업무를 하고 있다면 각 업무를 끝낼 때마다 다른 업무를 더 할 수 있는 여력이 생긴다. 게다가 업무를 마친다는 것 자체도 보람이 있다. 그래서 이 요소들이 어우러지면 빠르게 끝낼 수 있는 일이 많아질 때 더욱 속도를 낼 수 있게 된다.

업무를 그만 맡는다. 사람들은 업무가 과중할 때 다른 업무를 그만 맡는 방법을 놀랄 정도로 잘 활용하지 않는다. 더 많은 일을 하지 않기로 결정했을 때 이를 체계적으로 잘 관리한다면 큰 문제가 되지 않는다. 여러분이 하지 않을 업무 중에서 중요한 몇 가지를 선별하고 그 중에 담당자가 배정되지 않은 업무는 조직적인 위험으로 재분류한 후 팀과 보고 체계에 여러분이 그 업무를 하지 않을 것이라고 알려주자. 가장 마지막 부분이 중요하다. 업무를 그만 맡는 것은 좋지만 아무 말도 없이 업무를 맡지 않는 것은 좋지 않다.

규모는 늘리지 않고 줄인다. 스킵 레벨(skip-levels) 일정을 잡는 것이 좋은 예이다. 각자 수준이 다른 20여 명 정도의 팀을 관리하기 시작했다면 스킵 레벨 일대일 회의의 빈도를 정하고 한 주에 몇 시간이나 이 회의에 할애하게 될지 예측해 볼 수 있다. 그중 16명 정도가 간접 보고 대상이고, 이 사람들과 한 달에 최소 30분 정도 회의를 하려면 일주일에 2시간을 할애해야 한다.

시간을 일관되게 할애할 수 있는 적절한 회의 빈도란 존재하지 않기 때문에 팀의 규모가 커지면 이 방법은 제대로 동작하지 않는다. 그러므로 스킵 레벨 일대일 회의에 할애할 시간을 예컨대 주당 2시간 정도로 미리 정해두고 그 시간 내에서 가능한 한 많은 회의를 해야 한다. 그러면 팀의 규모가 커져도 시간을 잘 배분할 수 있다.

'체제'를 따르는 업무를 위임한다. '체제'를 따르는 업무를 하고 있다면 다른 사람이 그 업무를 대신할 수 있는 방안을 마련하자. 이 계획은 1년이 걸릴 수도 있지만 그래도 괜찮다. 하지만 1년이 지났는데 아직 시작조차 안 하고 있다면 그건 문제가 된다.

여러분이 구축한 체제를 믿는다. 일단 체제를 구축했다면 어느 시점에는 그것을 믿는 방법을 배워야 한다. 이때 가장 중요한 것은 예외를 처리할 책임을 벗어버리는 것이다. 관리자들은 예외 상황을 처리할 권한을 너무 오래 쥐고 있는 경향이 있다. 그러다 체제의 영향력을 잃게 된다. 예외를 처리하다 보면 쉽게 지칠 수도 있고 여러분의 시간을 확장성 있게 활용하려면 그런 업무는 위임하거나 체제에서 제거해야 한다.

생산성과 참여도를 구분한다. 시니어가 될수록 더 많은 회의에 초대를 받게 될 것이고 그런 회의 중 상당수는 중요한 회의가 될 것이다. 이런 회의에 참여하면 조직 내에서 힘을 가진 것처럼 느낄 수 있겠지만 회의에 더 많이 참석해서 더 많은 것을 이뤄내는지는 계속 살펴봐야 한다. 팀에 중요한 정보를 전달하는 것이 큰 가치가 있는 경우라면 계속 회의에 참석해도 무방하겠지만 회의에 참석하는 것 자체가 가치가 있다는 함정에는 빠지지 말아야 한다.

성장 속도보다 약간 빠르게 채용한다. 시간을 잘 관리할 때 가장 좋은 점은 능력 있는 사람들을 채용할 시간이 있다는 점이며 인력이 부족해지기 전에 미리 채용을 진행해야 한다. 조직 설계가 명확하다면 사람이 부족해지기 전에 필요한 역할을 수행할 사람을 채용할 수 있다.

일정에 시간을 확보한다. 일정에 방해 금지 시간을 만들어두는 것은 시간 관리에 필요한 방법이다. 2시간씩 매주 3~4차례 정도의 방해 금지 시간을 만들어두면 집중적으로 일을 수행할 수 있다. 아주 효과가 있는 것은 아니지만 어떤 면에서는 잘 동작하며 설정하기도 쉽고 그 시간만큼은 본인 업무에 집중할 수 있다.

관리 부서의 지원을 얻는다. 지금까지 설명한 도구와 방법을 모두 활용해 봤다면 마지막으로 시도해 볼 만한 일은 관리 부서의 지원을 얻는 것이다. 필자는 한때 관리 부서의 지원에 회의적이었고 실제로 여러분의 조직과 책임이 어느 정도 수준에 이르기 전까지는 실제로 불필요하지만, 어느 시점이 되면 수십 가지 자잘한 방해 요소를 대신 처리해 줄 사람이 있다는 것은 큰 도움이 된다.

지금까지 설명한 방법을 사용한다 해서 금세 한가해지지는 않지만 점차 더 많은 업무를 수행할 수 있게 될 것이다. 하지만 시간이 더 지나면 업무 부담을 줄이겠다는 목표와 업무의 우선순위가 더해져서 훨씬 덜 바쁘게 될 것이다. 여러분이 창의적이고 결과 지향적이며 바쁘게 지내는 것이 생산성을 좋아지게 한다는 오해만 하지 않는다면 업무 부담을 잘 조정할 수 있는 방법을 찾게 될 것이다.

3.15

학습 커뮤니티

필자는 항상 혼자 학습하는 것을 선호한다. 안 풀리는 문제가 있어도 몇 시간만 주면 방법을 찾을 수 있겠지만 문제 해결하는 걸 여러분이 지켜본다면 어쩔 줄 몰라 할 것이다. 물론 내성적인 성격도 이유지만 필자는 누가 보는 앞에서 실수하는 것을 두려워한다. 많은 사람들이 그렇겠지만 필자 역시 수십 년 전에 공개적으로 저질렀던 실수를 기억하고 있으며 그 기억은 여전히 필자를 괴롭히고 있다.

이런 불편한 기억은 꽤 오랫동안 직장 생활의 가장 보람 있는 요소 중 하나인 협력적인 동료가 되는 부분, 즉 동료들과 함께 학습해 나가는 커뮤니티를 구축하는 데 방해가 되어왔다. 동료와의 학습 커뮤니티는 유대감이 형성된 '첫 번째 팀'에서 특히 잘 동작하며 최근 필자는 엔지니어링 관리자들의 학습 커뮤니티를 만드는 데 더 많은 시간을 할애하고 있다.

처음 이 그룹을 만들 때는 풍부한 콘텐츠를 바탕으로 한 발표에 주안점을 뒀다. 각 슬라이드는 중요한 내용과 필수적인 내용으로 가득 차 있었다. 그런데 좋은 방식이 아니었다. 사람들이 적극적으로 참여하지 않고 오히려 참여도가 떨어졌다. 학습이라는 것이 그렇게 중요하지 않았다.

그 후로 형식을 바꿔 결국에는 지속적으로 동작하는 방법을 찾아냈다.

1. **가르치는 사람이 아니라 조력자가 되자.** 사람들은 한 사람의 발표자로부터 뭔가를 배우는 것이 아니라 서로에게서 배우는 것을 원한다. 한걸음 물러나 조력자 역할에 충실하자.

2. **발표는 간단히, 논의는 길게 하자.** 콘텐츠 발표는 약 5분 정도만 하고 그다음에는 발표 내용에 대해 논의하자. 참석자들이 주어진 주제를 완전히 이해하지 못해도 논의는 짧게 하면 그렇게 문제가 되지 않는다. 논의 시간은 10분 정도가 적당하다.

3. **작은 그룹으로 분리하자.** 논의 시간에 사람들을 작은 그룹으로 나눠주면 주제에 대해 더 잘 학습할 수 있다. 또한 모든 사람들이 논의에 참여할 수 있는 기회를 줄 수 있으므로 1시간 동안 다른 사람의 논의를 듣고만 있는 것보다는 훨씬 참여도가 높아진다.

4. **학습 내용을 전체 그룹과 공유한다.** 논의가 끝나면 각 그룹별 논의 사항을 다른 그룹과 공유할 수 있는 시간을 제공해서 서로 학습할 수 있도록 한다.

5. **사람들이 이미 알고 있는 주제를 선택한다.** 보통 성공적인 주제는 사람들이 본인의 일상과 관련이 있어서 이미 한 번쯤 생각했을 법하다. 이상적이라면 일대일, 멘토링, 코칭, 경력 개발 등 이미 하고 있지만 더 잘하고 싶어 하는 주제를 선정하는 것이 좋다.

   사람들은 학습했던 주제가 이전 경험과 너무 동떨어지면 그 주제에 대해 논의하기 어려워한다. 또한 커뮤니티 자체가 아니라 운영자가 학습을 주도하는 환경을 만들어낸다.

6. **재직 기간이 긴 사람들의 참석을 유도한다.** 학습 커뮤니티 대부분은 경력이 제일 많거나 재직 기간이 가장 긴 사람들을 업무에만 집중하도록 커뮤니티에서 배제하는 것을 볼 수 있다. 하지만 이런 사람들은 신규 입사자에게 가르쳐줄 것이 많고, 가르쳐주면서 신규 입사자에 대해서도 서로 배우고 알 수 있는 기회가 되므로 이들의 참석을 유도하는 편이 좋다.

7. **사전 자료를 선택적으로 제공한다.** 어떤 사람들은 공개적인 자리에서 새 주제를 접하게 되는 것에 불편함을 느끼므로 그들을 위해서 논의를 준비할 수 있도록 사전 자료를 선택적으로 제공하면 좋다. 필자가 보기에 대부분은 자료를 읽지 않지만(심지어 놀랍게도 논문 탐독 그룹마저도 그런 성향을 보인다) 어떤 사람들에게는 큰 도움이 된다.

8. **체크인을 한다.** 그룹의 규모에 따라 20~30초 정도 각자 서로를 소개하는 시간을 갖는 것도 좋다. 필자가 최근에 사용했던 형식은 이름, 소속 팀 그리고 하고 싶은 말 한 가지 정도를 공유하는 것이다. 이 방법은 커뮤니티가 빠르게 성장하는 경우 구성원들이 서로를 쉽게 알 수 있으므로 특히 유용하다.

필자 입장에서 이 방법이 가장 좋았던 건 사람들이 정말로 원하는 것을 제공하고 서로에게서 배우는 시간을 확보하며 운영자가 매우 신속하게 준비할 수 있다는 점이다. 게다가 필자는 아직은 숙련된 운영자라고 할 수는 없으며, 운영자로서 성장할 수 있는 보람 있고 안전한 기회라는 사실도 알게 됐다.

만일 여러분의 회사에 학습 커뮤니티가 없다면 한번 시도해 보기 바란다. 필자의 입장에서는 가장 쉬우면서도 가장 보람 있는 작업이었다.

학습 커뮤니티

체크인	기회	논의	체그룹
이름과 팀, 한 문장으로 오약한 좌우선순의 듬을 공유한다.	학습 기회는 대부분 탐닷쥰으로 발생한다. 동료들로부터 많은 것을 배울 수 있다. 학습하는 습관을 짓고, 커뮤니티를 통해 학습한자.	4~5명을 기준으로 그룹을 나눈다. 오늘 어떤 것을 배웠는지? 누구에게 배웠는지? 10분 단위로 그룹을 다시 나눈다.	각 그룹의 논의 내용을 요약해 공유한다.

그림 3-10 학습 공동체를 활성화하기 위한 회의 구성

Chapter 4

접근법

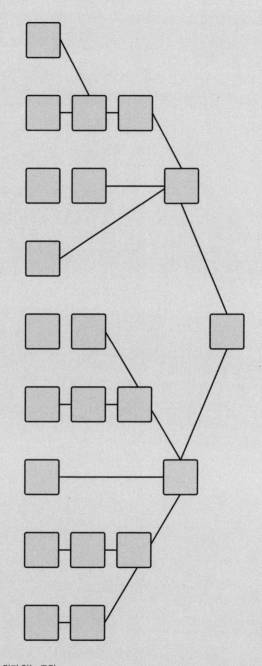

그림 4-1 균형이 잘 맞지 않는 조직

대부분의 퍼즐은 풀 수 있다는 것을 알면 해결할 수 있다. 대부분의 게임은 규칙에 따라 진행된다. 그러나 엔지니어링 관리자는 규칙도 몇 개 없고 약속도 없는 수백 가지의 작은 의사 결정을 내리는 과정에서 예상치 못한 난제를 맞닥뜨린다. 이런 난제 중 상당수는 최악의 의미에서 어려운 문제이다. 다음 단계에 대한 선택지가 거의 없으며, 어떤 쪽을 선택해도 문제가 될 것 같기 때문이다.

이번 장에서는 정책에 대한 예외 처리, 관리자의 요청 사항 거절하기, 전환 기간 동안 능력을 개발하기 같은 문제들을 다룬다. 경영은 윤리적인 직업이며, 특히 어려운 결정일수록 어떤 결정을 내리는지가 더욱 중요해진다.

4.1

예외가 아닌 정책에 따라 일하기

초반에 '요구하지 않으면 아무것도 얻을 수 없다'는 철학을 가진 동료와 일한 적이 있다. 하지만 이 동료의 철학이란 게 결국은 관리자에게 계속해서 예외적으로 취급해 달라고 요구하는 것이었다. 이런 방식은 필자가 생각하는 잘 운영하는 조직의 방식과는 확연히 다른 것이었으며, 일관성이 있어야 공정성도 발휘할 수 있다는 필자의 믿음에도 어긋났다.

그 후로 예외를 자주 허용하면 편견이 생길 뿐만 아니라 비효율적이라고 믿게 되었다. 조직을 같은 방향으로 유지하는 것은 어려운 일이며, 이를 위한 가장 강력한 메커니즘인 일관성에 예외 사항은 해가 될 뿐이다.

반대로 조직은 주변의 변화에 적응하면서 살아남는다. 처음 설립했을 때의 루틴을 버리지 못하는 조직은 결국 실패로 가는 길을 걷게 될 뿐이다.

그렇다면 일관성과 변화를 어떻게 조화롭게 받아들일 수 있을까?

보통 서로 상반되는 목표와 마찬가지로 일관성과 변화에 대해 더 많은 시간을 고민할수록 이 둘이 서로 배타적이지 않다는 점을 알게 되었다. 결국 필자는 '예외가 아닌 정책에 따라 일하기'라는 하나의 통합된 방법을 발견할 수 있었다.

좋은 정책은 독단적이다

여러분이 작성하는 모든 정책은 목표를 정의하고 목표를 달성하는 데 필요한 조건을 파악한 후 그에 맞게 행동하기 위한 작은 전략이다.

최근에 작업했던 흥미로운 정책 중 하나는 수많은 재택 근무자와 지리적으로 분산된 수많은 사무실을 가진 회사에서 누가 어떤 팀에 합류할 수 있는지를 설계하는 것이었다. 여기서 중요한 목표는 다음과 같다.

1. 모든 사무실을 우선 고려 대상으로 만든다. 나중에 고려해도 되는 사무실은 없다.

    우선적으로 고려해야 하는 사무실은 중요한 프로젝트를 다수 진행 중이어야 하며, 다른 사무실의 지원 여부에 따라 제약을 받아서는 안 된다. 게다가 서로 밀접하게 협업하는 직원들이 다수 출근하는 상황이어야 한다.

2. 재택 엔지니어들도 회사에 중요하며 충분한 지원을 받게 해야 한다.

목표에 동의했다면 다음 절차는 목표를 지원하는 데 허용할 수 있는 행위의 범위를 좁히기 위해 약간의 조건을 정의하는 것이었다. 이 경우에는 다음과 같은 (약간 간소화한) 조건을 정의했다.

1. 팀은 대부분 한 사무실의 직원으로 구성한다(여기서 '대부분'이라는 조건을 둔 이유는 완전히 재택 엔지니어로만 구성된 팀을 지원하기 위해서다).

2. 사무실의 직원은 그 사무실 팀의 일원이어야 한다.

3. 재택 근무를 하는 직원들은 어떤 팀이든 합류할 수 있다.

4. 사무실까지 1시간 내로 출근할 수 있는 직원은 반드시 그 사무실에서 근무해야 한다.

이 조건들은 어떤 행위까지 허용하는지 명확하게 정의하고 있는 좋은 예시라고 할 수 있다. 물론 '사무실의 직원들은 되도록이면 그 사무실의 팀에 소속되어야 한다'처럼 조금 덜 강압적인 조건을 생각할 수도 있겠지만 그렇게하면 행위에 대한 구속력도 떨어진다.

만일 여러분이 제시하는 조건이 실질적으로 선택을 제한하지 못한다면 여러분의 선택지에 제한을 두는 언급되지 않은 목표가 있지는 않은지 확인해보는 편이 좋다. 예를 들어 모든 사무실을 최우선으로 하는 것보다는 직원들이 원하는 업무를 하게 하는 것이 더 중요하다는 목표가 제대로 드러나지 않아서 여러분의 조건이 완화될 수도 있다.

필자가 행위를 제대로 제한하지 못하는 정책을 쓰지 말라고 권장하는 이유는 정책을 만들고 유지하는 고정 비용이 상당히 높기 때문이다. 사실 이 점은 좋지 않은 정책에 대한 정의이기도 하다. 이런 경우에는 차라리 강제성이 없는 권고 사항인 규범을 작성할 것을 권한다. 규범은 강제성이 없어서 모호성이나 예외 상황에 대해 고민할 필요가 없다.

예외 부채

일단 조건을 통해 목표에 지원할 수 있게 되었다면 남은 일은 여러분의 조건을 유지하는 것이다. 말은 쉽지만 일관성을 유지하려면 큰 용기가 필요하다. 최선을 다해도 스스로가 정한 정책을 관리하다 보면 길을 잃는 경우가 종종 있다.

정책을 일관적으로 적용하는 것이 특히 어려운 두 가지 이유는 다음과 같다.

1. **기회의 축소를 용인해야 하기 때문이다.** 조건을 잘 정의한다는 것의 트레이드오프는 기회가 상당히 줄어든다는 점이다. 정책을 적용하기 전에는 좋은 기회를 얻을 수도 있겠지만 조건을 적용한 결과가 구체적으로 드러나면 더 이상 그런 기회를 얻기 힘들 것이다.

2. **지역적으로는 최선이 아닐 수 있기 때문이다.** 전역에 적용하는 조건은 무조건 지역적 비효율성이 일어나며, 경우에 따라 일부 팀은 정책으로 얻는 것이 거의 없는 반면, 오히려 정책을 지원하느라 너무 도전적인 상황에 놓이게 될 수도 있다. 사람들에게 이런 상황을 감내해 달라고 요구하는 것은 어려울뿐더러 이런 지역적 비효율성을 겪는 사람에게는 더욱 어렵게 느껴진다. 실제로 정책에 영향을 받아 개인적인 피해를 보게 된다면 정책을 유지하기 매우 어려워질 것이다.

중요한 목표를 달성하기 위해 신중하게 조건을 채택할 때는 좋은 기회도 포기할 줄 아는 용기가 있어야 하고 지역적 비효율성을 받아들일 줄 알아야 한다. 이런 용기를 장려하고 유지하지 못한다면 대부분의 비용을 낭비하고 아무것도 얻지 못하게 될 것이다.

정책의 성공은 예외로 처리해 달라는 요구를 다루는 방법에 직접적으로 영향을 받는다. 예외를 자꾸 수렴하면 사람들은 불공평하다고 느끼게 되고 앞으로 도입할 정책에도 좋지 않은 선례를 남기게 된다. 예외가 일반화된 환경의 리더들은 (본인들이 설계한 정책에 대한) 예외를 승인하느라 시간을 허비하는 경우가 많다. 이렇게 예외 승인에 상당한 시간을 허비하는 조직은 '예외 부채(exception debt)'를 경험하게 된다. 이럴 땐 예외에 대한 처리를 중단하고 정책을 손봐야 한다.

정책 손보기

엄청난 시간을 투자해 정책의 초안을 마련했다면 예외 때문에 본인이나 준비한 정책의 기반이 약화되지 않도록 해야 한다. 그렇다고 해서 실무자의 요청이나 예외 처리 요청을 단순히 무시할 수는 없다. 왜냐하면 이런 요청은 여러분이 설계한 정책이 실제 운영 중인 환경을 제대로 반영하지 못하고 있다는 뜻이기도 하기 때문이다. 그러므로 이런 요청은 잘 수집해서 향후 여러분의 조건 사항을 다시 정립하기 위한 테스트 케이스로 활용하자.

일단 실무자의 의견을 충분히 수집했다면 원래 정책에 적용했던 조건을 다시 살펴보고 정책을 적용하면서 발견된 어려움을 확인하자. 그리고 기존의 조건을 수정하거나 혹은 좀 더 효율적인 새로운 조건을 만들어보자.

이 방법의 장점은 아직 잘 다듬어지지 않은 정책 때문에 두려워하는 사람들도 정책을 반영할 수 있는 기회를 만들어주면서도(물론 정책에 대한 또 다른 의견을 제시할 수도 있다) 모든 사람에게 일관적이고 공정한 환경을 제공할 수 있다는 점이다. 실무자의 의견은 정책을 수정하기 위한 입력으로만 사용할 뿐 매사 대응하지 않는다. 이렇게 해서 정책을 관리하는 업무가 경영진에 영향력을 행사하는 일이 되는 것은 물론 예외의 수용 여부를 판단해야 하는 번거로운 업무도 제거할 수 있다.

정책의 도입을 시작하면 나중에 정책을 재평가할 시간을 미리 선언하는 것이 도움이 된다. 그러면 정책을 개정하기 전에 새 정책을 제대로 평가할 시간을 얻게 된다. 정책이 효과를 발휘하기도 전에 이런저런 불평이 생겨서 효율적이고 좋은 정책을 손보게 되는 경우가 상당히 많다. 정책이 너무 자주 개정되면 예외와 그다지 다르지 않다.

다음에 복잡하지만 일시적인 상황에 놓이게 되면 일단 한 걸음 물러나 문제를 문서화하되, 해결하려고 하지는 말자. 정책을 한 달에 한 번 재평가하고 그때까지 모든 예외 요청을 보류해 두자. 실무자의 의견을 현재 정책에 반영해 개정안을 제시하자. 이렇게 해서 여러분의 시간도 절약하고 시스템에 대한 팀의 신뢰도 구축할 수 있으며, 예외가 아니라 정책에 따라 일하는 환경을 만들 수 있다.

4.2

의견에 반대하기

몇 년 전 팀장, CTO와 함께 장애를 해결하고 있었다. 팀의 엔지니어 중 한 명이 알람 두 개를 잘못 처리해서 지금까지 본 적이 없는 최악의 운영 환경 장애가 되어버렸다. 근본적인 원인은 알람에 대한 피로도, 디스크 공간이 부족하다는 것을 경고하는 알람에서 디스크 공간이 얼마나 빨리 줄어드는지와 같은 상세 정보 누락, 수직 확장이 거의 지원되지 않는 중앙식 데이터베이스에 대한 의존도 세 가지였다. 하지만 그 당시 우리는 근본적인 원인에 대해 이야기하고 있던 것이 아니라 긴급 대응(on-call) 엔지니어를 해고할 것인지 논의하고 있었고 필자는 그 의견에 반대했다.

당시 필자는 관리직을 윤리적인 직군으로 보고 있었다. 우리는 같이 일하는 사람들이 공정한 환경에서 최고의 역량을 발휘할 수 있는 환경을 만들 기회가 있었다. 이는 특히 관리자들에게 기회이자 의무였다. 그리고 그 회의에서 팀장과 CTO의 의견에 반대한 것은 옳다고 생각하는 일에 선을 유지하기 위한 필자의 결정이기도 했다. 하지만 회의에서는 필자 외에도 반대 의견을 낸 사람이 더 있었다. 아무리 상황이 좋아도 언제든 이렇게 반대 의견을 낼 수 있다. 이런 반대 의견은 여러분이 이끌고 있는 팀이 무엇을 할 수 있는지에 대한 표현이기도 하다. 긴급 대응 엔지니어를 해고하겠다는 결정은 잘못된 결정일 뿐만 아니라, 긴급 대응 업무 중 실수 때문에 사람을 해고하는 것은 알람을 너무 많이 받아서 12시간 동안 진행되는 긴급 대응 업무가 끝나기도 전에 휴대폰 배터리가 다 떨어지는 상황을 버텨내고 있던 팀의 사기에 엄청난 악영향을 끼치는 결정이라고 생각했다.

이런 상황에서 반대 의견을 내는 것은 팀 외부에 팀의 한계를 설명하는 것인 동시에 엔지니어링 리더로서 해야 하는 가장 중요한 활동 중 하나다.

팀의 한계

반대 의견을 효과적으로 전달하는 사람들은 고집불통도 아니고 반대 의견을 자주 내지도 않는다. 그저 팀의 한계를 설득력 있게 설명하고, 제안한 방식이 옳지 않은 방식일 뿐만 아니라 어째서 달성하기 힘든지를 명확하게 표현한다.

팀의 한계를 명확히 표현하는 것은 당면한 문제에 따라 다르지만 주로 의견 충돌이 발생하는 쟁점은 두 가지다. 첫 번째는 속도(두어 시간이면 끝낼 일이 왜 이렇게 오래 걸리죠?)이고 두 번째는 우선순위(왜 더 중요한 다른 프로젝트를 수행하지 못한다는 거죠?)다.

보다 건설적으로 이 두 가지 대화를 이끌어가는 방법을 살펴보자.

속도

누군가 여러분이 할 수 있다고 믿는 것보다 더 많은 작업을 수행해 주길 바란다면 목표는 여러분의 팀이 일을 완수하는 방법을 설득력 있게 설명하는 것이다. '완수(finishes)'는 '착수(does)'와는 반대로 특히 중요하다. 완전하게 마무리하지 못한 작업은 아무런 가치도 없을뿐더러 팀의 한계는 완료 단계에서 결정되기 때문이다. 팀의 전달 과정을 설명하는 가장 효과적인 방법은 작업의 진행 과정과 누가 어떤 단계를 수행 중인지 보여주는 칸반 보드를 갖추는 것이다. 팀 성과를 살펴보는 매우 효과적인 방법이기는 하지만 그렇다고 해서 칸반 시스템으로 전환할 필요는 없다. 그저 팀의 한계를 보여줄 수 있는 보드를 갖추기만 하면 된다.

이 보드를 활용하면 현재 진행 중인 작업으로 인한 팀의 한계를 설명할 수 있으며, 팀이 실제로 개선에 도움이 되는 제안을 할 수 있게 돕는다. 이 프레임워크를 제공하지 않으면 사람들은 프로세스 전반에 걸쳐 제안을 하기 시작한다. 그러면 기껏해야 여러 아이디어들이 가장 필요한 부분의 업무 부담을 줄이지 못하고 최악의 경우에는 의도치 않게 업무 부담이 오히려 늘어나기도 한다.

여러분은 팀이 완료할 수 있는 작업량을 낮추는 단 하나의 비효율적 요소인 핵심 제약 조건에 팀을 집중시켜야 한다. 일단 대화의 주제를 핵심 제약 조건에 맞추면 그다음 단계에서는 이 제약 조건을 해결하는 데 방해가 되는 요인을 설명하는 것이다. 대부분의 기술 기업에서는 주로 기술 부채나 너무 어려운 일이 방해 요인일 것이다. 하지만 기술 부채와 너무 어려운 일은 지금까지 책임을 회피하기 위해 남용되는 경향이 있으므로 단순히 이를 언급하는 것은 설득력이 떨어진다.

따라서 기술 부채를 언급하기보다는 문제점을 데이터와 유사한 것으로 바꿔야 한다. 만일 일관된 프로젝트 관리 기법을 활용하고 있다면 각 스프린트별 스토리 포인트를 결정하는 방법과 그 숫자가 시간이 지나면서 어떻게 변화하고 있는지 설명하는 것만큼 쉬울 것이다. 반면 프로젝트 관리 기법을 활용하고 있지 않다면 샘플링 기법을 활용하는 것이 좋다. 예를 들어 일주일에 걸쳐 하루에 서너 번 팀이 수행 중인 업무를 확인하고 그 결과를 바탕으로 팀이 시간을 어떻게 활용하고 있는지 예측할 수 있다.

제약 조건과 팀의 시간 분배를 설명할 수 있게 되면 제약 조건을 해결하는 데 여러분의 시간을 쓸 수 있는지에 대해 유용한 대화를 나눈 것이다. 이제 마지막으로 할 일은 수용력을 추가하는 것과 관련된 논의를 하는 것이다.

수용력을 추가하는 방법은 두 가지다. 하나는 기존 인력을 (그 인력들이 현재 하고 있는 업무를 중단하고) 팀으로 옮기는 것이고 다른 하나는 새로운 인력(보통 채용을 통해)을 보충하는 것이다. 이 두 가지 방법 중 어떤 방법도 만병통치약은 아니며, 각각 '하향식 글로벌 최적화에 대한 사례'와 '초급 성장 시대의 생산성' 절에서 설명하고 있다.

지금까지 설명한 것들을 모두 고려했을 때 속도에 대한 최상의 결론은 여러분의 핵심 제약 사항을 지원하기 위한 실제 사례에 기반한 방법을 찾는 것이다. 차선은 여러분이 제약 사항을 해결하기 위해 충분히 노력하고 있음에 사람들이 동의하고 우선순위에 대한 주제로 대화를 이어가는 것이다(좋은 결론은 이 두 가지뿐이다).

우선순위

논의 주제를 속도에서 우선순위로 바꿀 수 있다는 것은 좋은 결론이긴 하지만 우선순위를 설득하는 것은 어렵고 힘든 일이다. 그래서 우선순위에 대한 논의를 다음 세 단계로 구분하길 권한다.

첫 번째 단계로 팀에 유입된 요구 사항을 모두 문서화하자. 그런 다음엔 수렴할 요구 사항을 선택하는 데 참고할 수 있는 원칙을 수립하고 마지막으로 이 원칙에 따라 선택한 일부 요구 사항만 먼저 공유하자. 팀에 유입된 요구 사항을 문서화하는 것은 팀이 진행 중인 업무를 살펴보는 것만큼이나 쉬운 일이겠지만 아주 중요한 요구 사항이 문서화되어 있지 않은 경우도 많다. 내 생각에 효과적인 방법은 기존의 계획(보통은 분기 또는 연간 계획)과 진행 중인 작업을 하나의 목록으로 만들고 이 목록을 가장 중요한 이해 당사자들에게 보여주는 것이다. 팀의 협조가 주기적으로 필요한 사람들에게 '이 요청 사항 목록이 맞는 것 같나요?'라고 물어보자. 그러면 상당히 정확한 결과물을 도출할 수 있을 것이다.

두 번째 단계는 수행할 작업을 선택하기 위한 원칙을 수립해야 한다. 원칙을 수립하는 방법은 팀과 회사마다 다르다. 인프라스트럭처 팀의 원칙은 제품 팀의 원칙과는 다르겠지만 대부분 회사의 최우선 계획에 기준하며 팀의 미션에 부합한다(가장 보수적인 원칙은 현재 작업과 나중에 할 작업의 가치를 기준으로 정해진다. 예를 들면 오늘 투자를 위해 수행하는 작업은 앞으로 2년 안에는 그 빛을 보겠지만 단기적으로는 큰 가치가 없다는 식이다. 이런 상황에서 유용한 방법은 당장 해야 할 작업의 양과 장기적으로 필요한 작업의 양을 정해두는 것이다).

마지막 단계는 팀이 모여서 유입되는 요청에 대해 원칙을 적용해 우선순위

가 높은 작업을 선택하는 것이다. 요구 사항은 계속 유입될 것이므로 우선
순위가 높은 요구 사항을 선택하는 회의를 주기적으로 가질 수 있도록 가볍
게 진행해야 한다.

이해관계자가 여러분의 우선순위에 공감하지 못할 때도 작업 선택 회의를
할 수 있다. 이때는 이해관계자들의 요구 사항을 이해하고 그들의 요구 사
항을 작업 선택 원칙 및 현재 우선순위가 정해진 작업들을 그들과 함께 논
의해야 한다. 만일 현재 진행 중인 작업보다 요구 사항이 더 중요하다면 다
음 계획 세션에서 우선순위를 변경한다(우선순위 변경으로 인해 혼선이 발
생하지 않게 하려면 우선순위를 바로 변경하지 말고 다음 계획 세션을 기다
리는 편이 좋다. 이는 최소한 한 달에 한 번은 계획을 변경하게 된다는 것
을 의미한다).

관계

속도와 우선순위에 대해 시간을 들여 설명했음에도 불구하고 여러분의 생
각이 잘 받아들여지지 않는다면 관계를 개선해야 할 가능성이 높다. 이런
경우 취할 수 있는 행동은 여러분의 어려움을 더 열심히 설명하는 것이 아
니라 이해관계자들과의 관계를 개선해야 한다.

4.3

여러분의 관리 철학

처음 관리직을 수행하던 몇 년간은 광란의 시기였다. 모든 상황이 새로웠고 모든 결정을 처음부터 이해하지 못했다. 시간이 지나면서 몇 가지 법칙과 지침을 만들어내긴 했지만 실제로 관리직에 대한 내 생각을 개선해 준 것은 관리자의 경험뿐이었다.

내가 관리직을 시작했을 때의 리더십 철학은 간단했다.

1. 골든 룰(golden rule)을 따르는 것이 맞다.

2. 모두에게 각자 '주인 의식'을 가지고 책임질 부분을 정해주자.

3. 보상과 지위는 높은 품질의 작업을 완수해야 얻을 수 있다.

4. 솔선수범하고 내가 하고 싶지 않은 일을 남에게 부탁하지 말자.

이 철학은 든든한 기초가 되어주긴 했지만 오랜 시간 여러 상황에 반복해서 적용하다 보니 갈수록 예외 상황이 발생했다. 계속 배워나가기 위해 통합 관리 이론이라는 헛된 주제를 연구하면서 몇 가지 아이디어를 더하기 시작했다.

윤리적 직업

관리직은 기본적으로 윤리적 직업이라고 믿는다. 우리 자신을 보려면 거울을 보는 것이 아니라 성공하지 못한 팀원을 어떻게 대하는지 봐야 한다고 생각한다. 거울이 아니라 보상에 대한 철학, 적절한 사람에게 역할을 위임하는 방법이 중요하다. 승진자의 결정, 연봉 인상의 방식, 성장의 기회를 제공하는 것, 휴가 요청, 근무 시간 등 모두가 도덕성과 관련이 있다.

우리는 이처럼 함께 일하는 사람들(특히 우리를 '위해' 일해주는 사람들)에게 큰 영향을 미치며, 이 영향에 대한 책임을 지는 게 바로 좋은 관리자가 되기 위한 기본 자세라 생각한다.

그렇다고 해서 팀의 베스트 프렌드가 되어야 한다는 뜻은 아니다. 때로는 개인적인 희생을 요구해야 할 때도 있고, 가장 잘 지내던 팀원을 떠나보내야 할 때도 있으며, 팀이 너무 하고 싶던 프로젝트를 취소해야 할 때도 있다. 중요한 것은 여러분은 영향력이 있으며, 여러분의 행동은 주변에 상당한 영향을 끼친다는 점을 기억해야 한다는 것이다.

문제보다는 끈끈한 관계가 중요하다

내부적인 문제는 거의 관계가 좋지 않기 때문에 발생하며, 끈끈한 관계를 맺는다면 거의 모든 문제를 함께 해결할 수 있다고 믿는다.

기술적 충돌은 모든 사람에게 새로운 것을 배울 수 있는 기회가 된다. 업무 중 발생하는 문제는 팀이 함께 결속할 기회가 된다.

관계가 좋아도 여전히 난제는 많다! 연봉을 인상해 줄 수 있는 예산은 제한적이라서 모두를 만족시킬 수 없다. 고객이 제품을 마음에 들어 하지 않는다면 급여를 동료애로 대신할 수 없다. 어떤 기술 문제는 명확한 해결책이 없는 완전히 새로운 문제이기도 하지만 또 어떤 문제는 명확한 해결책이 있어도 비용 때문에 엄두가 나지 않기도 하다.

그래서 이런 문제를 관계의 관점에서 풀어보기 시작했고 제법 효과적으로 동작한다는 점을 알 수 있었다.

절차보다는 사람을 우선하자

몇 년 전 같이 일하던 리더 중 한 명이 '좋은 사람과 함께 하면 어떤 절차를 채택해도 문제가 없지만 사람을 잘못 뽑으면 어떤 절차를 채택해도 소용없는 것 같아'라고 말했다.

필자는 이 말이 상당히 정확하다고 생각한다.

절차는 협업을 쉽게 하기 위한 도구이며, 팀이 잘 적응하는 절차는 보통 올바른 절차다. 만일 절차가 잘 동작하지 않는다면 이를 대체할 다른 절차를 찾기 전에 현재 절차가 실패하는 이유를 깊이 살펴봐야 한다.

문제(어쩌면 여러분이 문제일지도 모른다!)를 분석할 때는 다른 절차를 도입해야 하는지 아니면 현재의 절차를 조금 조정하는 편이 나을지 스스로 정직하게 파악해 보자. 내 경험상 다른 절차를 도입한다고 해서 문제가 해결되지는 않는다.

어려운 일은 지금 하자

이 직업을 갖다 보면 어려운 상황에 놓이게 될 때가 많다. 모든 시나리오에 안전하게 대비할 수 있는 규칙은 없지만 이를 미뤄두는 것은 절대 최선책이 될 수 없다는 사실은 깨달을 수 있었다.

어려운 문제를 피하려 하지 말고 두 배로 노력하자.

만일 팀장이나 팀원과의 관계가 원활하지 않다면 더 많은 시간을 투자해 관계를 개선하자. 매일 만나거나 저녁 식사라도 같이하자. 두 엔지니어가 협업에 어려움을 겪고 있다면 이 둘을 다른 팀으로 갈라놓기 전에 각자의 입장을 이해하는 시간을 가져보자(물론 명확한 예외 상황도 있지만 두 사람이 정말 함께 일할 수 없다면 여러분이 해결하지 않고 회피했던 문제가 있던 것은 아닐까?).

여러분은 리더이기에 문제를 외면할 수 없다. 문제에 정면으로 도전하자.

회사, 팀 그리고 본인

최근 의사 결정을 위한 몇 가지 조언을 들었다. 그것은 회사, 팀 그리고 자신을 위해 옳은 선택을 하라는 것이다. 이 순서를 지켜야 한다. 어느 정도 지위가 되는 사람에게는 당연한 것이겠지만 늘 이렇게 생각하는 편이 좋다.

먼저 모든 생각은 회사의 관점에서 시작해야 하며, 여러분이 취하는 행동은 회사나 함께 협업하는 다른 팀에 부정적인 외부 요인이 돼서는 안 된다. 예를 들어 프로젝트에 새 프로그래밍 언어를 채택하고 싶겠지만 회사의 나머지 사람들에게 발생하는 추가적인 유지보수 비용은 없는지 고려해야 한다.

다음으로 여러분 스스로를 위해서가 아닌 팀을 대신해 결정을 내려야 한다. 예컨대 팀장이나 제품 파트너와 대화를 나누는 것이 불편하더라도 일정이 팀에게 큰 부담이 된다면 이를 연기하는 결정을 내려야 한다.

고려 대상의 마지막은 여러분이다. 보통 자신을 마지막에 고려해야 한다고 생각하지만 이는 또한 '결국 그 대가는 내게 돌아온다'는 점을 상기시켜 주는 것이기도 하다. 번아웃은 이 업계의 고질적인 문제이며, 번아웃을 경험하는 팀장이 팀에 합류하기도 한다. 최대한 지속 가능한 수준에서 회사에 기여하되, 그 선을 넘지는 말자.

본인을 위한 고민

우리가 당연하게 여기는 것의 대부분은 의도적인 것이 아니라 의례적인 것이다. 관리직을 이제 막 시작했다면 면접, 성과 관리, 승진, 연봉 인상 등 보편적인 과제를 해결하는 방법을 찾아야 한다. 주변에서 어떻게 하는지 보고 따라 하는 것으로 시작해도 좋다. 동료로부터 배우는 것도 성공에 매우 중요한 요인이기 때문이다. 하지만 여러분의 방식이 정말 최선인지 그리고 여러분이 따라 하는 방식이 올바른 방식인지 스스로 정직하게 생각해 보는 것도 중요하다.

최근 많은 기업이 프로그래밍 면접에 중점을 두는 것이 좋은 예다. 나를 비롯한 대부분의 채용 관리자는 자신의 면접 방식이 그저 그렇다는 것을 알고는 있지만 시간이 지나면 이를 잊어버리기가 쉽다. 잘못된 것을 한 번에 모두 고칠 수는 없으므로 언제든 그저 그런 수준의 일을 하게 되는 경우가 많지만 가능하다면 언제든 개선(예를 들면 관리 부채를 해결한다든지)할 수 있다는 점을 기억하자.

결론적으로 최고의 관리 철학은 변치 않는 것이 아니라 (헤겔 변증법 모델에서는) 현실과 마주하면서 계속 진화하고 있다. 최악의 관리 이론은 아무런 이론도 없는 것이지만 그다음으로 최악은 변화를 수용하지 않는 것이다.

4.4

성장하는 회사에서의 관리직

디그(Digg)에서 재직하던 마지막 해에 우리는 사용자 수 감소와 현금 보유량 감소라는 문제를 해결하기 위해 노력하고 있었다. 소셜코드(SocialCode)에 인수되었을 때는 바로 문제를 해결하기 위해 세운 계획을 실행했고, 그 즉시 갈등은 터져나왔다. 지난 2년간 리더십을 통해 배웠던 것(실행, 실행, 실행)은 오히려 문제만 유발했고 당최 그 이유를 알 수 없었다. 오히려 성공적이고 경험이 풍부한 관리자들이 스타트업에 합류했다가 비효율적인 목표 설정으로 얼마 되지 않아 떠나는 것은 자주 봤지만 필자의 문제는 그와는 반대였다.

가장 시작하기 어려운 회사는 중견 규모이면서 빠르게 성장하는 회사다. 그 이유는 회사의 어떤 부서는 빠르게 성장하면서 실행을 강조하는 반면, 다른 부서는 아이디어가 더 가치 있는 흐름이 되면서 크게 안정화되었기 때문이다. 보통 긴 뼈는 끝에 성장판이 있어서 성장이 일어나는데, 가운데는 성장하지 않는다. 이는 빠르게 성장하는 회사를 표현하는 매우 적절한 비유이며, 여러분의 행동이 새 역할에 잘 부응하지 못하는 이유를 이해하는 데도 유용한 멘탈 모델이다.

성장판의 중심에 있다면

여러분이 작은 스타트업이나 성장이 빠른 회사에서 성장의 중심에 있다면 새로운 문제를 처리하는 경우가 많을 것이다. 이 새로운 문제들은 아주 새로운 것은 아니지만(대부분은 사람 문제다) 대부분은 회사가 유용한 해결책을 찾기 위해 충분히 오래 우선순위를 두지는 않았던 문제들이다. 즉, 현상 유지만으로는 성공을 기대할 수 없다는 뜻이다.

이런 상황에서 새로운 아이디어를 중요하게 평가할 거라고 예상하겠지만 흥미롭게도 그 반대다. 성장판의 중심에 있다면 가장 중요한 흐름은 실행이다. 대부분 시도해 볼 만한 명확한 아이디어들이 남아 있고 이런 아이디어를 평가할 수 있는 여력은 제한적이기 때문이다.

성장판에 속해 있지 않은 다른 사람들이 좋은 의도로 더 많은 아이디어를 제시하는 경우도 많지만 오히려 이는 역효과를 낳는다. 성장판의 중심에 있는 사람들 입장에서는 평가해야 할 아이디어를 더 추가하는 것이 아니라 지금까지 밀린 아이디어를 줄이고 실행하기 위한 도움이 필요하다. 이런 상황에 놓인 팀은 실행에 필요한 리소스가 부족하므로 팀을 도울 수 있는 유일한 방법은 필요한 리소스를 제공하는 것이다. 더 많은 아이디어를 제시하는 것은 도움이 되는 것처럼 느껴지겠지만 실제로는 그렇지 않다.

마지막으로 성장판의 중심에 있다면 다음 라운드까지 살아남을 수 있게 집중해야 한다는 것을 깨달아야 한다. 여기서 다음 라운드란 성장에 필요한 또 다른 과제일 수도 있고 팀을 안정화시키는 것일 수도 있다. 이런 상황에서는 꾸준히 기본을 잘하는 것이 매우 어렵다. 그런 것을 잘하기 위한 시간이 충분하지 않기 때문이다. 시간 제약을 두고 업무를 수행하는 것에 익숙해져야 할 것이며, 그러다 보면 정말 열정을 가지고 있는 부분에서 역량을 발휘하지 못하게 되는 경우도 있을 것이다. 필자는 개인적으로 (당황스럽고 안타깝게도) 인력 관리 측면의 업무를 많이 줄이고 시스템 작업에만 집중하기도 했다.

성장판에 속해 있지 않다면

회사의 성장판에 속해 있지 않다면 여러분이 처리하는 문제는 대부분 해결책이 알려져 있다. 이런 해결책은 반복해서 개선해 나갈 수 있으므로 실행할 수 있다면 그 가치는 상당히 높겠지만 현실적으로는 아이디어(특히 회사가 보기에 새로운 아이디어)가 가장 큰 보상을 받는다.

성장이 느린 환경은 모두 성장이 빠른 시절을 지나왔다. 즉, 한 번은 상당히 효율적인 실행력을 갖춘 누군가가 점차 성장이 더딘 환경으로 진화시켰다는 뜻이다. 결과적으로 반복해서 개선할 수 있는 부분이 여러분의 기대만큼 많지는 않을 것이다. 보통은 확실한 실행력을 갖춘 사람에게 성장이 느려진 분야를 맡긴다(성장이 빠른 부분에는 혁신가가 필요하다). 하지만 그 반대의 방식이 더 좋은 결과를 내는 경향이 있다.

여러분이 관리자라면 이 분야에서 기본을 아주 잘 지켜야 한다. 폭넓은 관계를 구축하고 팀을 이끌어 경력을 개발하는 데 시간을 할애해야 한다. 혁신이나 외부의 변화가 팀의 한계치를 넘어가더라도 팀은 충분한 휴식을 취하고 다시 달릴 준비가 되어 있어야 한다.

가치에 따른 조정

마지막으로 전할 메시지는 간단하다. 여러분의 가치를 한 곳에서 다른 곳으로 옮기는 것에 신중하자. 리더십은 현재의 상황에 맞게 적절한 행동을 취하는 것이며, 같은 행동으로 모든 상황을 해결할 수는 없다. 처음으로 성장판의 중심에 놓인다면(또는 성장판에 속하지 않게 된다면) 완전히 새로운 역할을 맡은 것처럼 행동하자.

4.5

엔지니어링 관리자가 난관에 부딪히는 이유

처음 팀장이 됐다면 성과 평가 기간을 독서로 시작하는 것이 유용하다. 또한 카미유 푸르니에(Camille Fournier)의 '개별 기여자가 어려움을 겪게 되는 이유'를 다시 읽어볼 아주 적절한 시기이기도 하다.[1] 시간이 지나면서 점점 관리자 중심적이 되어가는 자신을 발견했고 결국 그 욕구 덕분에 잠시 후 살펴볼 목록을 만들어낼 수 있었다.

푸르니에의 조언을 따라 엔지니어링 관리자의 유사점에 대해 생각해 봤다. 관리자는 보통 간접적으로 일하기 때문에 뭔가 어려움이 생기면 늘 명확하지는 않지만 적어도 개인 프로젝트와 경력에서 난관에 부딪힐 것이라는 점은 명확하다.

난관에 부딪히는 이유는 여러 가지가 있다.

새로 팀장이 된다면 처음 몇 년 안에 다음과 같은 이유로 난관에 부딪힐 수 있다.

---

1 역주 https://skamille.medium.com/how-do-individual-contributors-get-stuck-63102ba43516

1. **아랫사람만 관리한다.** 대부분 팀은 원하지만 회사와 고객은 아무런 관심이 없는 것을 구현할 때 나타난다.

2. **윗사람만 관리한다.** 펄 S. 벅은 자신의 저서 『대지』(문예출판사, 2003)에서 '모든 힘은 지구로부터 나온다'고 했다. 관리직의 힘은 건강한 팀에서 나온다. 어떤 관리자는 경영진의 의도를 따르는 데 너무 집중한 나머지 팀을 돌보지 않기도 한다.

3. **윗사람을 전혀 신경 쓰지 않는다.** 팀의 성공과 팀이 인정을 받는지 여부는 윗사람과 여러분의 관계에 크게 의존한다. 업무를 아무리 잘해도 윗선에 공유되지 않아 모르고 지나가는 경우도 많다.

4. **팀만을 위한 최적화를 수행한다.** 회사가 지원하지 않는 기술을 선택하거나 다른 팀과 경쟁하는 제품을 구현한다.

5. **채용으로는 어떤 문제도 해결할 수 없다고 가정한다.** 일정에 쫓기다 보면 채용은 뒷전에 두고 모든 시간을 문제 해결에 쏟아부어야 할 것 같은 느낌을 받는다. 하지만 회사의 비즈니스가 빠르게 성장하고 있는데 채용을 하지 않으면 결국 번아웃에 시달리게 될 것이다.

6. **관계 형성에 소홀하다.** 여러분이 책임지는 팀의 영향력은 다른 팀이나 고객이 원하는 일을 하는지 그리고 그 업무가 실제로 릴리스되는지 여부에 달려 있다. 이는 회사 내에서의 적절한 관계 연결이 없다면 매우 어려운 일이다.

7. **자신의 역할을 너무 좁게 해석한다.** 효율적인 관리자는 팀의 결합력을 높이고 부족한 부분은 채우는 역할을 한다. 가끔은 좋은 선례를 남기기 위해 정말 원치 않는 일도 하게 된다는 뜻이다.

8. **윗사람도 사람이라는 사실을 잊는다.** 윗사람이 곤란한 상황으로 몰아넣거나

뭔가 중요한 것을 말해주는 걸 잊거나 여러분과 상의 없이 팀에 업무를 부여하면 윗사람과의 관계가 소원해지기 쉽지만 그들도 나쁜 의도로 그런 것은 아니다. 윗사람과 좋은 관계를 유지하려면 그 사람도 실수할 수 있다는 점을 인정해야 한다.

더 경험이 있는 관리자라면 다음과 같은 이유로 난관에 봉착한다.

1. **이전 회사의 경험에 의존한다.** 새로운 회사에 입사했거나 새로운 역할을 맡았다면 모든 것을 '고치기' 시작하기 전에 잠시 멈추고 경청하며 이해를 높이는 것이 좋다. 그렇지 않으면 있지도 않은 문제를 적절하지 않은 도구로 해결하려 하게 될 것이다.

2. **관계 형성에 너무 많은 시간을 소비한다.** 이는 특히 대기업에서 더 작은 기업으로 옮긴 관리자들이 보편적으로 보이는 성향이며, 관리자가 아무런 가치도 제공하지 않는다는 인식을 심어준다. 이는 소규모 기업일수록 관리자가 관계를 형성하는 것보다는 실행에 더 집중하길 원하기 때문이다.

3. **모든 문제를 채용으로 해결하려 한다.** 뛰어난 인재 몇 명을 팀에 추가하면 많은 문제를 해결할 수 있지만 너무 많은 사람을 채용하면 오히려 문화가 퇴색하고 역할과 책임이 불분명해진다.

4. **책임을 위임하는 것이 아니라 피한다.** 위임은 중요하지만 중요한 책임을 위임하고 돌보지 않게 되는 경우도 잦다. 그래서 쉽게 모면할 수 있었던 문제를 나중에서야 발견하게 된다.

5. **실질적인 정보와 단절된다.** 특히 대기업의 경우 현실과는 근본적으로 연관이 없는 결정을 내리게 되는 일이 빈번하다.

그 외 경험치와는 무관하게 관리자가 난관에 부딪히는 경우는 다음과 같다.

1. **영향력을 위해 팀의 규모를 잘못 조정한다.** 더 큰 규모의 팀을 관리하는 것은 더 나은 일이 아니라 그저 '다른' 일일 뿐이다. 또한 여러분을 더 중요한 사람으로 만들거나 더 행복하게 만들지도 않는다. 팀 규모에 대한 집착을 해소하는 것은 어렵지만 그걸 할 수 있다면 여러분의 경력을 더 나은 방향으로 바꿔줄 것이다.

2. **영향력을 위해 잘못된 직책을 택한다.** 직책은 주어진 상황에서만 의미가 있는 일시적인 사회 구조다. 현 회사의 직책은 다른 회사에서도 똑같은 의미로 받아들여지지 않으며 직책으로 자신이나 다른 사람을 판단하는 것은 결코 옳은 방법이 아니다. 직책을 목표로 삼지는 말자.

3. **권한과 진실을 혼동한다.** 권한이 있으면 주장이 약하거나 당위성이 부족해도 어떻게든 일이 돌아갈 수는 있지만 그러면 꽤나 비싼 비용을 지불하면서 다른 사람과 협업하는 셈이다. 왜냐하면 사람들은 마음을 닫고 그저 지시만 따르게 되기 때문이다. 그것도 처우나 자신의 신변에 문제가 있는 경우에나 그렇지 그게 아니라면 그냥 떠날 것이다.

4. **책임을 위임할 만큼 팀을 믿지 않는다.** 여러분이 의도했던 것과는 다른 방향으로 팀이 일할 수 있는 충분한 기회를 주지 않는다면 팀의 영향력을 확대하거나 팀원과의 관계를 개선할 수 없다. 많은 조직이 승인을 받느라 병목이 발생하는데, 이는 신뢰가 부족하다는 절대적인 신호다.

5. **시간 관리를 스스로 하지 못한다.** 대부분의 관리자는 자신이 할 수 있는 것보다 훨씬 많은 일을 담당한다. 아마도 여러분의 경력도 이렇게 이어질 것이므로 밀어닥치는 회의 일정에 무분별하게 치이지 않고 중요한 일에 시간을 우선적으로 배분하는 것이 중요하다.

6. **문제만 바라본다.** 문제가 있는 데만 신경 쓰고 좋은 결과를 축하하는 것은 까맣게 잊기 쉽다. 그렇게 하면 불만과 화만 돋울 뿐이다.

이 밖에도 관리자가 난관에 봉착하는 이유는 수백 가지도 더 있지만 가장 먼저 떠오른 이유들이 지금까지 설명한 항목들이다.

4.6

관리자와 협업하기

처음으로 소프트웨어를 개발하는 일을 시작했을 때는 3시간의 시차를 두고 재택근무를 하던 첫 해를 포함해 2년간 팀장과 일대일 회의를 두 번 했다. 이런 상황에는 스스로 자기 관리를 잘하는 경우도 있지만 필자는 아무것도 못하고 있다가 어찌어찌해야 할 일을 찾곤 했다('유용한' 일이었다고 하고 싶지만 아무리 좋게 봐도 우리 팀의 소프트웨어는 일방적으로 버려졌기 때문에 유용한 일이었다고 말하긴 어렵겠다).

이전 경험도 크게 도움이 되지 않았던 건 팀장과의 협업이었다. 당시 관리직의 업무도 몰랐고 관리자와 협업하는 방법도 몰랐다. 그래서 팀장과 좋은 관계를 만드는 방법을 찾는 게 어려웠다. 만일 여러분도 비슷한 어려움을 겪고 있다면 다음 내용들이 도움이 되길 바란다.

여러분의 윗사람과 협업을 잘하려면,

1. 윗사람이 여러분에 대해 몇 가지라도 알게 해야 한다.

2. 여러분도 윗사람에 대해 몇 가지라도 알아야 한다.

3. 간간히 서로에 대해 알아야 할 것들을 업데이트해 준다.

여러분의 관리자가 여러분에 대해 알아야 할 것은 다음과 같다.

- 현재 해결 중인 문제. 그리고 각 문제를 여러분이 해결하는 방법
- 여러분이 일을 진행 중이라는 점(특히 업무를 막힘 없이 진행한다는 것)
- 여러분이 선호하는 업무(그러면 여러분을 적절한 업무에 배정해 줄 수 있다)
- 여러분의 업무 부하(그러면 여러분이 다른 업무 기회에 참여할 수 있는지를 알 수 있다)
- 여러분의 직업적 목표와 성장 분야. 업무의 지루함과 어려움 사이 어디쯤에 있는지
- 여러분이 제대로 평가를 받고 있다고 믿고 있는지 여부(평가 점수, 회사 가치, KPI 등)

어떤 관리자는 다른 관리자보다 정보를 지속적으로 제공하기가 쉬우며, 자신에게 맞는 소통 방식을 찾는다면 성공적인 협업이 가능하다. 필자가 발견한 방법은 다음과 같다.

1. 이 정보를 문서화하고 지속적으로 업데이트하면서 관리자와 공유하자. 어떤 관리자는 이 정도만 해도 충분하다. 임무 끝!

2. 이 정보를 일대일 회의에서 언급하면서 정보의 격차(성장해야 할 분야에 지원을 충분히 못 받는다든가, 너무 바쁘다든가, 아니면 너무 한가하다든가 등)에 집중한다. 목적은 불평불만을 늘어놓는 것이 아니라 정보의 격차를 좁히는 것이다.

3. 분기별 등 정기적으로 각각의 측면을 고려해 자기 성찰을 작성해 본다(필자는 본질적으로 분기별 자기 성찰인 '경력 서술' 방법을 실험해 왔다). 이 문서를 관리자 그리고 원한다면 동료들과도 공유해 보자!

몇몇 팀장은 관심이 없는 듯 보이지만 사실은 그렇지 않다. 그저 소통을 잘하는 것에 너무 스트레스를 받은 것뿐이다. 그래서 윗사람을 관리하는 것, 즉 여러분의 팀장과 그들이 필요로 하는 것을 아는 것이 중요하다.

다음은 여러분이 알아두면 좋을 사항이다.

- 팀장의 우선순위는 무엇인가? 특히 그들이 마주한 문제와 핵심 목표는 무엇인가? 이 질문을 받았을 때 곧바로 답하지 못한 적이 많다. 사람과 관련된 문제에 집중했기 때문이다. 하지만 여러분의 팀장이 이 질문에 답하지 않는다면(몰라서든 아니면 사람 관련 문제만 다루기 때문이든) 이는 위험한 신호다.

- 팀장은 얼마나 스트레스를 받고 있는가? 얼마나 바쁘게 일하는가? 그들은 자신의 역할 속에서 성장하고 있다고 느끼는가 아니면 정체되어 있다고 느끼는가?

- 여러분이 도와줄 일이 있는가? 이 질문은 팀장이 위임을 제대로 하지 않는 경우에 특히 유용하다.

- 팀장의 윗사람이 두는 우선순위는 무엇인가?

- 팀장이 스스로 개선하고자 하는 것은 무엇이며, 그 목표는 무엇인가? 이 역시 팀장이 난관에 봉착했을 때 여러분이 도와줄 수도 있으므로(팀이 달성할 수 있는 일의 영향력과 난관의 주요 원인으로 꼽히는 팀 규모의 확대를 잘 조율하면 특히 더 도움이 된다) 특히 잘 알아둬야 할 사항이다.

팀장이 이런 질문에 답변을 거부하는 경우는 상대적으로 드물다(보통은 자신의 상황을 공유하거나 자신에 대해 말하는 편이다). 하지만 팀장이 답을 알지 못하는 경우는 빈번하다. 이런 경우라면 위의 질문들은 일대일 회의에서 다루기에는 조금 무거운 주제가 될 수 있다.

4.7

관리의 범위

지난주에 엔지니어링 관리자와 담소를 나눈 적이 있다. 그 사람은 본인은 엔지니어링 VP를 원하지만 아무도 본인에게 모험을 걸려 하지 않는 것 같다고 했다. 그래서 빠르게 성장하는 회사에 합류해서 작은 팀에서부터 회사의 성장에 따라 자신의 관리 범위를 넓히려는 생각을 갖고 있었다.

필자는 그 사람에게 뭐라 할 수 없었다. 전에 직장을 구할 때도 똑같은 생각을 한 적이 있었기 때문이다.

운이 좋아 상황이 좋다면 초반에는 거의 자동으로 승진이 되겠지만 나중에는 마치 높은 빌딩에서 떨어진 후 화물 기차에 한 번 더 밟혀 납작해진 동전처럼 여러분의 경력의 발전 속도가 눈에 띄게 줄어드는 것을 알게 될 것이다.

보통 엔지니어링 관리직은 세 종류로 구분한다.

1. 관리자: 팀을 직접 관리한다.
2. 디렉터: 팀장들을 관리한다.
3. VP: 조직을 관리한다.

관리직 초반에는 특정 '위치'에 도달하는 것과 관리하는 사람의 수가 늘어나는 것을 혼동할 수 있다. 예를 들어 직원 수가 100명인 회사가 여러분을 채용한다면 여러분의 직속 직원은 팀장일 때 5명, 디렉터일 때 20명, VP일 때 40명 정도일 것이다.

직책을 만드는 데 비용이 거의 들지 않다 보니 직책의 수만 많아지는 경우가 많다. 그래서 직책보다는 팀의 규모에 초점을 맞추기가 쉽다. 필자는 디그에서 엔지니어링 디렉터가 되었는데, 그 이유는 회사와 내가 맡았던 팀의 규모가 계속 줄어들었기 때문이다. 이는 필자가 성공을 했다기보다는 회사가 성공 가도를 달리다 결국 실패의 길로 접어드는 과정을 함께 하게 된 것에 대한 작은 보상 같은 것이었다.

관리자들이 우리의 성장을 돌보는 만큼 우리 또한 범위를 잘 확인해야 한다. 즉, 사람만 늘어놓는 것이 아니라 조직과 회사에서 점점 중요하고 복잡해지는 부분의 성공에 대한 책임감을 가져야 한다. 그래야 더 큰 팀을 맡으려는 제로섬(zero-sum) 경쟁에서 벗어나 조직에 힘을 실어주고 더 많은 책임을 지는 선순환의 구조로 진화할 수 있다.

어려운 일일수록 경쟁은 줄어든다.

회사에는 늘 비용 절감을 위한 목표, 긴급 대응 대응 방식의 수립, 엔지니어 채용 절차 등의 업무를 할 누군가가 필요하다. 이런 교차적인 프로젝트를 강하게 실행할 수 있다면 개인적으로나 경력 측면에서 대규모 팀을 관리하는 것과 같은 성장을 맛볼 수 있다. 50명의 엔지니어링 관리자와 협업해야 하는 프로젝트를 관리하는 것은 직원이 50명인 조직을 이끄는 것보다 배울 것이 훨씬 많으면서도 같은 스킬을 개발할 수 있는 기회다.

이것을 인식한 것은 내게 매우 중요한 부분이자 힘이 되었다. 설령 회사에 더 많은 디렉터나 VP를 확보할 여력이 없더라도 여러분의 영향력과 학습의 범위를 키울 수 있는 기회는 언제든지 찾을 수 있다.

이런 인식의 전환은 엔지니어링 관리자를 채용하는 방법에도 영향을 미쳤다. 회사가 성장함에 따라 더 큰 규모의 팀을 관리하는 것(실현 가능성도 낮거니와 원하는 사람도 너무 많은 형태)에서 광범위하고 복잡한 프로젝트를 통해 더 의미 있고 안정적으로 범위를 확장할 수 있는 형태로 바뀌게 된 것이다.

경력의 개발을 위해 팀의 규모를 키우는 것에 집중하고 있다면 당장 집어치우고 조직이나 회사에서 여러분이 채워 넣을 수 있는 구멍은 없는지 찾아보자.

그렇게 하면 훨씬 만족스러운 회사 생활이 될 것이다.

4.8

조직의 방향 설정

필자는 관리자로 일한 지 2년이 지나서야 '리더의 외로움'을 느끼는 단계에 이르렀다. 여러 사람이 그런 시기가 올 거라 경고했는데 결국 와버렸다. 팀은 회사의 인수 이후의 상황에 적응하느라 힘들어하고 있었고 나는 모든 스트레스를 혼자 감내하고 있다는 느낌이었다. 문제는 인식하고 있었지만 그래서 어떻게 해결해야 할지는 몰랐다. 2년이 지나자 관리직에 익숙해졌고 뭔가를 새로 만들어내기보다는 점차 경험에 의존하기 시작하면서 더 이상 외로움을 느끼지 않게 되었다.

관리자를 관리하기 시작했을 때는 모든 것이 변했다. 스스로는 모든 문제를 해결하는 방법을 안다고 느꼈지만 다른 사람이 문제를 해결하게 하는 방법은 몰랐고 문제가 악화된 지 한참 지나서야 문제를 인식하게 되는 경우가 잦았다. 위임과 지표, 회의, 프로세스와 실행 등 내가 너무 뻔하거나 중요하지 않다고 생각했던 것들이 어느새 나의 도구가 되었고 다시 내 위치를 되찾기 시작했다.

지난해에는 관리자의 관리자들과 더 많이 협업하게 되면서 다시 한번 모든 것이 변했다. 그 얘기를 잠깐 해볼까 한다.

부족한 피드백, 모호한 방향 지시

경력 초기에는 동료들로부터 여러분의 작업에 대해 정기적으로 피드백을 받을 수 있다. 하지만 책임이 늘어나면서, 특히 책임이 구체화되면 점차 아무도 여러분에게 피드백을 제공해야 한다고 느끼지 않거나 피드백을 줄 수 없게 된다. 소규모 회사에서 새로운 기능을 구현하는 데 팀에 달랑 두 명뿐이라면 이미 이런 피드백의 부재를 느끼고 있을지도 모른다.

보통은 직접적이고 실행 가능한 조언을 듣는 시점이 되어도 아무것도 들을 수 없게 된다. 기술 부채가 너무 많은 것에 대한 팀의 불평, 두 동료가 가벼운 다툼을 하고 있다는 소문 등 이전 같으면 평온했을 곳에 여러 가지 동요가 일고 있다.

기능적 리더라면 다른 사람의 지시를 받기보다는 여러분이 스스로 방향을 설정해야 한다. 담당하는 분야의 상황이 좋지 않으면 여러분이 소화할 수 있는 것 이상의 지도와 조언을 받게 되겠지만 상황이 좋다면 여러분과 팀을 위한 방향을 스스로 책임지는 경우가 많다.

만일 스스로 방향을 정하지 않는다면 무관심의 대상이 되어가고 있음을 느끼기 시작할 것이다. 아무도 우리 팀이 뭘 하는지 관심이 없나? 내가 사무실에 나타나지 않으면 어떻게 되려나? 뭔가 다른 걸 해야 하나?

무관심을 느낀 직후 다른 곳으로 떠나고자 하는 본능은 자연스러운 것이지만 올바른 길이 아니다. 이직을 통해 현재 문제를 피할 수는 있겠지만 다른 회사에서 성공을 거두게 되면 결국 같은 상황에 놓이게 될 것이다.

이는 성공했다는 징후다. 성공이 가르쳐주고자 하는, 즉 여러분의 조직과 자신을 위한 방향을 설정하는 방법이라는 교훈을 배울 필요가 있다.

방향 설정을 위해 필요한 것

방향 설정의 첫 번째 단계는 가능한 폭넓게 아이디어를 수집하는 것이다. 다른 회사에서 경험을 쌓은 동료들과 이야기를 나누고 이전 회사에서 정말 좋았다고 느낀 것은 무엇인지 물어보자. 팀원들과의 대화를 통해 관심을 가지고 있었지만 아직 스스로 의견을 개진하지 않았던 아이디어는 없는지 파악하자. 새로운 기술 논문을 읽자. 구글/페이스북 같은 대기업이든 아주 작지만 흥미로운 사업을 펼치는 회사든 같은 분야의 회사 사람들과 만나 그들은 어떤 것에 집중하는지 물어보자.

첫 번째 단계는 아무런 판단 없이 우선은 아이디어를 발굴하는 단계다. 가능한 한 모든 곳에서 아이디어를 수집하고 설령 스스로 보기에는 형편없는 아이디어라 하더라도 사람들이 관심을 갖는 아이디어를 쌓아나가자.

일단 충분한 아이디어를 수집했다면 이를 전략으로 다듬고 그 전략을 테스트해 보자. 그런 후에는 주요 결정 사항을 알아낼 때까지 전략을 계속 수정하고 살펴야 한다. 어떻게 보면 일종의 민감도 분석이라고 할 수 있다. 여러분의 전략에서 주요 중점 사항을 파악했다면 마침내 방향을 설정할 준비가 된 것이다.

중점 사항마다 명확한 결정을 내리고 그 결정을 설명하는 문서를 작성한 후 문서를 읽어볼 만한 사람을 찾아보자. 그들은 여러분이 써둔 내용에 동의하지 않거나 아니면 오해를 할 것이다. 계속 테스트하면서 오해를 유발하는 논란거리는 최소 그룹으로 세분화하자.

일단 이런 문제가 발생하면 경험이 풍부한 다른 회사의 리더들과 대화를 나누면서 예전에는 이런 절충을 어떻게 이뤄냈는지 물어보자. 그들의 상황에 대한 이야기를 들어보자. 처음부터 완벽한 방향을 결정하게 된 배경과 회사가 성장함에 따라 마음을 바꾸게 된 이유도 물어보자.

이렇게 해서 배운 것들을 전략 문서에 모두 녹여 넣는다면 할 만큼 한 것이다.

엄밀히 말하자면 거의 다 한 것이다. 이제 남은 한 가지 문제는 여러분이 지나치게 정확하게 작성한 문서를 읽어볼 시간이 있는 사람이 없다는 점이다. 따라서 마지막 단계는 이 문서를 몇 시간 동안 자세히 읽지 않고도 이해할 수 있는 것으로 만드는 것이다. 그러기 위한 최선의 방법은 필자도 아직 연구 중에 있다. 하지만 불필요한 것, 심지어 가장 기본적인 복잡성도 다 쳐내고 3~4개의 중요 항목으로 요약하는 것이 가장 좋은 방법이라고 생각한다.

4.9

종료하거나 해결하거나 위임하거나

최근 엔지니어링 관리자와의 대화에서 그들은 직접적으로 팀을 리딩하는 것이 아니라 관리자를 지원하는 역할로 전환한 후 느꼈던 약간의 모호한 불안감에 대해 언급했다. 필자는 모든 사람들이 관리자를 관리하는 역할로 전환하는 과정에서 이런 불안감을 겪을 수 있다고 생각한다. 여러분이 (팀과 직접적으로 협업하면서) 즐겁게 일할 수 있던 시기를 벗어나 자신의 업무에서 스스로의 가치를 발견하지 못하는 불안한 시기이기 때문이다.

역할의 전환이 어려운 이유는 이런 불안감 때문만은 아니다. 여러분의 스킬과 습관이 더 이상 잘 동작하지 않는 것도 역할의 전환이 어려운 이유다. 여기서 여러분의 문제를 스스로 해결하는 것은 최악의 결과를 낳는다.

이 사실은 매우 실망스러울 것이다. 왜냐하면 아마도 지금까지 여러분의 승진에 가장 큰 영향을 미쳤던 것은 바로 머리를 굴려 중요한 문제를 해결하는 능력이었기 때문이다. 그런데 이제는 여러분이 당면한 대부분의 문제를 스스로 해결하면 안 되는 상황이 되었다. 스스로 해결하는 것이 나빠서가 아니라 여러분이 해야 할 일을 모두 스스로 처리하는 것은 너무 비효율적이기 때문이다.

역할의 전환이 일어나고 여러분이 좋아하던 일을 더 이상 할 수 없는 상황에서 (문제를 스스로 해결하려는) 여러분의 본능 때문에 과중한 업무에 시달리고 있다면 필자는 물론 여러분에게도 아주 유용한 도구를 소개할 수 있겠다!

여러분이 마주하는 모든 문제(결정을 요구하는 이메일, 운영 환경 문제, 긴급 대응 상황에서의 분쟁, 다른 팀으로의 이적 요청 등)에 대해 다음 세 가지 선택지 중 하나를 골라야 한다.

종료. 특정 요청을 완전히 해결할 수 있는 방식으로 종료한다. 즉, 결정을 내리고 관련자들에게 그 내용을 전달하는 것을 의미한다. 이 전략은 되풀이되지 않는 작업에 특히 유용하며 여러분의 목표는 가능한 신속하고 영구적으로 이 작업을 완료하는 것이다.

해결. 향후 6개월 안에 같은 요청을 받아도 시간을 허비할 필요가 없을 정도의 해결책을 설계한다. 주로 표준이나 프로세스를 설계하는 경우겠지만 문제의 종류에 따라 특정인을 가르치는 것이 될 수도 있다. 이 방법의 목적은 작업 전체를 완료하는 것이다.

위임. 이상적으로 이 방법은 해당 작업을 담당할 다른 사람에게 요청을 전달하는 것이지만 간혹 일시적인 요청일 수도 있다. 이 작업을 종료하거나 해결할 수 없다면 남은 선택지는 이 문제를 종료/해결할 수 있는 역량을 갖춘 사람이나 시스템을 조정할 수 있는 사람에게 위임하는 것이다.

어떤 문제가 발생하든 이 세 가지 외에 다른 방법으로 문제를 해결해서는 안 된다. 이 방법을 일주일 정도 시도해 보고 여러분의 역할을 더 효율적으로 수행하는 데 도움이 되는지 확인해 보자.

Chapter 5

문화

그림 5-1 동료, 팀장, 지원받는 팀 등 다양한 팀 내에서의 역할

필자는 대규모 조직을 위한 발표를 준비할 때 발표 내용을 구성하는 데 많은 시간을 할애한다. 메시지가 잘 전달되기를 원하는 지점이 너무 많을뿐더러 사람들이 발표에 공감하면서 자리를 뜨길 원하기 때문이다. 하지만 장기적으로는 발표의 주제나 발표 능력이 얼마나 좋은지가 문제가 아니라 우리가 하는 일이 무엇이며, 우리의 행동을 검수하는 지표는 조직의 문화다.

때로는 검수 결과가 마음에 들지 않을 때도 있지만 좋은 소식은 문화는 진화한다는 점이다. 그렇다 하더라도 이 진화는 끊임없는 노력이 있어야 좋은 쪽으로 변화한다. 이번 장에서는 내가 몸담았던 조직의 문화를 바꾸기 위해 투입했던 지속적인 노력에 대해 설명하고자 한다.

5.1

기회와 유대감

오랜 시간 동안 포용하는 조직을 육성하는 것은 위험하다고 생각해 왔다. 필자가 맡았던 작업의 대부분은 로드맵을 계획하고 몇 가지 합리적인 측정 기준을 정립하고 작업에 착수할 수 있었지만 포용을 위해 불확실성으로 가득한 빈 페이지를 노려보기만 하는 경우도 있었다.

그 후로 포용적 노력에 대해 생각해 볼 수 있는 체계를 찾았다. 이는 간단하지만 문제를 폭넓게 생각하고 유용한 프로그램을 찾아내 불안감을 실행으로 옮길 수 있게 해주는 것이었다. 기본적으로는 이렇다. 포용적인 조직이란 개인이 기회를 잡을 수 있고 유대감을 느낄 수 있는 조직이다. 기회란 자신의 직군에서 성공과 개발을 이루는 것이며, 유대감이란 개인이 가장 편안한 상태로 자신의 업무에 참여하는 것이다.

이 체계는 잘 동작하는 부분과 개선이 필요한 부분을 투영해 보는 데 있어 강력한 효과를 발휘하며 여러분도 이 체계가 유용하다는 점을 느끼길 바란다. 나는 기회와 유대감이라는 두 가지 주제를 대해 투자와 측정이라는 메모를 더하고 싶다.

기회

동료들은 유쾌하고 고객도 친절하며 존중받는 느낌도 충분하지만 매일 저녁 불만에 가득 차 집으로 돌아오게 되는 직장도 있다. 가끔 흥미로운 프로젝트가 시작돼도 그 프로젝트에 참여할 수 있는 기회는 대부분 회사에 오래 다닌 직원들에게 돌아간다. 필자가 생각하기엔 기회는 사람들이 대부분 도전과 성장에 만족감을 느끼면서 집으로 돌아가게 하는 것이다.

조직원에게 기회를 제공하는 가장 효과적인 방법은 적절한 절차에 대한 지원 절차를 구축하는 것이다. 적절한 절차란 최대한 가벼우면서도 지속적으로 동작하기에 충분할 정도로 엄격해야 한다. 지원 절차를 마련하면 사람들은 절차가 동작하는 방법을 배우고 이런 절차에 대한 지원이 일관적이고 반복적으로 동작하는 것을 보면서 그 절차를 신뢰하게 된다.

말로 들으면 간단하겠지만 결코 쉽지 않다. 중요한 것은 불편하더라도 여러분이 마련한 절차를 지킬 수 있느냐는 것이다. 만일 최고의 팀원 중 한 명이 그 기회를 원하더라도 다른 구성원들로부터 지원서를 받는 절차를 계속할 수 있을까? 그 최고의 팀원이 기회를 얻지 못할 경우 회사를 떠나려고 한다면 어떨까? 퇴사를 방지하기 위해 절차를 무시할 수 있겠는가?

기회를 창출하고 분배하는 방법은 너무나도 많다! 그 중에서도 도움이 될 수 있는 방법을 몇 가지 소개한다.

1. **모든 곳에 규정을 적용한다.** 사람과 관련된 중요한 결정은 반드시 사람을 평가하는 규정에 의거해야 한다. 승진, 성과 정책 마련, 채용, 관리직으로의 전환 등 모든 것에 규정이 필요하다.

2. **프로젝트 리더를 선택한다.** 프로젝트 리더를 선택하는 구조적인 방법을 마

련하면 기존 선택에서 배우기도 하고 몇몇 개인에게만 기회가 집중되지 않도록 할 수 있다.

3. **예산을 명확하게 정한다.** 대부분의 기업은 예산에 대해 '본인 돈처럼 생각하고 사용하라'고 강조하지만 이 방식은 사람마다 받아들이는 차이가 크다. 매년 팀에게 적정 수준의 컨퍼런스 참가 비용을 지원한다라는 표현 대신 구체적인 금액을 제시하자. 교육 예산 역시 보편적인 선을 정하지 말고 구체적인 예산을 할당하자.

4. **필요한 부분을 지원한다.** 많은 사람들은 기회에 지원하거나 교육 예산을 활용하거나 멘토를 구하는 데 불편함을 느낀다. 그래서 사람들에게 직접 다가가 지원하라고 권하는 것이 매우 효과적이다. 그보다 더 강력한 방법은 사람들에게 자신의 현 위치를 보여주는 것이다. 예컨대 교육 예산을 사용한 적이 없다거나 교육 예산을 사용하지 않은 유일한 사람이 당신이라는 것을 알려주는 것이다.

5. **교육 프로그램을 마련한다.** 모든 사람이 참여할 수 있는 교육 및 훈련 프로그램을 마련한다.

이런 방법이 기회가 균등하게 돌아가도록 꽤 개선할 수 있다고 믿지만 이보다 나은 방법도 있다. 더 나은 방법을 찾으려면 결과를 측정해 보면 된다. 기회의 측정 가능성은 놀랄 만큼 높기 때문에 포용력 있는 조직을 효과적으로 받쳐줄 수 있다고 생각한다.

필자가 유용하다고 생각하는 지표는 다음과 같다.

1. **지속력.** 지속력은 아주 느린 지표지만 기회의 가능성을 측정하는 데 가장 중요하다. 여러분이 주의를 기울여야 하는 첫 번째 지표지만 변화가 느리게 나타난다는 점을 반드시 인지하고 있어야 한다.

2. **활용률**. 활용률은 프로젝트를 선택할 때 사람들이 자주 선택하는 지표다. 중요한 프로젝트를 확실히 이끌 수 있는 팀원의 숫자는 특히 흥미로운 지표다.

3. **레벨 분포**. 레벨 분포는 다양한 경험을 가진 인력군을 비교할 때 특히 유용하다. 사람들은 재직 중인 회사에서 시니어가 되기 위한 롤 모델을 원한다. 그렇기 때문에 회사에서 잘 드러나지 않는 소수자와 여성 문제를 살펴보는 것은 시작에 불과하다. 또한 각 역할과 필요한 경험 수준도 살펴야 한다.

4. **승진 기간**. 승진 기간은 팀원이 승진하기까지 기다려야 하는 시간이다. 각 직군 간의 승진 기간을 어떻게 비교할 수 있을까? 한 가지 살펴봐야 하는 것은 이 기간은 채용 당시의 경험 수준에 큰 영향을 받는다는 점이다. 예를 들어 어떤 직군은 채용 시점에 실제보다 경험 수준이 낮게 책정되어 승진 기간이 같아 보일 수 있다.

이런 데이터 중에는 인사팀과 협업을 해야 얻을 수 있는 것도 있는데 질문의 의도를 잘 공유하면서 친절하고 끈기 있게 협업하면 동료들과 함께 일하는 데 큰 도움이 된다는 것을 알 수 있었다.

유대감

유대감은 측정하기는 어렵지만 마찬가지로 중요하다. 필자는 매일 공식을 활용해 점심을 함께할 사람을 찾던 동료와 커피를 마셨던 적이 있다. 이 방법은 대체로 잘 통했지만 매일 점심 때가 다가올 때면 그들이 느꼈던 감정은 거의 외로움이었다.

누구와 점심을 먹을지에 에너지를 너무 많이 소비하면 그 에너지를 창의적인 방향으로 소비할 수 없다. 출근 생각만 해도 불안하다면 언젠가는 퇴사를 결정하게 될 것이다. 그래서 유대감이 있어야 소속감을 느낄 수 있다.

유대감 형성에 가장 큰 영향을 미치는 방법은 다음과 같다.

1. **정기적인 주간 이벤트**. 동료들이 서로를 알아갈 수 있는 시간을 마련한다. 이런 이벤트는 업무 시간 중에 진행하며 여러 팀의 구성원들이 원한다면 참석할 수 있다. 내가 좋아했던 이벤트 중 하나는 논문을 읽는 모임을 열었던 것이다.

2. **직원 리소스 그룹(Employee Resource Groups, ERG)**. 비슷한 경험을 가진 동료들이 커뮤니티를 구축할 수 있는 기회를 제공한다.

3. **팀 모임**. 분기별 한 번 정도로 잠시 쉬면서 반성하고 서로 다르게 일할 수 있는 좋은 기회이다. 배우고 토론하면서 하루를 함께 보내는 시간을 갖는 것은 개인이 팀에 소속감을 느끼게 하는 데 놀랍도록 효과적이다. 특히 일상이 동료보다는 자신이 관리하는 팀과 연관된 관리자에게는 더욱 효과적이다.

4. **커피 타임**. 도넛[1]으로 랜덤하게 커피를 함께 마실 사람을 이어주면 서로에게 필요한 것이 없더라도 각기 다른 팀의 구성원들이 서로를 알아가는 데 도움이 된다.

5. **팀 점심 회식**. 팀원들이 조금 쉬면서 서로를 알아가는 시간을 제공한다. 일주일에 한 번 정도 진행하는 것이 좋다. 하지만 팀 내에서 불편함을 느끼는 사람(예를 들면 초기 입사자)에게는 다소 위험할 수 있다. 팀 전

---

1 https://www.donut.com

체의 분위기를 살피는 것은 일대일 회의보다 훨씬 어렵다.

모두가 간단한 프로그램이지만 간단하기 때문에 잘 운영하려면 얼마나 사려 깊이 배려해야 하는지 파악이 안 될 수도 있다. 팀이나 조직의 상황에 따라 이런 프로그램을 조정해야 할 것이다. 항상 시간을 내서 다양한 동료들과 이런 프로그램을 테스트해 보자.

유대감은 기회보다 측정하기가 훨씬 어렵긴 하지만 일단 프로그램을 실행하면 측정을 하는 것이 매우 중요하다. 측정할 지표들은 다음과 같다.

1. **지속력**. 다시 한번 말하지만 가장 중요한 지표이자 오래 추적해야 하는 지표다.

2. **추천율**. 직군별 추천율은 사람들이 친구나 이전 동료에게 우리 회사를 어느 정도 추천할 것인지에 대한 통찰력을 제공한다.

3. **참여율**. 지속적인 이벤트와 팀 점심 회식의 참여율은 사람들이 팀에 얼마나 유대감을 느끼는지 알 수 있는 척도를 제공한다.

4. **커피 타임의 횟수와 완수율**. 이는 도넛으로 자동으로 측정이 가능하다.

기회에 대해 측정한 데이터를 수집하는 것처럼 유대감에 대한 데이터 측정도 인사팀과의 협업이 필요하지만 그럴 만한 가치가 있다.

기회와 유대감 측정의 두 번째 유사점은 대규모 조직일수록 유대감과 기회 사이의 균형을 맞추기 어렵다는 점이다. 대부분의 활동과 이벤트는 모두에게 어울리지는 않는다. 음식 알레르기가 있는 사람에게 점심 식사는 어려운 일일 수도 있고 육체적 활동을 불편해하는 사람도 있으며, 자녀가 있는 사람에게 근무 시간 이후의 활동은 참여하고 싶어도 할 수 없는 활동이 된다.

이런 활동과 이벤트를 성공적으로 운영하려면 다양한 옵션을 만들어주는 것은 물론 이벤트와 시간에 대한 여러 고민거리 사이의 균형을 맞추고자 하는 의지가 필요하다.

계속 유지하기

기회와 유대감을 위해 노력하다 보면 포용력을 가진 조직을 구성하는 길을 가고 있는 자신을 발견하게 될 것이다. 이 전략은 그렇게 드러나지는 않지만 그 결과는 어떤 성명서보다도 큰 울림이 된다. 가장 중요한 것은 개선을 위한 노력을 장기간 계속하는 것이다. 여러분이 지속할 수 있는 몇 가지만 선택해 시작하고 이후에 조금씩 개선해 나가길 바란다.

5.2

프로젝트 리더를 선택하는 방법

매번 같은 두 사람에게 가장 중요한 프로젝트를 담당하게 하는 회사에 근무해 본 적이 있는가? 필자도 그런 적이 있다. 이런 기회를 그저 지켜볼 수밖에 없는 것은 좌절감을 안겨주며 소규모 그룹에 의존하다 보면 기업이 성장해도 그 역량의 발전에는 한계가 오게 마련이다. 이는 매우 중요한 사안이며, 따라서 중요한 프로젝트를 리드할 수 있는 다양한 동료들이 있는 조직이 건강한 조직이라고 믿게 되었다.

이 지표는 프로젝트를 실행할 수 있는 회사의 역량과 구성원이 성장하는 정도를 동시에 측정할 수 있으므로 특히 중요하다. 회사의 역량은 회사의 잠재적인 처리량을 결정하는 데 도움이 되며, 후자는 회사의 포용력에 크게 관련이 있다.

이런 맥락에서 프로젝트는 크게 중요한 프로젝트와 그 외의 나머지 프로젝트 등 두 가지 종류로 나눌 수 있다. 중요한 프로젝트는 사실 드물다. 그래서 프로젝트를 수행할 수 있는 사람보다 수행하기를 원하는 사람이 더 많다. 나머지 프로젝트는 넘쳐난다. 당장 그런 프로젝트에 참여하지 못하더라도 한두 달만 기다리면 참여할 수 있다. 넘쳐나는 프로젝트에 참여하는 방법을 구체화할 필요는 없다.

필자는 이런 프로젝트를 리드할 수 있는 사람의 수를 늘리기 위해 구조화된 절차를 반복해 봤는데 상당히 잘 동작했다.

1. 프로젝트의 범위와 목표를 짤막한 문서로 **정의한다.** 특히 중요한 것은 다음과 같은 것들을 정의하는 것이다.

   - **시간적 약속.** 사람들은 상급자에게 권한을 요구해야 하는지 결정할 필요가 있다.

   - **지원 자격.** 프로젝트에 참여하는 데 자격이 필요치 않다면 그렇다고 명확히 이야기하자. 그렇지 않으면 많은 사람들은 프로젝트에 참여하기 위한 자격이 있을 것이라 지레짐작하고 프로젝트에 지원하지 않을 것이다.

   - **선별 조건.** 만일 여러 사람이 프로젝트에 지원한다면 그들 중에서 어떻게 프로젝트 리더를 선택할 것인가?

2. 프로젝트를 공개 이메일 리스트, 전사 모임, 슬랙 또는 기타 회사가 사용하는 의사소통 도구를 이용해 **공표하자.** 필자는 주로 이메일을 사용한다. 여기서 중요한 것은 다음과 같다.

   - 사람들이 '비공개로 지원'하도록 하자. 공개적으로 프로젝트에 지원하는 것을 꺼리는 사람도 있다.

   - 지원자들이 '다른 지원자들의 정보를 모르게' 하자. 어떤 사람은 시니어가 지원하는 것을 보면 자신은 그보다 자격이 떨어진다고 생각해서 바로 지원을 취소하기도 한다.

   - 사람들이 '프로젝트에 지원할 수 있는 시간을 최소 3일'은 제공하자. 프로젝트에 지원할 자신감을 얻기 위해 팀장이나 동료와 대화를 해야 하는 사람도 있으므로 가능하다면 항상 충분한 시간을 제공하자.

3. 여러분이 보기에는 자격이 충분하지만 스스로 프로젝트에 지원하지 않는 사람들에게는 **의사를 물어보자.** 이는 신규 입사자를 절차에 포함시키

는 것이므로 특히 중요하다.

4. 여러분이 정했던 선별 조건에 따라 프로젝트 리더를 **선택하자**. 모든 지원자를 빠짐없이 검토하고 가능하다면 한두 문단 정도로 의견을 정리해 두자. 일단 리더를 선택했다면 다른 지원자들에게 개별적으로 연락해 그 리더와 함께 프로젝트를 진행할 의사가 있는지 확인하자.

5. 비슷한 프로젝트를 성공적으로 수행했던 사람을 프로젝트의 조언자로 합류하게 해서 프로젝트 리더를 **도와주자**. 이 조언자는 리더가 프로젝트를 성공적으로 완수할 수 있도록 코칭할 책임을 지게 된다. 이 역할을 맡을 사람은 보통 스스로 일을 처리하는 데는 뛰어나지만 규모가 크고 아직 모든 것이 명확하지 않은 프로젝트를 이끄는 방법을 다른 사람에게 가르쳐본 적은 없을 것이다. 따라서 프로젝트의 조언자 역할을 맡기는 것은 훌륭한 학습 기회를 제공하는 셈이다.

6. 프로젝트에 지원했지만 선택받지 못한 사람들에게 **그 사실을 알려주자**. 특히 선택받지 못한 이유를 알려주면 크게 도움이 될 것이다. 때로는 지원자가 이미 좋은 성과를 냈고 여러분은 다른 사람에게 기회를 주고 싶었기 때문일 수도 있다. 따라서 그 사실을 이야기해 주는 것은 당연히 타당하다!

7. 프로젝트를 **시작하고** 지원자 모집 소식을 들었던 사람들에게 누가 프로젝트 리더인지, 누가 조언자인지 그리고 이들이 프로젝트를 운영할 계획은 무엇인지 설명하자.

8. 프로젝트를 **기록하자**. 프로젝트에 누가 선택되었고 누가 조언자로 참여하는지 스프레드시트에 기록해 공개하자. 또한 프로젝트 개요 문서에 대한 링크도 제공하자.

지금까지 설명한 작업을 해보면 시간이 지나면서 가장 중요한 프로젝트에 누가 기대고 있는지 명확하게 알 수 있을 것이다. 지금까지 설명한 작업을 잘 해낸다면 프로젝트 참여자들이 성장하는 것을 보게 될 것이다!

처음 몇 번은 뭔가 강제적이고 비효율적이라는 느낌을 받을 것이다. 그전까지는 그냥 마음에 드는 사람에게 연락하면 순조롭게 진행됐겠지만 이제는 더 느리고 신중한 절차를 거쳐야 한다. 하지만 지난 몇 년간 내가 리더십을 대하는 방법 중 가장 중요한 변화라고 믿게 되었다. 잘만 하면 포용력을 가진 조직을 성장시키려는 여러분의 노력에 주춧돌이 되어줄 것이다.

5.3

동료를 최우선 팀으로 대하자

회사는 말 그대로 여러 팀으로 구성되어 있지만 그 어느 팀에도 속하지 않은 것처럼 느끼는 사람도 놀라울 정도로 많다. 엔지니어를 직접 관리하는 팀장은 그 팀에서 어느 정도의 유대감을 느끼는 경향이 있지만 정말 어쩌다가 권한을 행사하는 상황만으로도 거리가 멀어질 수 있다. 팀장들을 관리하면 조금 더 엿볼 수 있는 부분이 있지만 그나마도 성과 관리나 리소스 할당에 대한 부분에 대해서는 배제되기 일쑤다.

여러분의 동료를 바라보는 것도 여러 가지 이유로 불편해질 수 있다. 여러분의 책임 범위가 커지다 보면 동료의 작업에 대해 잘 모르게 되거나 제한된 리소스를 두고 동료들과 경쟁하게 될 수도 있다. 회사가 매우 빠른 속도로 성장하는 상황에서도 본인은 여전히 똑같이 몇 안 되는 역할을 맡고 싶어 한다는 것을 인지하게 될 것이다.

이런 역학 관계에 빠지면 동료애 따위는 상호 불가침 조약쯤으로 여기며, 협업이라고는 하지 않는 팀이 될 수 있다. 건전하면서도 기능적인 팀을 만드는 책임을 지지만 팀 자체에 대한 책임은 거의 없다는 것은 이상한 비극이다.

하지만 나아질 수 있는 방법이 있다. 기대치를 높여도 괜찮다.

필자는 사람들이 서로를 계속 주시하며 함께 더 나은 결과를 만들어낼 수 있다고 믿는 몇몇 팀에서 일해 본 경험이 있다. 이런 팀에 속한 팀원들은 자신이 관리하는 팀을 실망시키는 한이 있더라도 동료의 성공을 도울 의지를 가진 사람들이었다. 아무런 감정 없이 사람들을 실망시킬 준비가 된 사람들이란 뜻이 아니다. 오히려 동료를 포함한 더 넓은 관점에서 결과의 균형을 맞추는 사람들이다.

이런 팀의 팀원들은 자신이 지원하는 사람들보다 자신의 동료를 '최우선 팀'으로 생각한다. 이런 팀은 드물기는 하지만 그들의 작업을 지원하는 것은 (비록 어렵긴 하지만) 간단한 작업이다. 이런 팀은 조건만 맞춰진다면 굉장히 보람 있는 작업 환경을 만들어낸다.

이런 팀을 만들기 위한 필요 조건은 다음과 같다.

서로의 업무에 대한 이해. 아무리 동료를 돕고 싶더라도 다른 팀원의 업무에 익숙하지 않다면 팀에 잘 녹아들 수 없다. 누군가 동료들을 최우선으로 생각하도록 만드는 첫 번째 단계는 동료의 업무를 이해하게 하는 것이다. 그러려면 매주 업무 진척 사항을 공유하고 때로는 서로의 업무를 더 깊이 이해할 수 있는 기회를 제공해야 하는 등 엄청난 시간을 투자해야 한다.

등장인물에서 사람으로의 진화. 우리는 잘 알지 못하는 사람에게는 의도를 투영하려는 경향을 보이며, 그 사람을 심지어 자기가 등장하는지도 모르는 연극의 등장인물처럼 대한다. 자기 머릿속에나 존재하는 등장인물을 도와주는 것은 상당히 어렵지만 개인적으로 잘 아는 사람을 이해하는 것은 훨씬 쉽다. 팀 모임 같은 시간을 통해 시간을 함께 보내면서 서로를 이해하게 되면 낯설었던 사람과도 차츰 친분이 쌓일 것이다.

이탈의 중재. 게임 이론에는 '지배 전략'이라는 흥미로운 개념이 존재한다. 지배 전략은 다른 플레이어의 행동과는 무관하게 최대의 값을 리턴할 것으로 예상하는 전략이다. 팀 협업은 지배 전략이 아니다. 오히려 좋은 믿음으로 함께 참여하는 모든 사람에 의존한다. 팀의 이익에 반하는 행동하는 누군가를 본다면 여러분 역시 자신의 이익을 추구하면서 이탈하게 될 가능성이 있다. 어떤 팀은 아무도 이탈하지 못하도록 빈틈없이 운영되기도 하지만 대부분의 팀은 구성원과 외부 상황의 잦은 변화를 경험한다. 이런 팀이라면 팀장이나 존경받는 팀원이 심판처럼 활동하면서 팀원들이 좋은 행동을 하도록 만드는 책임을 가져다줄 때만 조율이 가능하다고 믿는다.

제로섬 문화의 방지. 어떤 회사는 제로섬 문화를 조성한다. 제로섬 문화에서의 성공은 인원수같이 부족하고 계량화된 리소스를 확보하느냐에 달려 있다. 이런 상황에서는 사람들이 조화롭게 일하도록 설득하기가 어렵다. 긍정적인 문화는 광범위한 성공을 지원하는 모든 방법인 영향력, 지원 및 개발을 인식하는 데 중점을 둔다.

명확한 의도의 표현. 처음 네 가지 요소를 모두 갖추고 있더라도 여전히 사람들이 팀이 아니라 동료를 지원하게끔 하려는 아이디어를 명확하게 전달해야 한다. 가장 많은 시간을 함께한 팀에서 다른 팀으로 옮기는 것은 어렵기도 하거니와 유기적으로 이뤄지는 것도 본 적이 없다.

한 팀의 관리자가 자신이 지원하는 사람이 아니라 동료를 더 우선시하게 만드는 데 얼마나 많은 에너지가 드는지 생각해 보면 정말 그럴 만한 가치가 있는지 의문을 제기하는 것도 나름 합리적이라고 생각한다. 그렇게 생각한다는 것을 알아도 그리 놀랄 일은 아닐 것이다.

역할이 커질수록 더 많은 팀과 더 많은 사람을 관리해야 한다는 관점에서 발생할 어려움에 대해 고려하기 시작해야 한다. 이런 경우에는 여러분의 동료를 최우선 팀으로 생각해야 승진 전에 '여러분의 상급자 역할을 연습'할 수 있다. 협력적인 동료와의 관계가 더욱 공고해질수록 여러분의 우선순위는 상급자와 유사해질 것이다. 더 넓은 시야를 연습하는 것 외에도 상급자와 공동의 목표를 해결하기 위한 비슷한 문제들을 고민하게 되므로 상급자로부터 특히 유용한 피드백을 받을 수 있는 위치가 된다.

하지만 항상 상급자로부터 배우는 것이 최고는 아니며, 가장 중요한 건 최우선 팀이 '학습 커뮤니티'를 제공한다는 점이다. 동료들은 여러분의 업무를 잘 이해하고 업무에 대해 여러분과 생각이 비슷한 경우에만 훌륭한 피드백을 제공할 수 있다. 마찬가지로 여러분도 동료의 업무에 대해 이해하다 보면 동료들이 여러분과는 다른 방법을 채택하는 것을 보면서 배울 수 있다. 곧 팀의 학습률은 모든 동료의 과제의 합이 될 것이며, 여러분의 경험에만 의존하지 않게 된다.

장기적으로 볼 때 여러분의 경력은 크게 얼마나 운이 좋은가와 얼마나 빨리 배우는가에 따라 결정될 것이라고 믿는다. 운에 대해 조언할 것은 없지만 학습 속도를 높이기 위한 방법으로는 빠르게 성장하는 회사에 입사하는 것과 동료들을 최우선 팀으로 생각하는 것 등 두 가지를 조언하고 싶다.

제이슨 웡의 「Build a First Team Mindset」[2]은 이 주제에 관심 있는 독자라면 꼭 한 번 읽어볼 만한 글이다!

---

2 https://www.attack-gecko.net/2018/06/25/building-a-first-team-mindset

5.4

시니어 직책을 위한 팀 고려하기

지난 6개월간 팀장의 상급자 역할을 할 사람을 채용하고 있었다. 이런 역할은 조직의 계통을 관리하는 역할보다 훨씬 드물며, 회사마다 다른 역할을 수행한다. 이 과정에서 많은 것을 배울 수 있었다.

팀장의 상급자를 찾는 과정은 적어도 다음의 네 가지 이유로 흥미로운 작업이었다.

- 현재 회사에서 승진하고 싶은 위치를 찾지 못하는 사람들이 많다. 이런 사람들은 관리자를 관리해 본 적은 없지만 기회를 찾고 있는 사람들이다.
- 관리자를 관리해 본 경험을 가진 사람들 대부분은 현재 역할에 만족하고 있다.
- 실제로 채용하는 수보다 이 역할에 관심 있는 사람의 수가 훨씬 많다. 그렇기 때문에 루니 규칙(Rooney Rule) 같은 절차를 도입하는 것이 더 중요해지고 있다.
- 회사 내에서 해당 역할을 수행할 후보를 고려하는 공평한 방법이 필요하다. 그들을 존중하면서도 회사 내에서 여러분의 역할을 유지할 수 있는 방법이어야 한다.

이 중 맨 마지막 항목에서 가장 많은 것을 배울 수 있었으며, 이 항목을 집중적으로 소개하고 싶다. 내부 후보자를 고려하는 것은 포용력을 갖춘 문화의 기본이다. 공평하게 고려한다는 것이 내부 후보자를 더 선호한다는 뜻은 아니다. 오히려 내부 직원들이 해당 역할에 지원할 수 있고 우리도 그들을 고려할 수 있는 구조화된 방법을 갖춰야 한다는 뜻이다.

사람들이 역할에 지원할 수 있게 하는 것은 어렵지 않다. 채용을 할 때마다 이를 알리고 내부에서 지원하고 싶은 사람이 있는지 물어보면 된다. 적임자가 스스로 확신이 없다면 지원하도록 설득도 해야 한다. 그리고 생각해 볼 시간을 1~2주 정도 준다.

이제 어려운 부분은 후보자에 대한 평가다. 우리는 다음 요건을 테스트했다.

1. **파트너십.** 동료들과 본인이 관리하는 팀에 효율적인 파트너가 되어줬는가?

2. **실행력.** 운영 성과가 우수한 팀을 지원할 수 있는가?

3. **비전.** 미래의 본인의 팀과 범위에 대해 설득력 있고 열정적인 비전을 제시할 수 있는가?

4. **전략.** 본인의 비전을 달성하기 위해 필요한 단계를 정의할 수 있는가?

5. **구두 및 서면 의사소통.** 복잡한 주제를 서면 및 구두로 잘 소통할 수 있는가? 대상의 관심을 끌고 세부 수준을 조정하면서 이런 소통을 진행할 수 있는가?

6. **이해관계자 관리.** 다른 사람들, 특히 경영진이 자신의 의견이 잘 전달되고 있다고 느끼게끔 할 수 있는가? 이해 당사자로 하여금 모든 문제들이 잘 해결되고 있다는 자신감을 느끼게 할 수 있는가?

이 평가는 효율적인 시니어 리더가 되기 위한 '모든' 요건을 확인하지는 못한다. 하지만 성공적인 리더가 되기 위한 기본적인 스킬을 확인할 수 있다.

내부 후보자라면 여러분은 그 사람이 관리자를 채용했는지 이미 알고 있다. 그들이 조직 설계를 완료했는지 알고 있다. 따라서 모든 것을 물어볼 필요가 없다.

우리는 이 요건들을 테스트하기 위해 다음과 같은 도구를 사용했다.

1. **동료 및 팀의 피드백.** 4~5명의 동료로부터 서면 피드백을 수집하자. 다른 팀의 동료도 포함하자. 지원자가 관리하던 사람도, 관리하지 않던 사람도 포함하자. 논란이 될 수 있는 피드백을 미뤄두지 말고 더 세밀하게 확인하자. 반대하는 사람들의 의견에 귀를 기울이고 그들이 걱정하는 부분이 무엇인지 들어보자.

2. **90일 계획.** 지원자는 이 역할에 어떻게 적응할 것인지 그리고 어떤 점에 집중할 것인지를 설명하는 90일 계획을 작성한다. 구체적인 전략과 시간 관리 그리고 자신이 주의를 집중할 분야에 대해 집중적으로 작성해야 한다. 이는 지원자가 현재의 상황을 어떻게 분석하고 있는지 이해할 수 있는 좋은 기회이기도 하다. 이 계획에 대한 서면 피드백을 제공하고 이 피드백을 계획에 반영하게 하자. 이는 지원자가 새로운 역할에 적응하는 데 도움을 주는 기회이기도 하다.

3. **비전/전략 문서.** 지원자는 비전/전략 문서를 혼합해 작성한다. 이 문서는 새 팀이 향후 2~3년 내에 어떤 역할을 수행하게 될지 그리고 지원자는 이 팀을 어떻게 운영할 것인지에 대한 개요를 제공한다. 물론 이 문서에도 서면으로 피드백을 제공하고 지원자의 문서에 반영하자.

4. **비전/전략 발표.** 지원자가 3~4명의 동료를 대상으로 비전/전략 문서의 내용을 발표하게 한다. 동료들이 질문을 하게 하고 지원자가 피드백에 어떻게 반응하는지 살펴보자.

5. **임원진 대상 발표**. 지원자가 전략 문서를 임원진에게 일대일로 발표하게 한다. 특히 서로 다른 이해 당사자들과의 의사소통에 적응할 수 있는 능력이 있는지 테스트한다.

이 과정은 시간이 많이 걸리지만 유용한 시간이 될 것이다. 사실 작년에 시도했던 그 어떤 방법보다 유용한 피드백을 얻을 수 있었다. 이 방법은 엔지니어링 관리 분야에서는 흔치 않은 의도적 관행의 요소를 가져다준다. 사람들은 지원자들의 계획에서 발생할 수 있는 위험을 감수하게 된다. 여러분은 너무 지나치게 간섭하지 않는 선에서 직접 피드백을 준다. 이 방법은 앞으로 유사한 방식으로 관리자 교육을 진행할 수 있는지를 확인할 수 있을 정도로 유용했다.

내부 절차는 불편하다는 점을 인지하자. 내부 후보자는 상당히 많을 것이다. 그리고 서로 정보를 주고받을 것이다. 게다가 자신이 지원하려는 역할에 지원한 외부 인력의 면접에도 참여할 것이다. 어떤 후보자는 나머지 후보자를 관리하게 될 수도 있다. 이 불편함을 외면하려 하지 말자. 그럴 수도 없다. 그저 나중으로 미루는 것일 뿐이다. 여전히 불편하겠지만 이제는 그저 가십일 뿐이다.

이 절차를 운영하면서 불편함을 견디는 것이 관리자로서 한 일 중 가장 보람 있는 일이었다. 이 절차를 시도해 보길 권한다.

5.5

기업 문화와 자율성의 관리

1969년 로저 밀러는 다음과 같이 말했다(이후 재니스 조플린 덕분에 더 잘 알려졌다).

"자율성이란 단지 더 이상 잃을 것이 없다는 것을 의미하는 단어다."

이 말은 자율성을 정의하는 또 다른 시각을 보여준다. 어쩌면 절망에 대해 미안해하는 말 이상도 이하도 아닐 것이다. 법은 결과를 요구하며, 이미 무(無)로 전락했을 때는 아무런 결과가 없다.

형편없고 혼란스러운 의미는 제쳐두고 우리가 논의해야 할 주제는 회사의 문화와 그 자율성 사이의 관계이다. 자율성과 결과의 관계를 살펴보는 것 (뭔가를 시작하기에는 그다지 좋은 방법은 아니다)보다는 긍정적 자율성과 부정적 자율성을 바로 구분할 수 있는 자율성의 종류에 대해 살펴보자.

긍정적 자율성은 여러분이 '해야 하는' 자율성이다. 예컨대 투표를 하거나 원하는 옷을 입거나 스스로를 무장하거나 볕 좋은 날에 바깥에서 책을 읽으려는 이웃에게 별 쓸모없는 대화를 시도하는 등이 그런 것이다. 부정적 자율성은 어떤 것으로부터 '유발된' 것이다. 투표를 하기 위해서 불가능한 문맹 퇴치 시험을 보도록 강요당하는 것이나, 여러분이 싫어하거나 억압적이라고 느끼는 옷을 입거나, 휴대폰 사용 내역이 기록되는 것이나, 볕 좋은 날에 바깥에서 책을 읽으려 했는데 이웃이 찾아와 별 쓸데없는 얘길 하는 것 등이 그런 것이다.

이렇게 '자율성'이란 본질적으로 선하지도 않고 정의롭지도 않으며, 이미 우리 삶의 다른 모든 것을 수놓은 탁한 회색으로 다가온다. 우리가 행하는 긍정적 자율은 부정적 자율을 박탈하고 우리가 보장하는 부정적 자율은 그만큼 긍정적 자율을 희생한다. 이런 슬픈 상황을 긍정적 자율의 역설이라고 한다.

필자는 긍정적 자율과 부정적 자율의 균형을 맞추는 것이 관리자와 경영자의 근본적인 과제라고 생각한다. 로드맵에 따라 잘 기능하는 문화와 팀을 갖추고 있을 정도로 운이 좋다면 (또는 여러분이 나보다 더 능력이 뛰어나서 잘 성장해 있다면) 거품 경제 때문에 이자율을 낮추는 중앙 은행처럼, 또는 심박수를 낮추기 위해 속도를 줄이는 달리기 선수처럼, 긍정적인 자율을 멀리하면서 부정적인 자율을 향해 조심스럽게 나아갈 수 있다. 이는 성공을 촉진하고 지속하기 위한 필수 도구 중 하나다.

더 나아가서 구조가 빛이 바래고 경제 상황이 변하거나 엔트로피 때문에 문제가 더 커지면 우리는 다시 한번 긍정적 자율을 향해 나아가면서 조직이 새로운 환경에 성공적으로 적응할 수 있는 더 큰 기회를 가질 수 있다.

경영진은 이 두 가지를 활용해서 좋은 시간을 유지하기 위해 천천히 감속하고 어려운 시기를 헤쳐나갈 수 있도록 가속할 수 있다.

자율성은 의미가 다양해서 도덕적 논의로 변질되기 쉽지만 민감도가 높은 시대와 주제에 대해서는 시스템 역학이라는 시점에서 살펴보는 것이 가치 있는 접근이라고 믿는다. 기업은 수십 개의 피드백 루프를 가진 복잡한 시스템이며 자율성의 종류와 품질을 관리하는 것은 엄청난 주의와 고려가 필요하지만 단순히 생각하면 조정이 가능한 또 다른 메커니즘일 뿐이다.

긍정적 자율과 부정적 자율을 동시에 포용할 수 있는 방법 몇 가지를 살펴보자. 첫 번째는 톰 드마르코의 저서 『Slack: Getting Past Burnout, Busywork, and the Myth of Total Efficiency』(Crown Currency, 2010)에서 제안한 엔지니어링 팀의 긍정적 자율과 부정적 자율 사이에서 좋은 시작 상태를 갖추기 위한 방법이다. 이 방법이란 보통은 표준 운영 절차를 따르면서(예를 들면 이미 하고 있는 방식을 계속하는 것) 새 프로젝트를 시작할 때마다 항상 한 가지는 변경하는 것이다. 새 데이터베이스, 새 웹 서버, 다른 템플릿 언어, 정적 자바스크립트 프런트엔드 등 무엇이든 새로운 것을 도입할 수는 있지만 정확히 한 가지만 바꿔야 한다.

또한, 두 번째 방법으로 필자는 항상 역사의 그릇된 면을 보는 것을 두려워해서 이 자율성에 대한 논의가 벤 호로위츠가 블로그에 작성한 '할 수 있다고 믿는 문화와 할 수 없다고 믿는 문화'의 내용과 어떻게 관련이 있을지 생각해 본다. 이 블로그 포스트는 젊은 기업들이 혁신에 집중하는 것이 성숙한 기업들이 '혁신가의 딜레마'에 빠지는 것과 어떻게 다른지를 설명한다. 오래된 기업은 혁신을 위한 조직을 별도로 조성할 수 있다(그리고 그렇게 한다). 예를 들면 구글의 래리 페이지(Larry Page)는 좋은 아이디어가 있으면 투자를 감행할 수 있다. 하지만 시장에서의 지위를 유지하는 것은 새로운 시장을 창출하는 것과는 근본적으로 다르다. 내 생각에 보다 완전한 주장은 적절한 상황에서 두 문화를 모두 활용(그리고 동시에 긍정적 자율과 부정적 자율을 모두 강조)하는 것이다.

5.6

영웅 놀이 하지 말기, 어렵게 일하지 말기

프로젝트가 18개월이나 늦게 끝났고 회사의 수익은 상당히 떨어졌으며, 핵심 인력이 떠나고 새로운 인력으로 교체되고 있다. 어떻게 해야 하지? 뭐, 더 열심히 하면 되지!

그래서 잘됐는가?

당연히 아니다. 여러분이 가진 문제가 사람들이 열심히 일하지 않는 것이 아니라면, '열심히 일하자'라는 주문은 평범한 직원들이 의미 있는 기여를 하기에는 어려운 방식으로 일을 처리하는 영웅 프로그래머[3]만 키워낼 뿐이다. 나중에 새로 합류한 영웅들이 번아웃에 시달리게 되면 다음과 같은 굉장히 어려운 세 가지 문제에 봉착하게 될 것이다.

1. 뛰어나지만 불만에 가득하고 지친 영웅 프로그래머를 키워냈다.

2. 여러분과 영웅 프로그래머가 나머지를 모두 소외시켰다.

---

3 [역주] 업무 역량이 주변 동료에 비해 뛰어나기도 하지만 프로젝트를 완료하는 데만 집중해 혼자서 많은 일을 해내려 하는 엔지니어를 일컫는다. 영웅이라는 단어의 이미지와는 반대로 경멸의 의미를 담고 있는 말이다.

3. 프로젝트는 여전히 완전히 망가진 채다.

이는 성장하는 기업의 대다수가 겪는 반복적인 패턴이며 대기업의 프로젝트에서도 발생하는 현상이다. 팀은 열심히 일하고 경영상 절박한 곳이라면 '열심히 일하라'는 압박은 언제든 발생할 수 있다.

영웅의 몰락과 등장

어느 비 오는 날, 사무실에 도착했더니 팀장이 잠깐 보자고 한다. 그러더니 지금 맡은 프로젝트도 마무리해야 하지만 동료의 프로젝트에 문제가 많으니 동료의 기분을 상하게 하지 않으면서 그 프로젝트도 마무리를 하란다. 대신 동료가 아직 프로젝트를 '책임'지고 있으니 여러분은 그냥 '일'만 하란다(물론 지금 하고 있는 업무를 포함해서).

몇 주가 지나자 사이트는 며칠에 한 번씩 다운되기 시작했고 회사는 이제 새 버전의 사이트 출시가 정말 필요한 시기가 되었다. 그러자 팀장이 다가와 여러분을 진심으로 믿고 있으며 두 가지 노력을 모두 해주길 당부했다. 여러분은 착한 사람이고 좋은 기회인 것 같기도 한데다 이미 그 일을 하고 있는 사람보다는 더 나은 결과물을 낼 수 있을 것 같다고 답했다.

축하한다! 이제 여러분은 영웅 프로그래머가 됐다.

이제 5개의 서로 다른 프로젝트를 진행하면서 최대한 사람들이 화나지 않도록 관리했지만 프로젝트에 참여하는 모든 사람들과 문제가 생기기 시작했다. 그 사람들은 여러분만큼 열심히 일하는 것 같아 보이지도 않고 주당 70시간 일하는 데다 매주 토요일 밤 긴급 대응 알람까지 받자니 여간 힘든 게 아니다.

다른 엔지니어들은 어려워하던 문제의 해결을 여러분이 이끌어주는 것을 기뻐했지만 모든 것이 좋지 않다. 여러분의 지위가 높아진 것에 대해 말은 안 하지만 씁쓸해하는 몇 사람도 있는데다 대부분은 더 이상 어떻게 프로젝트에 기여해야 할지 몰랐다. 그 이유는 여러분과 영웅 동료가 기존 시스템을 다시 작성했고 장애를 디버깅했으며, 쉬운 방법만을 골라 사용했기 때문이다. 그러면 나머지 사람들은 뭘 해야 할까?

하루가 지나고 한 주가 지날수록 영웅과 그렇지 않은 사람 사이의 갈등은 커져만 가고 피할 수 없는 재앙으로 치닫게 된다.

영웅 프로그래머 없애기

영웅 프로그래머 문제를 해결할 수 있는 방법은 제한적이다. 그들을 양산하는 환경을 없애거나 번아웃으로 없애버리는 것이다.

영웅 프로그래머는 정말이지 유지가 어려운 사람들이다. 그들의 존재는 오랜 기간이 걸리는 생산성 향상과 의사소통 비용의 최소화를 단기적으로 증폭시키는 대신 주변 사람들의 효율성을 제한하기(대부분의 다른 사람들은 많은 일을 할 수 없으므로) 때문이다.

이런 시간이 길어지면 영웅은 번아웃을 경험하게 되고 그러면 아예 퇴사하거나 아니면 여러분이 그들을 구석으로 밀어 넣게 되고 그들은 그 구석에서 자신들의 노력과 엄청난 기여가 끝나가는 것을 보면서 불만에 가득 차게 될 것이다.

영웅들을 다시 불러 모을 수도 있지만 이들을 다시 어루만져 주고 마음의 상처를 치유해 주는 것은 시간이 걸린다. 그들은 아마도 한동안 여러분을 미워할 것이다. 왜냐하면 여러분이 현재의 문제를 해결하려는 서툰 의도로 그들을 창조했기 때문이다.

얻는 데 시간이 걸리는 것, 버리는 데 시간이 걸리는 것

시스템적 사고로 관찰한 것 중 하나는 인간은 사건을 인과 관계로 해석하는 경향이 있지만 이런저런 흐름에 따라 늘어나고 줄어드는 것이 축적되면서 문제가 드러나는 경우가 많다. 건조 지대는 농부 한 명이 1년간 농사를 너무 많이 지었다고 해서 생기는 것이 아니라 수년간 시스템을 남용해서 생기는 것이다.

재고와 흐름은 프로젝트와 팀의 실패를 이해하는 데 특히 유용하다. 프로젝트는 한 번에 한 스프린트 만에 끝낼 수 있는 것은 아니다. 기술 부채는 몇 달에 걸쳐 프로젝트의 발목을 잡는다.

프로젝트는 천천히 실패하며, 문제를 해결하는 데 역시 시간이 걸린다.

몇 주 또는 한 달 동안 정신없는 속도로 작업하는 것은 엄청난 노력과 에너지를 쏟아내는 것처럼 느껴지기도 하지만 형편없는 구현이나 관리적 선택으로 몇 달에 걸쳐 만들어진 문제를 빠르게 해결하는 것은 거의 불가능하다.

열심히 일해도 안 되고 영웅 프로그래머를 양성해도 안 된다면 대체 어떻게 해야 할까?

무너진 시스템의 재건

무너진 시스템을 다룰 수 있는 옵션은 여러분이 정책을 설정할 수 있는 위치에 있는지 여부에 달려 있다. 만일 원래의 방향을 설정하고 그 방향을 바꿀 수 있는 영향력이 있다면 시스템을 되살리는 것은 다시 일어나 여러분의 실패에 대한 책임을 지는 것만큼이나 간단한 일이다.

비난을 받는 것은 고통스럽겠지만 많은 사람에게 두어 번 비난을 받을 각오를 해야 한다. 그 후에는 사람들은 여러분이 성공을 이끌 수 있을 것이라 믿지 않을 것이다. 당시 여러분이 그들을 실패로 이끌었기 때문에 믿지 않는 것이 당연할 수 있다.

실패를 인정하면 초라해 보일 수는 있지만 최소한 마무리함으로써 위로가 되고 팀 또한 일정과 목표를 재조정하면서 치유를 시작하는 기회를 얻게 될 것이다. 정책을 변경할 수 있는 영향력이 없다면(영향력은 충분히 강력하므로 직접적인 권한일 필요는 없다) 치유를 시작할 수 없지만 초기화 지점에 빠르게 도달하는 데 도움을 줄 수는 있다(이는 『파운데이션』(황금가지, 2013)의 시리즈 주인공들이 은하 제국의 붕괴를 가속화하면서 최소화하려고 애쓰는 것과 유사하다).

정책이 없으면 여러분의 도구는 힘을 쓰지 못하고 무너진 부분이 그 자체의 무게로 떨어지게 된다. 심각한 결함이 있는 시스템에 반창고를 덧댄다고 해서 나아지지 않겠지만 조금이나마 생명을 연장하기 위해 여러분의 행복을 갈아 넣게 되기 일쑤다. 여러분이 한 발 물러서면 에너지를 보존할 수 있고 영웅 노릇을 하면서 다른 사람을 밀어내느라 균열을 만들지 않을 것이고 시스템의 재건이 끝나면 새로운(바라건대 더 기능적인) 시스템의 일부가 될 준비가 되어 있을 것이다.

물론 상당히 불편한 과정이지만 여러분이 근면하고 충성심이 높은 사람이라면 여러분의 본성에 크게 어긋날 것이다. 이 과정은 필자의 본성에도 어긋난다. 하지만 본성을 따르는 것이 본인은 물론 주변 사람들에게 모두 해가 되는 경우 중 하나라고 믿는다.

프로젝트는 언제든 실패하고 사람들은 항상 실수를 한다. 보통은 실수를 인정하지 않기 때문에 상황이 더 악화된다. 우리가 실수를 빨리 인정하고 너무 힘들어지기 전에 나쁜 결정으로 인한 손실을 줄인다면 실수로부터 배우고 개선할 수 있다.

영웅을 없애고 더 열심히 일하는 것을 그만두자. 실수에 갇히지 말고 실수로부터 배우고 나아가자.

Chapter 6

경력

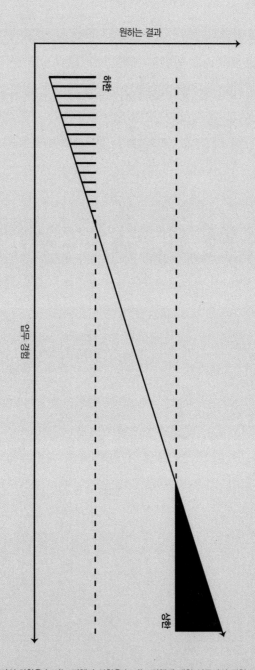

원하는 결과

업무 경험

원안

상한

그림 6-1 원하는 결과의 하한을 높이는 정책과 상한을 높이는 정책에 대한 실무자의 경험 간의 관계

운은 개인의 경력 개발에 아주 특별한 역할을 하기 때문에 때로는 경력에 대한 계획을 세운다는 것 자체가 못마땅해 보이기도 한다. 하지만 관리자로서 우리는 다른 사람들의 경력에서 운이 차지하는 비중을 줄이는 데 큰 영향력을 가지고 있다. 이 영향력은 우리가 함께 일하는 사람들의 면접, 승진, 성장을 위해 공정하고 효과적인 절차를 만드는 데 책임을 다해야 비로소 저력을 드러낼 수 있다.

이번 장에서는 면접 및 채용 절차를 효과적으로 설계하는 방법과 지속적인 변화를 바탕으로 우리의 경력을 개발해 가는 방법을 살펴본다.

6.1

초고속 성장 중의 역할 그리고 초고속 성장이 개인의 성장을 대변하지 못하는 이유

대기업에서 오래 근무한 사람들은 소규모 회사에 적응하기 어려울 수 있다. 이론적으로 한 회사에서 너무 오래 근무하면 그 회사에 특화되어 다른 곳에서 일하기 어려워진다. 나이에 대한 편견과 더불어 시간이 지나도 회사의 가치를 유지하기 위해 필요한 혁신을 매번 이뤄내는 회사는 드물다는 사실 때문에 이러한 믿음은 더욱 굳건해진다. 야후, 오라클, VMware 등 한때 잘나가던 회사들의 규모는 이제 상당하다.

장기 재직이 좋지 않다면 단기 재직은 어떨까? 물론 단기 재직도 낙인이 찍혀 있다. 하지만 예전에 비하면 훨씬 나은 편이다. 1년이 되지 않아 이직을 하는 것은 좋지 않다고 보는 것이 업계의 전반적인 시각이다. 하지만 한 회사에서 몇 년간 근무한 적이 있거나 1년을 채우고 이직을 한 경력은 그렇게 문제가 되지 않는다. 이런 믿음이 심각하게 문제가 있다고 생각하지만 그럼에도 불구하고 필자의 경력에도 하나의 기준이 되었다. 어디든 2년은 머물되, 2년마다 중심적인 역할을 수행하면서 4년을 보낼 수 있는 회사를 찾는 것이다. 이 규칙을 말 그대로 따랐으며, 지금까지 근무했던 회사마다 최소

2년(정말 정확히 2년)을 보냈으며 이직을 할 때는 새 회사에서는 4년을 다 닐 수 있기를 기대했다.

하지만 당연하게도 경력을 계획하는 데 상당히 끔찍한 방법이었던 것이 드러났고 최근에는 더 나은 프레임워크를 찾기 위해 노력하고 있다.

회사를 다니는 것은 하나의 지속적인 경험이 아니다. 오히려 안정적인 시기와 급격한 변화의 시기가 뒤섞인 경험이다. 일이 잘되려면 새로운 시기에서 성공하는 방법을 찾는 것과 전환기를 성공적으로 넘기는 것이 모두 필요하다. 회사를 옮기는 것 같은 변화를 일으키는 것은 바로 여러분 자신이다. 중요한 동료가 떠나거나 팀장이 자리를 옮기거나 회사의 자금이 부족해지는 등 다른 변화는 나름의 시기가 있다.

근속 기간에 대한 논의는 그만두고 시기와 변화에 대해 이야기해 보자.

새로운 경력의 전개

작년 한 해 해왔던 일을 작성하는 것부터 시작하자. 여러분의 업무를 의미 있게 바꾼 변화가 있었을 때마다 이를 전환기로 표시하자. 직속 팀장이 바뀐 경우나 팀의 미션이 재정의된 경우 대대적인 조직 개편 등 무엇이든 좋다. 중요한 것은 여러분의 업무가 어떻게 바뀌었는가다. 이 과도기를 넘기기 위해 필요했던 스킬은 어떤 것이었나? 그 전환기를 거치면서 개발할 기회를 얻었던 스킬은 무엇인가?

다음으로 이런 전환기 이후의 시기에 대해 생각해 보자. 가치와 기대치가 어떻게 바뀌었는가? 운영에 필요한 잡무가 중요한 업무가 되었는가? 포용 및 다양성과 관련된 업무가 성과 리뷰에 언급될 만큼 중요한 업무가 되었는가? 가장 필요로 했던 스킬은 무엇이며, 여러분이 갖춘 스킬 중 필요 없어진 스킬은 무엇인가?

여러분이 방금 작성한 것이 새로운 경력의 전개이며, 회사에서 한 해 더 근무하는 것보다 훨씬 더 풍부하다.

성장의 기회

다행인 것은 **안정적인 시기와 전환기는 모두 성장에 좋은 기회**라는 점이다. 전환기는 새로운 기술에 대한 역량을 높여 하한선을 높일 수 있는 기회이며 안정적인 시기에는 새로운 시대가 중요하게 여길 기술을 숙달해 상한선을 높일 수 있는 기회다. 이런 주기가 반복될수록 높아진 하한선은 대부분의 전환기를 견딜 수 있는 원동력이 되며, 높아진 숙련도를 이용해 대부분의 시기를 무사히 넘길 수 있을 것이다.

성숙한 기업은 안정적인 시기가 많은 반면, 스타트업은 변화가 많은 경향이 있다고 생각하지만 경험상 가장 중요한 것은 여러분이 속해 있는 바로 그 팀이다. 필자는 매우 정적인 스타트업도 경험했고 대기업에서 아주 동적으로 움직이는 팀도 경험했다. 그래서 셰릴 샌드버그가 언급했던 다음 조언에는 크게 동의하지 않는다.

"로켓에 탑승할 자리를 제안 받았다면 어떤 자리인지 묻지 말고 그냥 올라타라."

초고속 성장을 이루는 기업도 경영진에게 관심이 없거나 회사의 주요 사안에서 너무 멀어져 있어서 변화에 크게 영향을 받지 않는 팀이 있다.

여러분의 시기와 전환기를 파악하면 새로운 기술을 익히는 시기 이후에 어떤 시기가 닥쳐도 정체기를 피할 수 있다. 그러면 뭔가 지루하고 이미 자랄 대로 자란 회사를 다니더라도 개인의 성장을 이어갈 수 있다. 빠르게 성장하는 회사든 스타트업이든 관계없이 다음의 조언을 기억하자. **성장을 당연한 것으로 생각하지 말자. 성장은 변화로부터 이뤄지며, 그 변화가 바로 영향력을 행사할 수 있는 부분이다.**

6.2

배려 깊은 면접 절차의 운영

몇 번을 해봤든 이직은 사전에 필요한 조사와 면접 등으로 상당히 스트레스를 받는 일이다. 필자는 여러 회사에서 수백 번의 면접을 진행하면서 매번 조금씩 더 면접을 잘 준비했다고 생각하지만 면접 대상자의 입장에서 생각해 보면 항상 겸손해질 수밖에 없었다.

필자는 면접에 대한 정의도 개선되고 있다고 생각한다. 많은 면접이 이제는 즉흥적인 발표 대신 기술적인 주제로 발표를 준비해 오는 단계로 이뤄진다(실제 작업에 훨씬 더 가까운 내용으로 이뤄진다). 또한 많은 사람들이 화이트보드에 알고리즘 문제를 내던 것에서 면접 대상자가 익숙한 코드 편집기를 선택해 짝 프로그래밍으로 협업하는 과정을 살펴보는 방식으로 바뀌고 있다.

초기에 화이트보드에서 미적분을 계산하며 면접을 진행했던 경험에 비하면 엄청나게 많은 부분이 개선되었음을 느낀다.

그렇다고 해도 면접이 일률적으로 개선된 것은 아니다. 여전히 화이트보드에 프로그래밍을 하는 곳도 많으며, 사람들이 가장 가고 싶어 하는 회사 중 상당수가 타성(나를 포함해 상당수의 엔지니어와 관리자가 이 분야에 발을 들여놓을 때가 그러했다)과 조잡한 분석에 젖어 아직도 그런 절차를 채택하고 있다(지원자가 충분하다면 어떤 절차든 채용 목표를 달성할 수 있지만 채용 목표를 달성한다면 절차를 개선하는 것을 우선시하기 어렵기 때문이다).

지난 몇 년간 내가 진행했던 면접과 최근의 경험을 돌이켜보면 면접을 잘 진행하는 것은 쉽지 않지만 제법 단순하다고 생각한다.

1. 면접 대상자를 친절하게 대한다.

2. 모든 면접관이 해당 직무의 요구 사항에 동의하는지 확인한다.

3. 면접을 통해 확인하고자 하는 신호(그리고 이 신호를 포착하는 방법)를 이해한다.

4. 면접 준비를 제대로 한다.

5. 면접 대상자에게 의도적으로 흥미를 표한다.

6. 면접관 및 면접을 추천한 사람과의 피드백 루프를 만든다.

7. 마치 전환 깔때기(conversion funnel)[1]처럼 면접 절차를 측정하고 최적화한다.

이 모든 것을 당장 효과적으로 행할 필요는 없다! 일단 친절하게 대하는 것부터 시작해 분석 단계까지 천천히 개선해 나가면 된다.

---

1 역주 디지털 마케팅 용어로 고객이 마케팅의 영향을 받아 상품이나 서비스를 구매하게 하는 과정 혹은 단계. 여기서는 면접을 통해 원하는 인력을 채용하는 과정을 의미하고 있다

친절하게 대하기

좋은 면접 경험은 면접 대상자에게 친절하게 대하는 것에서 시작한다.

면접에서 친절하게 대하는 방법은 셀 수 없이 많다. 대상자의 질문을 받기 전에 이미 면접 시간이 초과되면 다음 면접을 위해 황급히 떠나는 게 아니라 몇 분이라도 면접자가 질문할 수 있는 시간을 주는 것이 좋다. 마찬가지로 이런 상황에서 할 수 있는 일은 면접관이 시간 관리를 잘못해서 모두가 일정대로 움직일 수 없을 것을 우려하게 만들지 말고 다른 시간을 협의해 보는 것이다.

경험상 면접관의 시간이 충분하지 않으면 대상자를 중심으로 하면서 친절한 면접을 진행할 수 없다. 반대로 면접관이 대상자에게 친절하지 않으면 (그리고 이런 무례함이 보통 '심하게 무시한 것도 아닌데' 같은 류라면) 이는 면접의 구조적인 문제일 때가 대부분이며, 특정 면접관만의 문제로 치부할 수 없다고 생각한다.

함께 일했던 면접관 중에서 불친절했던 면접관 대부분은 수개월 동안 매주 여러 차례 면접을 진행하면서 지쳤거나, 일이 바빠서 면접을 기여가 아닌 부담으로 느끼기 시작했다. 이 문제를 해결하려면 한두 달 동안 면접에서 제외시켜 주고 다시 면접에 참여하기 전에 전체적인 업무량이 지속 가능한 수준인지 확인해야 한다.

면접 피로도를 파악하는 데에도 엔지니어링 관리자와 채용 담당자 간의 열린 소통과 끈끈한 관계를 유지하는 것이 중요하다. 이런 문제는 두 사람이 함께 지켜보는 것이 도움이 되기 때문이다.

채용할 역할을 구체적으로 정하기

효율적인 면접 루프를 향한 두 번째 단계는 면접관 모두가 채용하려는 역할과 그 역할에 필요한 스킬에 대해 같은 수준으로 이해하는 것이다.

어떤 역할(특히 엔지니어링 관리자, 제품 관리자, 아키텍트 등 회사마다 상당히 다른 역할)의 경우 면접관이 채용하려는 역할에 대해 잘못 이해하는 것이 면접을 망치는 주요 원인이므로 면접관이 '채용하고자 하는 역할을 잘 이해'할 수 있도록 모든 면접 대상자를 확인하는 과정에서 기대치를 보강해야 한다.

채용하려는 역할에 필요한 스킬을 합의하는 것은 예상보다 훨씬 어려울 수 있으며, 나머지 면접관과의 합의를 끌어내는 데 상당한 시간이 필요하다는 점을 알 수 있었다(보통은 엔지니어링 관리, 데브옵스(DevOps), 데이터 과학자 역할 등에서 어떤 '종류'의 프로그래밍 경험을 갖춘 사람이 필요한지 합의한다).

적임자를 채용할 방법을 준비하기

채용하려는 역할에 필요한 요구 사항과 스킬 세트를 정리했다면 다음 단계는 면접 루프에 필요한 신호를 포착할 수 있는 일련의 면접 단계로 나누는 것이다. 보통 면접 중 하나가 제대로 진행되지 않을 경우를 대비해 각 스킬에 대한 면접에 면접관을 두 명씩 배치한다.

그러나 원하는 신호를 포착하는 것은 전투의 절반에 불과하다. 나머지 절반은 면접관과 면접 형식이 실제로 원하는 신호를 포착할 수 있도록 하는 것이다. 면접에서 어떤 신호를 포착하기를 원하는지에 따라 다르지만 다음 몇 가지 면접 형식은 꽤나 유용하다.

1. 주어진 주제에 대한 발표를 준비하게 한다. 면접 대상자에게 즉석에서 어떤 아키텍처를 설명해 보라고 요구하는 것보다는 면접 전에 30분 정도 주어진 주제에 대한 발표를 요구한다고 미리 알려주면 대상자가 실제로 수행했던 작업에 더 가까운 설명을 들을 수 있다.

2. 노트북으로(면접 대상자 본인의 노트북이라면 더 좋다) 기존의 코드베이스를 확장하거나 디버깅하게 한다. 이 방식은 보드에 알고리즘을 작성하는 것보다 일상적인 개발 작업과 훨씬 유사하다. 가장 좋은 문제는 의미 없는 알고리즘 문제를 내지 않으면서도 알고리즘을 어느 정도 포함시킨 문제다(한 회사에서는 메일함 검색에 풀스택 자동 완성 기능을 구현해 보라는 문제를 내준 적이 있다. 이 문제를 해결하려면 전위 트리를 구현해야 하는데 면접관은 마치 다른 알고리즘 질문으로 취급하는 것을 꺼려 했다).

3. 기존 제품 또는 기능(면접 대상자가 작업했던 것이라면 더 좋다)에 대한 데모를 진행하게 한다. 이 형식은 대상자가 여러분의 제품에 대해 더 잘 알게 되고 스스로 이 제품에 관심이 있는지 파악할 수 있게 해주며 대상자가 피드백과 비판을 어떤 식으로 제공하는지를 알 수 있게 된다.

4. 롤플레이(상황을 설명하는 스크립트를 제공한다). 이 방식은 면접관이 동의한다면 면접 대상자가 더욱 현실적인 행동(시스템의 아키텍처를 함께 그리거나 성능 저하에 대한 피드백을 제공하거나 고객과의 회의를 주도하는 등)을 확인하는 매우 효과적인 방법이 될 수 있다.

필자의 쟁점은 여러분이 이 네 가지 방법을 시도해야 한다는 의미가 아니라 (하지만 시도하긴 해야 한다) 여러 면접 대상자들 사이에서 원하는 신호를 찾을 수 있는 기회를 만들기 위해 새롭고 다양한 방법을 시도해야 한다는 점이다.

면접 준비하기

면접을 진행할 역할과 면접을 통해 어떤 신호를 포착할지 알게 됐지만 다음 단계는 이 신호를 찾을 준비를 갖추는 것이다. 필자 생각엔 면접 준비를 제대로 하지 않는 것은 면접 대상자의 시간, 여러분 팀의 시간 그리고 여러분 자신의 시간을 존중하지 않는 일종의 죄악이다. 예전에 운이 좋아서 무례하면서 준비도 안 된 사람에게 면접을 받은 적이 있는데 아직도 무례했던 것보다는 준비가 안 됐던 것이 더 먼저 떠오른다.

또한 필자는 면접에 대한 준비는 개인보다는 회사에 더 크게 의존한다고 믿고 있다. 면접관을 교육하고 면접을 우선시하며 주당 면접 시간을 적절하게 유지하는 회사는 면접을 잘 진행하는 반면, 아예 그러지 못하는 회사도 있다.

따라서 면접관이 대부분 준비가 되지 않은 채로 면접을 진행하는 것을 본다면 면접관 당사자의 문제가 아니라 반복해서 개선해야 할 구조적인 문제일 가능성이 높다.

의도적으로 관심 표현하기

여러분이 면접 대상자에게 지대한 관심이 있다는 것을 확실히 알게 해주자.

이 점을 훌륭하게 설명하고 있는 랜즈의 '원티드'라는 글에서 이 아이디어를 접했다. 놀라운 것은 이런 관심을 의도적으로 표하는 회사와 팀이 거의 없다는 점이다. 최근 면접에서 이처럼 필자에게 관심을 잘 표현했던 회사는 세 곳이었고 결국 진지하게 이 세 회사와 협상을 이어나갔다.

면접 당사자와 입사 후 처우를 논의할 때는 모든 면접관이 면접에 만족스러웠다는 쪽지를 보내게 하자(칭찬의 규칙을 적용하자. 왜 만족스러웠는지 더 자세하게 설명할수록 유용하다). 이 시점에서 여러분은 이제 면접관에서 자신의 '본연의 업무'로 돌아오고 싶겠지만 마무리 직전에 일을 끝내고 싶은 욕구를 참아내야 한다. 회사에 입사 여부를 고심하고 있을 때 수십 개의 긍정적인 피드백이 담긴 메일을 받는 것은 정말이지 매우 인간적인 경험이다.

피드백 루프

면접은 관련자 누구에게도 자연스러운 경험이 아니다. 의도적으로 연습을 하면 차차 나아지겠지만 (재밌지만 어려운 문제를 내는 등) 좋지 않은 면접 습관을 갖게 되거나 (화이트보드 코딩 같은) 오래된 방식을 고수하기 쉽다. 앞서도 언급했지만 좋은 면접관도 면접 번아웃을 경험하거나 업무 부담이 과중해지면 면접을 망칠 수 있다.

이 모든 문제를 해결하려면 면접관과 면접 과정을 설계한 사람들을 위해 면접 절차 내에 피드백 루프를 갖춰야 한다. 분석은 광범위한 문제를 식별하는 데는 강력하지만, 면접을 페어(pair)로 진행하면서 연습하고, 채용에 관련된 모든 사람(회사 구조에 따라 채용 담당자, 엔지니어링 관리자, 기타 관계자 등)과 전략적으로 매주 정보를 공유하는 시간을 가지는 것이 면접 절차를 적극적으로 개선하는 최선의 방법이다.

'페어 면접'의 경우 새 면접관(설령 다른 곳에서 면접을 진행한 경험이 있더라도!)으로 하여금 더 경험이 풍부한 면접관이 진행하는 면접에 몇 차례 참여하게 하는 것부터 시작해 차츰 더 많은 면접을 진행하게 한다. 여러분의 목적은 면접 대상자들을 위한 일관된 경험을 만드는 것이므로 이 과정은 이제 갓 대학을 졸업한 사람에게 중요한 만큼이나 다른 곳에서 면접을 진행해 봤던 신규 입사자에게도 중요하다.

조정과 피드백의 장점을 최대한 활용하려면 면접 후 두 면접관이 서로 모여 면접 대상자에 대해 논의하기 전에 각자 대상자에 대한 의견을 기록하게 해야 한다. 이전 단계에서 생긴 편견이 다음 단계에 영향을 주지 않도록 면접관 그룹에 면접 결과를 보고하기 전에 면접 대상자와 관련된 조언을 하는 것을 선호하지 않지만, 이 경우에는 두 면접관이 함께 면접을 진행했으므로 괜찮다고 생각한다. 게다가 어떤 면에서는 회사의 면접 절차를 조정하는 것은 팀에서 누가 면접을 진행하는지에 관계없이 면접 대상자를 판단하는 일관된 방법을 갖추기 위한 것이다.

면접관의 피드백을 받는 것 외에도 면접 루프를 운영하거나 설계한 사람이 피드백을 받는 것도 중요하다. 이런 피드백을 얻을 수 있는 가장 좋은 자리는 면접 대상자에게 직접 듣는 것과 면접 결과 보고 세션이다.

필자는 면접 대상자의 직접적인 피드백을 듣기 위해 모든 대상자와 진행하는 '팀장 면접' 시간에 면접 절차는 어땠는지 그리고 어떤 부분을 개선할 수 있는지 묻기 시작했다. 대부분의 면접 대상자는 5시간의 면접 이후에 (보통은 면접을 잘 보려고 노력하지 면접 절차에 대해 생각해 보지 않으므로) 이런 질문에 대답할 준비가 되어 있지 않지만 피드백은 보통 놀랍도록 솔직하다. 더 보편적인 또 다른 메커니즘은 채용 담당자가 마지막에 각각의 면접 대상자들과 간단한 대담을 나누는 것이다.

보통 면접 대상자는 면접이 끝날 시점에는 지쳐 있는데다 면접이라는 것 자체가 정직한 피드백과는 거리가 있으므로 두 메커니즘 중 어떤 것을 택해도 적용하기가 어렵다. 어쩌면 면접 대상자에게 글래스도어(Glassdoor)에 면접 경험에 대한 리뷰를 익명으로 작성해 달라고 미리 얘기해야 할지도 모르겠다. 그렇긴 하지만 처음부터 완벽하려고 노력하는 것보다는 피드백을 수집하는 것이 더 중요하므로 일단 필요한 피드백을 수집하고 거기서부터 개선해 나가면 된다.

깔때기를 최적화하기

기본적인 상황을 파악한 후 장기적으로 건전한 절차를 구축하는 마지막 단계는 시간을 두고 절차의 각 단계(후보자 섭외, 전화 면접, 재택 과제, 대면 면접, 채용 확정 등)를 측정하고 그 지표를 모니터링하는 것이다. 직접 지원하는 사람의 수 대비 섭외 후 추천하는 사람의 비율이 떨어지면 문제가 발생할 수 있다(특히 기존 팀의 사기 문제가 될 수 있다). 그리고 합격률이 떨어진다면 회사의 처우가 그다지 높지 않은 것일 수도 있지만 면접관이 면접에 너무 지쳐 있어서 사람들을 밀어내는 것일 수도 있다.

이런 수치를 계속 확인하고 면접 대상자에게도 면접 절차에 대한 사후 피드백을 들어보면서 면접 절차가 여전히 잘 운영되고 있다는 것을 확인하면 밤에 편안하게 잘 수 있을 것이다.

한 가지 덧붙이자면 깔때기를 최적화하는 것(그리고 전체 절차에 명확한 분석을 위한 절차를 포함하는 것)을 좋은 면접 절차를 구현하는 마지막 단계로 소개했다. 하지만 보편적인 최적화 관점에서는 항상 측정이 우선이며, 최적화는 그 다음이지만 여기서는 반대의 조언을 하고 있음을 알아두자.

최적화를 나중에 하지 않고 먼저 하는 것도 당연히 합리적이다. 사실 최적화를 먼저 하는 것을 고려하고 있었고 마지막 채용 절차에서는 최적화를 먼저 진행했다. 하지만 결국 처음 6가지 단계를 먼저 처리하지 않고는 여러분의 면접 절차가 올바르게 자리 잡을 수 없으며, 분석 결과를 통해 문제점을 해결할 수 있음을 알게 될 것이라고 생각한다. 게다가 기반 데이터가 형편없는 경우가 많으며, 절차를 개선하는 것이 아니라 측정하느라 시간을 낭비하기도 쉽다.

종합해 보면 면접을 잘 진행하기 위해 가장 중요한 것은 충분한 시간을 확보하고 현재 면접 절차의 효율성에 대한 건전한 비판을 유지하는 것이다. 이를 계속 반복하다 보면 좋은 절차를 구축하게 될 것이다.

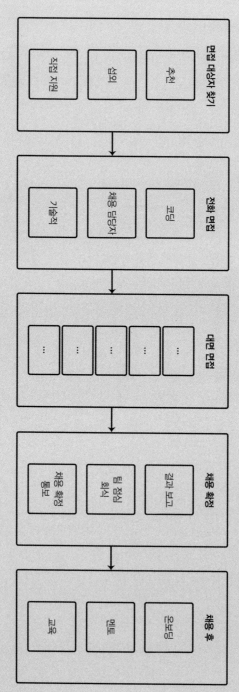

그림 6-2 채용 깔때기의 각 단계

6.3

콜드 소싱 – 전혀 모르는 사람을 채용하기

면접 대상자를 확보하는 가장 큰 세 가지 방법으로는 기존 팀의 추천, 채용 페이지를 통해 지원한 응시자 그리고 여러분이 직접 채용에 참여시키는 섭외 등이 있다.

소규모 기업은 주로 추천에 의존하는 경향이 있고 대기업은 전담 채용 담당자(보통 채용 담당자의 경력 단계의 첫 단계에 해당한다)들이 섭외하는 방법을 주로 사용하며 중간 규모 회사들은 두 가지 방법을 모두 사용한다(특히 슬랙은 사람들이 스스로 지원하게 하기 위한 몇 가지 흥미로운 작업을 해왔으며, 이제는 대부분의 기업들에 채용 담당자가 섭외하거나 직접 지원하는 지원자의 수만큼이나 많은 사람이 지원하고 있지만 그렇다고 직접 지원하는 사람의 수가 지원자 중에서 가장 큰 비중을 차지하는 것은 아니라고 생각한다).

채용 팀은 높은 합격률 때문에 내부 추천을 선호하지만 신생 기업의 경우, 특히 채용을 전담할 인력이 없는 회사는 결국 추천을 최우선 방식으로 사용한다(흥미로운 경고: 필자는 최근에 다른 종류의 추천 지원자를 본 적이 있다. 이런 사람들은 최소 3개 이상의 회사로부터 합격을 받아내기 위해 극도로 체계적인 면접을 진행하는 사람들이다. 결과적으로 이런 사람들의 합격률은 훨씬 낮은 경향을 보인다).

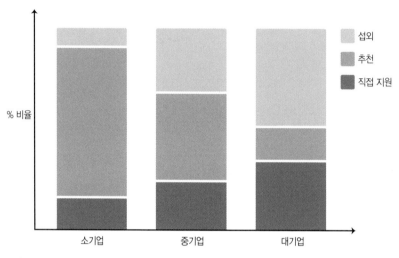

그림 6-3 추천에 의존하는 소기업과 섭외에 의존하는 대기업

추천에는 두 가지 큰 단점이 있다.

첫 번째는 여러분의 인맥은 항상 너무 작다는 점이다. 특히 전체 후보군을 고려하면 더욱 작아진다. 게다가 아직 업계에 발을 들인 지 얼마 되지 않았다면 여러분의 인맥은 훨씬 더 작을 테지만 시장 규모가 작거나 규모가 작은 기업에서만 근무한다면 시간이 지나도 인맥을 넓히기가 쉽지 않다(신입 시절에 대기업에서 일하는 것의 장점 중 하나는 회사의 이름은 둘째치고 인맥을 넓히는 데 도움이 된다는 점이다).

또 다른 문제는 보통 사람들은 동문이거나 같이 일했던 사람으로만 구성된 상대적으로 획일적인 인맥을 갖춘다는 점이다.

이런 집단 내에서 채용을 진행한다면 생각, 믿음은 물론 심지어 시각도 비슷한 구성원들로 회사가 채워지게 되기 일쑤다.

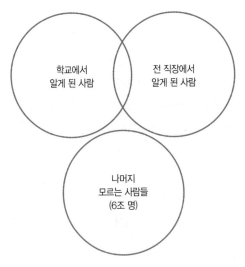

그림 6-4 전체 중 상대적으로 작은 개인 인맥

개인 인맥 넘어서기

채용 관리자는 자신의 인맥에서 추천할 사람이 고갈되거나 더 폭넓은 경험을 가진 사람을 팀에 소개해야 하는 경우에 얼어붙는 경우가 많다. 하지만 그나마 좋은 소식은 콜드 소싱(cold sourcing)이라는 간단한 답이 있다는 점이다. 콜드 소싱이란 세일즈 분야에서도 보편적인 방법으로 모르는 사람에게 직접 연락하는 방법이다.

내성적인 사람이라면 처음에는 '저 사람이 메일을 받고 짜증을 내면 어떡하지?'나 '내가 저 사람의 시간을 낭비하는 건 아닐까?'라며 매우 불안해할 수 있을 것이다. 물론 중요한 질문이고 우리를 어떻게 모르는 사람의 삶에 집어넣을 것인지에 대해 생각해 볼 의무가 있다. 필자도 처음에는 이런 우려 때문에 불안했지만 결국 사실무근이었다고 생각한다. 취업 기회에 대해 논의하기 위한, 특히 링크드인(LinkedIn)같은 취업 인맥 사이트에서 보내는 간결하면서도 사려 깊은 초대는 침해가 아닌 기회다. 대부분은 여러분의 초대를 무시할 것이고 (그렇다면 다행이고) 정중하게 거절하는 사람도 있을 것이고 (이것도 다행이고) 실제로 반응하는 것은 몇몇에 불과할 것이며, (더욱 다행이고) 놀랄 만한 수의 사람들은 6개월 동안 초대를 무시하다가 갑자기 이직을 하려 한다고 연락해 올 것이다. 반면 불친절하게 반응하는 사람은 본 적이 없다.

콜드 소싱의 또 다른 장점은 간단하다는 점이다. 내가 채택한 방법보다 더효율적인 방법이 수도 없이 많겠지만 그래도 내가 채택했던 방법을 공유하겠다. 이 방법을 출발점 삼아 결과를 추적하고 실험해 보기 바란다!

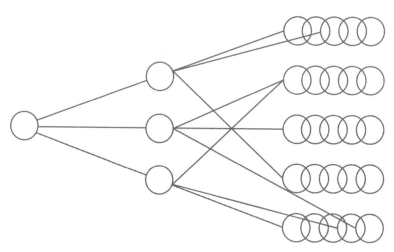

그림 6-5 3단계 인맥

콜드 소싱을 처음 시도하는 방법

필자가 콜드 소싱을 하는 방법은 다음과 같다.

1. **링크드인에 가입한다.** 다른 네트워크(예를 들면 깃허브)에서도 효과가 있을 것이라고 생각하지만 보통 다른 네트워크에서 활동하는 사람들의 목표는 채용 기회를 찾는 것이 아니다. 관심이 클수록 응답률을 크게 향상된다! 검색 광고와 디스플레이 광고를 생각해 보면 유사점을 발견할 수 있다. 검색 광고는 사람들이 광고되는 것을 검색하기 때문에 클릭률이 훨씬 더 높다.

2. **실제로 아는 사람을 팔로우해서** 인맥을 구축해 나간다. 학교 동문이거나 전 직장 동료거나 트위터 등에서 소통을 했던 사람이라면 모조리 네트워크에 추가한다. 아는 사람으로 기본적인 인맥을 구축하는 것이 중요한 이유는 이 사람들로 인해 2차 네트워크가 확장되며, 여러분을 모르는 사람으로 표시하는 비율(스팸으로 제재를 받을 수도 있다)도 줄어들기 때문이다.

3. **인내심을 갖고 기다린다.** 처음 구축한 인맥이 작다면 꽤나 자주 검색이 막힐 것이다. 한 번 막히면 ('이달의 검색 한계 용량을 초과했습니다' 같은 메시지를 받게 될 것이다) 며칠을 기다려야 하거나 심지어 다음 달까지 기다려야 다시 검색이 풀린다. 아니면 프리미엄에 가입하면 훨씬 빨리 검색이 풀릴 수 있다. 검색 제한 없이 검색을 수행할 수 있을 정도로 인맥이 커지려면 몇 주에서 몇 달의 노력이 필요하다(매주 1시간 정도 시간을 마련하자). 보통 600명 이상의 인맥을 갖춰야 조금 수월해질 것이다.

4. 검색 기능을 이용해 **인맥에 추가할 2차 인맥**을 찾는다. 직책(소프트웨어

엔지니어나 엔지니어링 관리자)을 이용해 2차 인맥을 검색하는 것부터 시작해서 인맥이 확장되면 직책이 아니라 회사 이름으로 검색을 하는 것을 고려해 보자(좋은 회사 목록을 활용해 검색할 회사를 찾을 수 있다). 인맥을 폭넓게 확장하자! 당장 연락하지 않는 사람들도 나중에 여러분에게 연락을 할 수 있고 채용 우선순위가 바뀌면 몇 달 안에 그 사람들에게 연락을 해야 할 수도 있다. 잘 모르겠다면 우선은 인맥에 추가해 두자.

5. 다른 사람이 연결 요청을 수락하면 프로필에서 이메일을 가져와 **짧으면서도 정중한 메모**를 보내 커피나 전화 통화를 하자고 부탁하고, 채용하는 업무에 대해 설명하는 문서가 담긴 링크를 보내자. 그리고 메모의 내용을 다양하게 변화를 주면서 시험해 보자(메일 주소를 찾기 어렵다면 연락처 및 개인 정보 섹션의 더 보기를 눌렀는지 그리고 대상자가 1차 인맥이 되었는지 확인하자. 몇몇은 아예 메일 주소를 공유하지 않으므로 이런 경우에는 다른 사람을 찾아보자. 아니면 링크드인에서 직접 메시지를 보낼 수도 있다). 필자는 개인적으로 변화를 주는 것이 크게 중요하지 않다고 생각하는데, 그 이유는 대부분 사람들은 메모의 질이 아니라 자신의 상황에 따라 응답하기 때문이다(물론 사람들이 응답하기 싫어하는 좋지 않은 메모를 쓰는 것도 가능하다. 메모를 자꾸 써보고 여러분과는 다른 시각을 가진 사람들에게 리뷰를 받아보면 질 좋은 메모를 작성할 수 있다).

메모는 다음과 같이 간단하게 쓰면 된다.

> 안녕하세요 〈이름〉님,
>
> 저는 〈회사〉의 엔지니어링 관리자입니다. 저희가 채용하려는 〈직책〉(채용 정보의 링크)에 〈이름〉님이 적임자라고 생각해 연락을 드렸습니다.

다음 주 중에 저와 잠깐 커피 한 잔 또는 전화 통화가 가능하실까요?

고맙습니다.

〈내 이름〉 드림

이 정도로 짧게 써도 괜찮다! 너무 짧아 보이면 좀 더 대상에 맞춰 정교하게 쓴 메모와 A/B 테스트를 해봐도 좋다.

당장은 잘 맞지 않는 사람과도 연결될 수 있다는 것을 알아둘 필요가 있다. 그래도 괜찮다. 일단 연결 신청을 받아주면 그들의 프로필을 꼼꼼히 리뷰해 보고 나와 잘 맞는 사람인지 솔직하게 평가해 보길 권한다. 별다른 장점이 보이지 않아도 괜찮다. 그런 사람에게는 연락을 안 하는 것이 그 사람의 시간을 위해서도 좋은 편이다. (하지만 우리가 그다지 중요하지 않은 부분에 대해 과도한 필터링을 적용하는 면도 있다고 생각한다. 내 생각에는 다른 사람의 시간을 존중하는 것이 가장 중요한 최적화다.)

6. 다른 사람과의 커피 시간을 즐기고 당장은 함께할 수 없더라도 내년이나 다음에 이직하면 함께 일할 수 있는 사람이라는 점을 기억하자. 특히 실리콘 밸리는 아주 좁은 동네다. 그러므로 한 사람 한 사람을 마치 이직할 때 여러분의 입사 여부를 결정할 피드백을 제공하는 사람처럼 대하는 것이 좋다(정말 그럴 가능성이 있다!). 이런 간단한 모임의 목표는 두 가지다. 만나는 사람이 채용하고자 하는 역할에 잘 맞는 사람인지 알아내는 것과 그 사람이 잘 맞는 사람이라면 채용에 지원하도록 만드는 것이다. 내 경험상 어떤 사람을 채용에 지원하도록 만들 수 있는 세 가지 유용한 방법은 본인이 개인적으로 지금 다니는 회사와 채용 중인 역할이 마음에 드는 이유를 말해주고 채용 절차(오늘 만난 것부터 최종적인 채용 확정 안내를 받을 때까지의 절차)를 설명해 준 후 상대

방이 질문을 할 수 있는 충분한 시간을 주는 것이다.

7. 매주 한 시간 정도를 내서 새로운 사람과 연결을 맺고 이미 연결된 사람들의 소식도 확인하자. 조금은 힘들 수도 있지만 확실히 꾸준한 보상을 가져다준다. 게다가 다른 이와 함께 해도 좋다! 매주 동료들과 만나 채용 후보자를 찾는 과정이 어떻게 진행되고 있는지 공유하자. 이 방법은 대상이 모르는 사람에게 연락을 받을 때 느끼는 불편을 극복하는 데도 도움이 된다. (이 과정은 회사의 다른 누군가가 이미 접촉을 시도한 사람인지 여부를 한곳에서 파악할 수 있는 레버(Lever)나 그린하우스(Greenhouse)같은 지원자 추적 시스템(ATS)을 사용하면 훨씬 쉽다. 같은 회사를 다니는 여러 사람에게 동시에 연락을 받으면 그 회사가 엉망진창인 것처럼 보일 수 있다.)

지금까지 읽은 내용이 별 효과가 없을 거라고 확신한다면 나도 그랬다. 나도 이 방법을 시도하기 전에는 효과가 없을 거라고 확신했고 괜한 시간 낭비라고 생각했다. 하지만 차차 바뀌었다. 그럼에도 바로 이 방법은 시간이 지나면서 점차 효과가 떨어질 가능성이 있다는 것을 이해하는 것이 중요하다. 그러므로 일단 우려는 걷어내고 간단한 것부터 시도한 후 다른 방법도 시도해 보기 바란다.

시도해 볼 만한 일인가?

마찬가지로 엔지니어링 관리자를 섭외하는 것이 과연 가치 있는 일인지 그 여부에 대해 많이들 궁금해한다. 필자 생각에는 그렇다. 지원자들은 주로 면접 과정에서 함께 하는 채용 담당자와의 대화보다는 실제로 자신을 관리할 사람과 대화하는 것을 더 선호한다. 마찬가지로 관리자가 개인적인 에너지를 쏟으며, 채용에 신경을 쓴다는 것을 보여주는 것 또한 가치가 있는 일이라고 생각한다.

그렇지만 엔지니어링 관리자가 인력을 섭외하는 데 일주일에 한 시간 이상 (한 번 만났던 사람과 대화를 이어가는 것은 시간이 많이 들기 때문에 제외한다)을 쓰는 것에 대해서는 우려가 된다. 채용과는 무관하지만 도움이 될 수 있는 수많은 기회 외에도 채용 후보자의 절차를 잘 마무리하고 평가하기 위해 해야 할 중요한 업무도 산더미처럼 쌓여 있기 때문이다.

정리하자면 조직의 채용 절차가 잘 정비되었는지 파악할 수 있는 한 가지 분명한 지표는 채용 팀과 엔지니어링 팀이 서로 밀접하며 존중하는 협력 관계에 있는지 여부다. 콜드 소싱에 시간을 투자하는 것은 채용 담당자가 매일 담당하는 어려움을 공감할 수 있는 좋은 방법이며, 협력 관계에 있는 채용 담당자들로부터 배울 수 있는 훌륭한 기회다! 우리는 엔지니어링 관리자와 엔지니어링 채용 담당자 사이의 협력의 일환으로 매주 콜드 소싱 회의를 진행했는데, 채용은 물론 학습과 공감대 형성을 위해서도 아주 좋은 시간이었다.

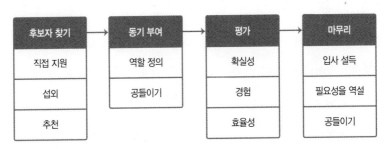

그림 6-6 채용 파이프라인을 구성하는 단계들

6.4

채용 깔때기

대부분의 기업은 자금, 제품의 시장 적합성 또는 채용에 의해 제약을 받는다고 생각한다. 이런 문제에 대한 책이 여럿 출간되었고 채용에도 영향을 미칠 것이다. 특히 근본적인 채용 진단 도구인 채용 깔때기를 사용하는 방법을 살펴보게 될 것이다.

깔때기의 근본

채용 깔때기는 후보자의 선별, 후보자에게 지원 동기 부여, 회사에 맞는 인력인지에 대한 평가, 마지막으로 합류와 마무리 등 네 가지 단계로 구성된다. 현재의 상황에 따라 이 중 하나 혹은 모든 단계가 매우 어려울 수 있다.

후보자의 선별

후보자는 보통 직접 지원, 섭외, 추천 등 세 가지 방법으로 확보할 수 있다. 이제 막 시작해 천천히 성장하는 회사는 추천에 크게 의존하는 반면, 빠르게 성장하는 기업은 추천할 수 있는 인력이 바닥나 섭외와 직접 지원자에 더 크게 의존한다.

- 직접 지원은 후보자가 직접 회사에 지원하는 것이다. 보통은 레버나 그린하우스 같은 후보자 추적 시스템을 사용하는 채용 정보 웹 사이트나 링크드인에 등록한 채용 정보 또는 다른 채용 사이트를 통해 지원한다. 보통 직접 지원하는 후보자는 수는 많지만 질은 떨어진다. 하지만 강력한 제품, 좋은 평판, 다양한 활동 등으로 강력한 기업 브랜드를 갖춘 회사는 예외다.
- 섭외는 여러분이 후보자를 직접 찾아 접촉한 경우다. 가장 보편적인 방법은 링크드인을 이용하거나 대학을 방문하거나 컨퍼런스 및 밋업(meetup) 등에서 맺은 인맥 등이다.
- 추천은 전 직원이거나 대학에 함께 다녔던 친구 등 회사를 잘 알고 있는 누군가가 추천한 경우다. 소규모 기업은 주로 이 방법으로 인력을 채용한다. 대부분의 회사에서도 추천은 가장 효율적인 방법이며, 채용이 확정될 확률이 가장 높다.

후보자의 동기 부여

일단 회사에 합류했으면 하는 후보자를 선별했다면 면접에 참여할 수 있는 동기를 부여해야 한다! 어떤 회사는 이 단계를 일에 열정이 부족한 사람들을 걸러내는 단계로 보는 것을 선호하지만 필자는 그 방법이 그다지 효율적이라고 생각하지 않는다. 오히려 그런 시각은 정말 열정적인 후보자를 찾는 것이 아니라 열정을 표현하는 사람들을 걸러내는 것 같다. 내 생각에 가장 효과적이라고 생각한 공식은 매우 간단하다.

- 함께 시간을 보낸다. 후보자가 입사하면 같이 일하게 될 사람들과 함께 시간을 보내게 한다. 커피도 마시고 프로젝트에 대한 이야기도 나누면서 서로를 알게 될 시간을 제공한다.
- 역할을 명확히 정의한다. 후보자가 입사하면 어떤 일을 하게 될지 정직하면서도 낙관적으로 설명한다. 항상 업무에 대해 정확하게 설명하되 업무를 설명할 수 있는 최적의 틀을 찾아야 한다.

후보자의 평가

후보자가 채용에 지원하도록 만들었다면 다음 단계는 후보자가 팀에 합류할 적임자인지를 판단하는 것이다. 이 단계가 어려운 이유는 서로 상충하는 몇 가지 목표 사이의 균형을 갖춘 후보자를 찾아야 하기 때문이다.

- 확실성. 여러분은 후보자가 회사에 성공적으로 적응할 수 있음을 최대한 확신할 수 있어야 한다. 직원이 퇴사하는 것은 남은 직원의 사기에 큰 영향을 미치며 후보자에게 확신을 갖기 위해서는 상당한 시간이 필요하다.
- 후보자의 경험. 후보자가 회사에 합류하고자 했던 동기가 평가를 거치면서 줄어드는 것이 아니라 더 높아지길 원할 것이다. 채용 깔때기의 결과 중 가장 참담한 것은 회사에 합류하길 원했던 사람이 면접 후 회사에 대한 관심이 완전히 떠나버리는 경우다.
- 효율성. 팀과 후보자가 투자하는 시간을 가능한 최소화하고 싶을 것이다. 이에 대해 어떤 방법을 취하느냐에 따라 후보는 상당한 시간을 소모해야 하지만 팀은 평가에 큰 시간을 들이지 않아도 되는(대부분의 사람들은 재택 과제를 철저히 리뷰하는 것은 천천히 해도 된다고 생각하는 것 같기 때문이다) 재택 과제 같이 상당히 비대칭인 방식을 취할 수도 있다.

마무리

이 단계는 동기 부여 단계와 유사하지만 이제는 하루 정도 시간을 내달라는 게 아니라 그들의 인생에서 몇 년을 내달라고 요구하는 것이다. 후보자가 자신이 이 회사에 꼭 필요한 사람이라고 느끼게 하는 데는 급여부터 각종 보상까지 다양한 요인들이 영향을 미친다. 이 단계는 마지막 단계이므로 깔때기의 효율성을 위해 잘 진행하는 것이 특히 중요하다.

채용 절차를 반영하기 시작할 때의 첫 번째 단계는 후보자가 이 깔때기를 잘 따라갈 수 있는 절차를 만드는 것이다.

평가와 최적화

우선 채용 깔때기를 정의했다면 두 번째 단계는 이 깔때기가 잘 동작하는지 측정하는 것이다! 절차에 대한 메타데이터를 제공하는 후보자 추적 시스템의 도입 여부를 논의하는 것이 가장 중요하다.

측정이 중요한 이유는 어디에 노력을 집중해야 하는지 이해할 수 있기 때문이다. 회사마다 장점이 각기 다르며 같은 회사라 하더라도 시간이 지나면서 깔때기의 각 단계에서 더 나아지기도 하고 나빠지기도 한다. 지속적으로 좋은 채용 깔때기를 운영하는 유일한 방법은 깔때기를 측정한 지표에 주의와 노력을 기울이는 것이다.

측정 지표를 확보했다면 가장 개선해야 할 부분에 먼저 집중하자. 첫 번째 단계는 말 그대로 각 단계의 전환율을 살펴보고 전환율이 낮은 단계에 집중하는 것이다. 하지만 각 섹션의 합리적인 상한선이 무엇인지는 다소 명확하지 않다. 그 답을 찾으려면 협력 회사를 벤치마킹하는 것이 유용한 정보를 얻을 수 있는 실질적으로 유일한 방법이다. 벤치마킹을 하지 않는다면 채용 절차가 잘 동작함으로써 얻을 수 있는 이점보다 더 많은 것을 투자해야 할 것이다.

채용이 필요할 때마다 채용 깔때기부터 시작하고 문제를 체계적으로 해결해 나가기 바란다!

채용 깔때기의 확대

앞서 설명한 채용 깔때기는 가장 보편적인 형태지만 다음과 같이 약간의 수정을 가하면 훨씬 강력해질 것이다.

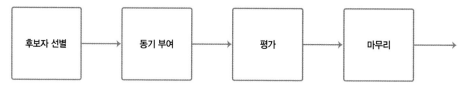

그림 6-7 온보드, 영향, 보존을 포함한 확장된 고용 기간

깔때기의 마무리 단계에서 끝내지 말고 다음의 네 단계를 더 추가해 보자.

온보드. 신규 입사자가 제대로 업무에 속도를 내기까지 얼마의 시간이 걸릴까? 이는 측정하기 까다로운 지표지만 한 개인이 아닌 전체를 대상으로 할 것이므로 아주 정확하지 않아도 무방하다. 주당 커밋 수 같은 생산성 지표를 선택하고, 신규 입사자가 P40 생산성 수준에 도달할 때까지 얼마의 시간이 걸리는지 살펴보자. 사람들이 적응하는 데 걸리는 시간을 이해할 수 있는 충분히 좋은 측정 방식이다.

영향도. 여러분이 채용한 사람들이 끼치는 영향은 어느 정도일까? 이 또한 상당히 까다로운 지표지만 개인의 실적이 아니라 트렌드를 이해하고 싶다면 완벽한 지표를 수집하는 것에 대해 너무 걱정하진 말자. 그럭저럭 괜찮은 방법은 입사 이후 신규 입사자가 성과에 어느 정도 기여했는지를 살펴보는 것이다.

승진. 한 사람이 회사에 합류한 후 승진하기까지 걸리는 시간은 얼마일까? 이 지표는 직원들이 조직 내에서 얼마나 많은 기회를 얻을 수 있는지 이해하는데 유용하다.

근속 기간. 여러분이 채용한 사람이 오래 근속하는가? 다행스럽게도 이 지표는 퇴사하는 사람을 살펴보면 알기 쉽다. 하지만 보통 사람들은 몇 년이 지

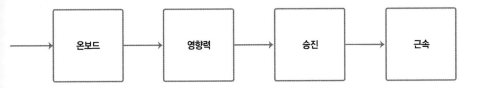

나야 퇴사하기 때문에 빠르게 확보할 수 있는 지표는 아니다. 그럼에도 불구하고 추적해야 할 기본적인 지표라고 생각한다.

이런 식으로 채용 절차를 확대하는 회사는 많지 않겠지만 채용 같은 일종의 거래적인 절차를 조직의 생명선으로 재구성하는 것은 상당히 유용하다고 생각한다. 또한 많은 회사들이 이런 정보를 공유하는 것에 대해 불편하게 생각하는 것도 사실이다. 그래도 관계없다. 상당히 민감한 숫자들이긴 하지만 누군가는 그런 숫자에 주의를 기울일 필요가 있다.

6.5

성과 관리 시스템

경영진의 가장 신성한 책임은 회사의 롤모델을 선정하고 승진해야 할 사람은 누구인지 떠나야 할 사람은 누구인지를 결정하는 것이다. 소규모 기업이라면 이런 결정은 상당히 즉흥적이지만 회사가 성장하게 되면 이런 결정은 성과 관리 시스템으로 견고함을 갖추게 된다. 이런 시스템의 사용을 최대한 배제하려는 관리자들이 많은데 이는 안타까운 일이다. 회사의 문화나 포용력 또는 성과를 만들어나가고 싶다면 성과 관리 시스템이 가장 중요한 진입점이다.

성과 관리의 방법은 셀 수 없을 정도로 많지만 대부분은 다음 세 가지로 구성된다.

경력 사다리는 어느 한 개인이 본인의 업무를 진행하면서 겪게 될 진화를 서술한 것이다. 예를 들어 소프트웨어 엔지니어의 사다리는 소프트웨어 엔지니어, 소프트웨어 엔지니어 II, 시니어 소프트웨어 엔지니어와 스태프 엔지니어에 대한 기대치를 각각 서술하고 있다.

성과 지정은 경력 사다리와 현재 수준에 대한 기대치 대비 주어진 기간 내 개인의 성과를 비교한다.

성과 주기는 성과를 일관되게 지정하기 위해 1년에 한 번, 두 번, 또는 네 번 진행한다.

이렇게 결합된 시스템의 목적은 회사의 성공에 도움이 되는 업무에 회사의 노력을 집중시키는 것이다. 이런 노력의 결과는 회사가 자신의 업무를 어떻게 평가하는지에 대한 명확한 피드백을 직원들에게 제공하는 것이다.

경력 사다리

각 역할에 대한 기대치와 책임을 설명하는 **경력 사다리**는 효과적인 성과 관리 시스템의 근본이다. 여러분이 작성하고 유지해야 할 경력 사다리에는 상당한 오버헤드가 발생하며, 서로 다른 역할을 수행하는 그룹에 같은 경력 사다리를 반영하는 것은 상당히 좋지 않다.

경험상 가장 잘 동작했던 방식은 경력 사다리를 확대해서 적용하는 것이다. 즉, 각각의 역할에 대한 경력 사다리를 따로 정의하지만 더 많은 직원들에게 반영할 수 있게 되면 충분한 시간을 투자해 그 경력 사다리를 재정의하는 것이다. 경험에 비춰볼 때, 한 경력 사다리에 채워 넣을 수 있는 직원의 수가 10명을 넘어간다면 문제지만 그보다 적은 수의 인원이라면 경력 사다리가 완벽하지 않아도 괜찮을 것이다. 이 방법은 어떤 역할에 대한 경력 사다리를 개선하기 위해 사람들과 열린 마음으로 소통할 때 특히 더 잘 동작한다! (첨언하자면 어떤 역할을 맡을 첫 인력을 채용하기 전에 간단한 경력 사다리를 정의하라고 권하고 싶다. 다른 방법은 그다지 잘 동작하지 않는다)

경력 사다리를 유지하는 고정 비용을 줄일 수 있는 효과적인 방법 중 하나는 여러 경력 사다리에 적용할 '템플릿'과 '공용 테마'를 정하는 것이다. 그렇게 하면 고정 유지보수 비용을 줄일 수 있을 뿐만 아니라 회사가 공통의 가치에 집중할 수 있다.

각각의 경력 사다리는 어떤 역할의 실무자가 시니어로 승진하면서 어떤 책임과 업무 복잡도를 담당해야 하는지를 설명하는 **레벨(levels)**로 구성되어 있다. 레벨의 적절한 개수는 경력 사다리, 기능의 크기, 기능의 수명에 따라 달라진다. 대부분의 회사는 3개의 레벨로 시작해 점차, 예를 들면 1년에 2개씩, 그 수를 늘려간다. 각 레벨에는 여러분이 정의한 각각의 가치에 대한 기대치를 정의한다. 레벨의 경계를 명확하게 하면 어떤 사람을 다른 레벨로 승진시킬 것인지를 고려할 때 모호성을 줄일 수 있다.

레벨 간의 경계가 명확하면 사람들은 자신의 현재 위치가 어떤 수준인지, 누가 자신의 동료인지 그리고 누구를 롤모델로 삼아야 하는지에 대한 유용한 멘탈 모델을 제공해 줄 수 있다. 레벨의 정의는 여러분이 롤모델에게 기대하는 행동, 즉 1~2년 후에는 어디서든 보게 될 행동을 정의하는 데 특히 효율적이다.

잘 정의한 경력 사다리는 개인이 자신을 정확히 판단하는 데도 도움이 된다. 이런 경력 사다리는 포괄적이면서도 간략하다. 그렇지 않은 경력 사다리는 모호하며 제대로 적용하기 위해서는 깊은 이해가 선행되어야 한다. 성과 관리의 한 가지 요소를 잘 수행하기 위한 투자가 필요하다면 경력 사다리를 제대로 만드는 데 투자하자. 다른 모든 것은 경력 사다리라는 토대 위에 만들어지는 것이다.

성과 지정

경력 사다리를 준비했다면 다음 단계는 경력 사다리를 반영하는 것이다. 가장 빈번한 활용법은 경력 사다리를 자기 투영의 도구와 일대일 회의에서 경력에 대한 조언의 도구로 사용하는 것이지만 **성과 지정**이라는 형태로 피드백을 공식화해야 할 것이다.

소프트웨어 엔지니어	테크니컬 라이터	제품 관리자
소프트웨어 엔지니어	테크니컬 라이터	제품 관리자
소프트웨어 엔지니어 II	테크니컬 라이터 II	제품 관리자 II
시니어 소프트웨어 엔지니어	시니어 테크니컬 라이터	시니어 제품 관리자
스태프 소프트웨어 엔지니어		스태프 제품 관리자
프린시펄 소프트웨어 엔지니어		

그림 6-8 여러 레벨을 갖춘 경력 사다리

성과 지정은 특정 기간 동안에 개인이 경력 사다리에서 현재 수준에 대비해 얼마나 성과를 내고 있는지를 명확하게 보여준다. 이런 성과 지정은 명시적이어서 회사와 직원 간 소통의 오류가 있을 때를 대비한 안전 장치가 되어준다. 하지만 명시적으로 지정한 성과가 암묵적으로 요구받는 성과와 다르다면 문제가 발생한다.

대부분의 기업은 보통 1~5 사이의 숫자로 성과를 표현하는 '단일 점수(single scale)' 방식으로 시작한다. 하지만 시간이 지나면서 '아홉 개 블록(nine-blocker)' 형식으로 바뀌어간다. 이 방식은 3 × 3 행렬 형태이며, 한 축은 성과를 표현하고 다른 한 축은 달성도를 표현한다. 나는 여러 시스템을 사용해 봤지만 가능한 한 가장 간단한 표현을 선호한다. 더 복잡한 시스템은 더 세분화된 기능을 제공하지만 일관성 있고 공정한 방식으로 구현하기에는 여전히 어렵고 되레 너무 엄격하다는 인식만 심어준다고 생각한다.

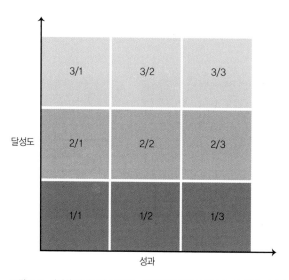

그림 6-9 성과와 달성도를 표현하는 축을 기준으로 그려본 3×3 행렬 다이어그램

평가에 사용하는 점수보다 더 중요한 것은 그 점수를 계산하는 방법이다. 보통 점수를 계산하는 방식은 이렇다.

1. **자체 평가**는 성과를 지정 받은 개인이 작성한다. 가장 좋은 형식은 그들의 적절한 경력 사다리와 레벨에 따라 명시적으로 비교하고 대조하는 것이다. '자신의 성과를 드러내기 위한 문서'를 형태로 작성하는 것이 가장 좋다고 생각한다.

2. **동료 평가**는 평가 대상자의 동료들이 작성하며 멘토십과 리더십을 평가할 때 유용하다. 제대로 구조화할 수 있다면 여러분이 놓치고 있는 문

제를 확인하는 데도 도움이 되지만 동료들은 보통 부정적인 피드백을 주는 것을 불편해한다.

3. **상향 평가**는 관리자의 성과에 관리자가 직접 관리하는 사람들의 의견을 포함시키기 위한 것이다. 형식은 '동료 평가'와 유사하다.

4. **하향 평가**는 개인의 관리자가 작성하며 보통은 동료 평가 및 상향 평가를 종합해서 작성한다.

이 네 가지 평가를 통해 **보정** 시스템에서 사용할 '임시 성과 지정'을 설정할 수 있다. 보정의 목표는 성과 지정과 리뷰를 여러 차례에 걸쳐 리뷰하면서 팀, 조직, 회사 전체에 공평하게 점수를 부여하는 것이다.

표준 보정 시스템은 조직도의 모든 레벨에서 동작한다. 많은 세션을 진행하고 보정하면서 피로를 느끼는 것과 보정을 수행하는 사람들이 보정 작업에 익숙해지도록 하는 것 사이의 균형을 맞추는 것은 매우 어려운 일이다. 게다가 보정 작업을 진행하면서 승진도 고려해야 한다.

보정에 참여하는 것은 전혀 부러워할 만한 일이 아닌 것처럼 들리겠지만 그렇다고 대신할 수 있는 명확한 방법도 없다. 보정을 제대로 못하면 편견으로 가득한 치졸한 정치 놀음이 될 뿐이지만 모든 사람이 좋은 의도를 가지고 있다고 해도 제대로 해내기가 어렵다! 보정 작업을 제대로 수행하기 위한 몇 가지 규칙은 다음과 같다.

1. **일관성을 위해 임무를 공유한다.** 올바른 성과 지정을 위해 보정 세션을 함께 일하는 동료들의 커뮤니티로 자리매김하게 한다. 목표한 성과 지정을 이끌어내는 것이 아니라 공동으로 조사하고 보정하는 방향으로 이끌어야 한다. 그러려면 보정 작업에 참여하는 사람들은 작업에 참여하기 전에 심리적 안전성을 갖출 필요가 있다.

2. **평가 내용은 발표하는 것이 아니라 읽는 것이다.** 대부분의 보정 시스템은 관리자가 발표를 얼마나 효율적이고 간결하게 하는지에 크게 의존한다. 그러다 보면 실제 해야 할 업무보다 개인을 위한 성과 지정이 더 큰 요소로 작용하게 된다. 관리자가 보정 작업 중에 대상자를 추천하도록 하지 말고 모든 사람이 관리자의 평가를 읽어봐야 한다. 여전히 관리자가 평가를 얼마나 잘 준비했는지에 따라 영향을 받긴 하지만 보정 작업을 수행하는 것 자체에 대한 부담은 줄일 수 있다.

3. **다른 사람이 아닌 경력 사다리를 기준으로 비교한다.** 사람들을 서로 비교하는 것은 평등하지 못하며, 투명성도 떨어진다. 경력 사다리와 성과를 비교해야 한다.

4. **기여도는 강요하는 것이 아니라 연구하는 것이다.** 역사적으로 많은 회사들이 소위 스택 랭킹(stack ranking)[2]이라고 하는 고정된 곡선 형태로 성과를 지정해 왔다. 스택 랭킹은 끔찍한 방법이다. 이 방법으로 해결하려고 할 때 문제점이 있다. 바로 회사가 성장함에 따라 지정한 성과의 의미가 왜곡되기 쉽다는 것이다. 그러므로 기여도에 너무 목매지 말고 다른 조직 간에 기여도가 어떻게 보여지는지 평가하고 왜 기여도에 편차가 있는지를 논의하는 것이 더 유용하다. 조직이 유의미하게 다른 수준의 성과를 보이는 것인가 아니면 성과의 의미가 왜곡된 것인가?

예상치 못한 부분이긴 하지만 보통 성과 지정은 저성과자를 처리하기 위해 사용하는 메커니즘이 아니다.

오히려 저성과자에 대한 피드백은 즉각적으로 제공해야 한다. 성과 문제를

---

2 https://www.businessinsider.com/stack-ranking-employees-is-a-bad-idea-2013-11

성과 지정까지 기다리는 것은 보통 관리자가 피드백을 주는 것을 꺼린다는 뜻이다. 그렇지만 성과 지정은 이런 이슈를 처리하기 위한 효과적인 안전장치가 되어준다.

성과 주기

경력 사다리 준비와 성과 지정을 마쳤다면 일관적이고 공정한 방식으로 지정한 성과를 정기적으로 평가할 수 있는 절차가 필요하다. 이 절차를 **성과 주기**(performance cycle)라고 한다.

대부분의 기업은 연간 또는 반기별 성과 주기를 운영하지만 분기별 성과 주기를 운영하는 경우도 있다. 성과 주기를 운영하는 데 드는 부담은 상당하기 때문에 기업들이 빈도를 낮추는 경향이 있다. 반대로 성과 주기로부터의 피드백은 매우 중요하며 보상 등 개인이 신경 쓰는 부분에 대한 최우선 판단 근거이므로 자주 운영해야 한다는 부담도 있다.

효과적인 성과 주기를 위한 가장 중요한 요인은 사람들이 익숙해지도록 하는 것이다. 특히 성과 주기가 간소하다면 체계적인 시간을 제공하는 것은 매우 유용하지만 경쟁적인 요구가 너무 많다 보니 사람들이 성과 자료를 대충 훑어보는 경향이 있다.

성과 주기를 수정한 후에는 적어도 처음 관리자가 된 사람을 위해 연습할 수 있는 시간을 주는 것이 이런 문제를 해결할 수 있는 효율적이면서도 유일한 방법이다. 사람들이 처음에는 회의적일 수도 있지만 이런 연습을 통해 자기 평가에 대한 피드백을 받을 수 있는 기회로 받아들이도록 만들어갈 수 있다.

마지막으로 성과 주기를 가능한 빨리 개선하는 것과 성과 주기를 안정화시켜서 사람들이 잘 적응하도록 하는 것 사이에는 흥미로운 관계가 있다. 필자가 보기엔 사람들이 두 번 중 한 번은 성과 주기를 개선하고 싶어 하는 것 같다. 그러면 사람들이 완전히 적응할 수 있으며 개선한 부분이 제대로 동작하는지 지켜볼 충분한 시간을 확보할 수 있다.

지금까지 소개한 내용은 성과 관리 시스템을 설계하기 위한 몇 가지 기본 사항일 뿐이며 실제로는 훨씬 더 많은 것들을 고려해야 한다. 물론 대부분 기업이 채택한 보편적인 구조에서 시작하는 것도 좋지만 그 구조에 사로잡히진 말자. 이런 시스템의 대부분은 상대적으로 최근에 개발된 것이며 회사와 직원 사이의 이상적인 관계에 대해 특별한 관점을 가지고 있다.

더 자세한 내용이 알고 싶다면 『구글의 아침은 자유가 시작된다』(알에이치 코리아, 2021)를 읽어보기 바란다.

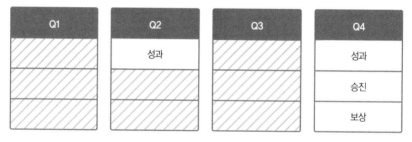

그림 6-10 1, 3분기에는 없지만 2, 4분기에 성과 주기가 돌아오는 경우를 표현한 다이어그램

6.6

경력 수준, 성과 지정 모멘텀, 레벨 분리 외 기타

성과 관리 시스템의 기본 원리는 다소 단조로울 수 있다! 정말 흥미로운 것은 성과 관리 시스템을 설계하고 실행할 때 나타나는 예외 상황과 사람들의 예상치 못한 돌발 행동이다. 이런 주제에 흥미를 느끼는 이유는 그런 현상은 전혀 계획한 것이 아니면서도 성장하는 회사라면 거의 모든 곳에서 지속적으로 발생하는 문제이기 때문이다.

이런 이슈는 지속적으로 발생하므로 예고 없이 당하기보다는 대비를 할 수 있다. 예상과 다르게 흘러가는 것은 성과 관리에서는 거의 죄악이나 다름없다. 그래서 직책을 맡은 지 얼마 되지 않은 사람들에게는 많은 문제가 될 수 있으며, 지금부터 설명할 내용들이 여러분이 혼란스러운 상황을 헤쳐 나가는 데 도움이 되길 바란다!

성과 지정 모멘텀. 이 용어는 같은 사람의 성과가 달라졌음에도 불구하고 계속해서 같은 평가 결과가 나오는 성과 절차의 본질적인 경향을 의미하는 용어다. 성과 평가가 좋았다면 지속적으로 좋은 평가를 받게 될 가능성이 있어서 상당히 흥미로운 현상이다. 하지만 지속적으로 직접적인 피드백을 받아서 자신을 계속 발전시키고 싶은 고성과자들의 사기를 오히려 떨어뜨리는 현상이라는 점을 알게 됐다. 저성과자들 역시 자신의 낮은 성과가 예전에 있었던 문제가 뒤늦게 반영된 것인지 아니면 자기가 계속해서 낮은 평가를 받는 것인지 확실히 판단하기가 어렵기 때문에 이런 현상에 불만을 갖는다.

고성과자가 되기 위한 단계적인 방법을 찾기 위해 팀장에게 의존하는 직원들이 많다. 이 방법은 성과 지정 모멘텀이 여러분이 만족하는 방향으로 흘러갈 때만 효과가 있다. 그렇지 않으면 보다 적극적으로 자신의 성공을 위해 노력해야 한다.

팀장에게 명확한 목표를 제안하고 함께 반복 확인하면서 목표로 하는 성과를 내기 위한 기대치를 명확하게 결정해야 한다. 여러분의 목표는 팀장이 성과 보정 과정에서 자신의 동료들에게 목표의 어려움을 잘 이해시킬 수 있을 정도로 충분히 도전적인 과제여야 한다. 만일 팀장이 여러분의 목표 달성을 최우선으로 하지 않는다면 아마도 다른 팀장들이 그 목표의 난이도가 충분히 높지 않다고 생각할 것이라는 의미이다. 여러분의 계획이 충분한 난이도를 갖지 않는다는 뜻이 아니라 (어쩌면 매우 적절할 수도 있지만) 팀장이 다른 팀장들에게 그 목표가 '어째서' 적절한지 설명하는 것을 도와야 한다는 뜻이다.

성과 지정 모멘텀은 개인에게도 발생하지만 팀과 조직에도 발생한다. 이런 상황에 있는 팀이라면 명확한 목표를 세우는 것부터 시작하면 좋겠지만 동료와 경영진 역시 그 업무가 중요한 이유를 이해하도록 해야 한다. 여러분이 수행하는 업무의 중요성을 조직이 이해하고 좋게 평가하도록 만드는 것은 리더로서 여러분이 해야 할 일이다. 조직을 제대로 이해시키지 못하다면 장기적인 비용이 발생하는 것을 보게 될 것이다.

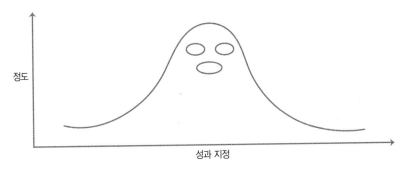

정도

성과 지정

그림 6-11 성과 지정과 지정 정도 간의 관계

티격태격. 강력한 절차와 공정한 심사관이 없는 보정 시스템을 운영하면 서로 티격태격하는 상황이 벌어질 수 있다. 보정 중에 결탁이 일어나는 경우는 거의 없지만 보편적으로 사람들이 문제점을 지적하지 않고 입을 다물어 버린다. 그 사람이 착해서 그러는 것처럼 보이겠지만 사실 그렇지 않다. 일관된 결과에 대한 모든 책임을 보정 시스템을 심사하는 사람에게 떠넘기는 것과 다름없기 때문이다.

사람들이 보정 시스템에 참여하도록 하려면 심사관이 모범이 되어야 하지만 그보다 더 중요한 것은 보정을 수행하는 사람들 사이의 심리적 안정과 신뢰를 구축하는 것이다.

레벨 확장. 회사가 오래될수록 경력의 발전을 지원하기 위해 레벨을 확장하는 것은 불가피하다. 설령 회사의 규모가 달라지지 않아도 레벨 확장이 필요하며 이는 회사의 규모가 아니라 회사의 연령에 의해 발생하는 현상이다. 레벨의 확장은 보통 회사에서 가장 높은 임원들이 주도한다.

회사에서 레벨 확장이 빈번하게 이뤄진다면 경력의 개발, 보상 또는 회사의 인정이 필요 이상으로 레벨 시스템에 묶여 있다는 뜻이며 이런 경우라면 레벨을 정의하는 것에 대한 부담을 줄이기 위한 방법을 찾아야 한다. 이런 상황에서는 중요한 프로젝트에 사람을 배정하는 방법을 더 구체화시킬 수 있는 훈련과 교육이 도움이 된다.

레벨 확장으로 이어지는 또 다른 경우는 더 오래된 다른 회사의 임원이 초고위직으로 합류하는 경우다. 이런 사람들은 전 직장에서 레벨 확장의 혜택을 받은 사람들이며 당연히 자신의 현 지위, 보상, 인정 등을 쉽게 포기하려 하지 않는다.

레벨 표류. 레벨 확장은 보통 객관적으로 뚜렷한 성과의 도입보다는 경력 개발의 필요성에 의해 일어나는 경우가 많아서 현재 경력 사다리의 위쪽으로 새로운 레벨을 추가하면 기존 레벨에 부담을 유발한다. 게다가 시간이 지나면서 새로 추가한 레벨에 대한 기대치가 줄어든다.

이런 인플레이션은 희소성에 따라 가치를 결정하기 때문에 불편하게 느껴지지만 기업들이 레벨 표류에 대응하기 위해 보상을 조정하는 것은 매우 드문 일이다. 그래서 실질적으로는 모든 직원에 대한 보상을 조정하도록 유발한다. 회사의 관점에서는 변화를 일관성 있게 적용하기 위해 레벨 표류를 명시적으로 관리하는 것이 중요하다.

레벨 상승 기회의 적절한 제공. 레벨 확장과 레벨 표류가 모두 발생하면 어느 기간에 직원 개개인이 레벨의 경계를 넘어서게 되는 일이 폭발적으로 증가한다. 이는 레벨 확장 후 1~2 주기 내에 두 번째로 높은 레벨에서 가장 자주 일어난다.

여러분은 관리자로서 동료들과 협력해 일관된 방식으로 레벨 상승의 기회를 제공해야 한다. 이런 순간은 놓치기 쉽지만 행여 놓치기라도 하면 실수로 사람들을 자신들이 속했던 그룹에서 배제시키는 결과가 될 수도 있다. 물론 이 문제는 다음 번 성과 주기에서 해결할 수는 있지만 모멘텀을 놓치게 될 것이다. 각 성과 주기마다 한 시간 정도 시간을 내 언제 다음 기회를 제공할 것인지 추측해 보고 동료들과 의견을 교환하기 바란다.

경력 레벨. 모든 역할에서 주어진 레벨을 '경력 레벨(career level)'이라고 하며, 대부분의 직원들은 각자의 레벨을 뛰어넘을 수준으로 성장하지는 않는다. 그래서 시간이 지나면 경력 레벨 클러스터링(career level clustering)[3]으로 이어진다. 보통은 중간 수준 레벨이 높은 분포를 갖게 하는 것이 목표지만 경력 레벨 클러스터링이 발생하면 해당 레벨에 속하는 사람이 너무 많아진다.

레벨 도달 시간의 제한. 경력 레벨에 아직 도달하지 못한 직원들은 일관된 속도로 경력 레벨을 올려야 한다. 이는 보통 성과 관리가 필요하지만 실제로 실행되지 않는 상황을 방지하기 위해 사용한다. 대부분의 기업은 레벨에 도달해야 하는 시간에 제약을 두고 있지만 같은 목표를 이룰 수 있는 방법은 여러 가지다. 시간에 제한을 두는 것은 전체 시스템의 일부로서는 유용할지 몰라도 대부분의 경우에는 불필요하다. 그나마 중요한 부분은 시간 제한을 적용하는 방법을 일관성 있게 유지하는 것이다.

레벨 분리. 시간이 지나다 보면 경력 레벨이 레벨 표류를 경험하게 되는 것이 일반적이다. 그러면서 해당 경력 레벨에 도달할 것으로 가장 많은 기대를 모았던 사람들과 최근에 그 레벨에 도달한 사람들의 그룹으로 점차 나눠지게 된다. 그 경력 레벨을 넘어 크게 높아진 기대치를 감안할 때 그 이상의 레벨로 올라가는 것에도 회의적이 된다. 그래서 많은 기업이 경력 레벨을 둘로 나누는 '레벨 분리'를 수행한다.

레벨 분리를 통해 전에는 같은 레벨이었던 직원들이 서로 다른 레벨이 되며 대부분의 직원 입장에서는 레벨 상승까지의 길이 멀어지는 효과를 낸다.

3　[역주] 특정 레벨의 직원이 너무 많아지는 현상

게다가 레벨 분리로 인해 사람들이 다음 레벨로 상승하는 것이 어려워지는 경향이 있다. 물론 해당 레벨에 맞지 않는 역량을 가진 사람들이 그 레벨에 도달하는 것을 완전히 막지는 못한다. 그런 사람들을 적절하게 다루는 것은 쉽지만 한 가지 분명한 것은 레벨 분리는 1년 후면 해당 레벨에 도달할 수 있었던 사람들의 경력 개발을 늦추게 된다.

위기 지정. 이는 '보존 주도 지정(retention-driven designations)'이라고도 부르는 방법이다. 간혹 기업들은 핵심 인력이나 중요한 팀이 위험에 처하는 어려운 상황에 놓이는데 이럴 경우 상황을 타개할 수 있는 도구 중 하나는 높은 성과 지정을 통해 개인의 중요성을 인식하는 것이다. 이 방법은 본래 일시적인 의도로 사용하지만 사람들은 자신에 대한 기대치가 영구적으로 높아졌다고 받아들이는 경향이 있다. 이는 단기적인 어려움을 해결하기 위해 성과 관리 시스템의 장기적 유용성을 희생하는 것이나 다름없다. 때로는 일이 정말 어려워질 수 있는데 그런 경우라면 도구를 마음껏 사용해야 한다. 하지만 가능하면 이런 방법은 피하는 것이 좋다.

물론 성과 관리 시스템이 설계와 달리 현실에서 동작하는 방법에 대한 흥미로운 주제는 수백 가지가 넘는다. 이런 시스템은 단순해 보이지만 성과 주기가 한 번 지날 때마다 매번 새로운 것을 알게 되며 대부분 그런 경험을 할 것이라고 생각한다.

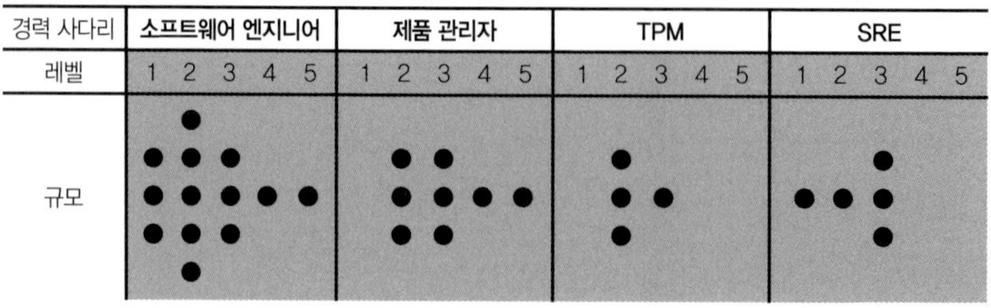

경력 사다리	소프트웨어 엔지니어	제품 관리자	TPM	SRE
레벨	1 2 3 4 5	1 2 3 4 5	1 2 3 4 5	1 2 3 4 5
규모	(레벨별 분포)	(레벨별 분포)	(레벨별 분포)	(레벨별 분포)

그림 6-12 여러 직군의 레벨 분포

6.7

SRE나 TPM 같은 특별한 역할의 정의

사람들은 필자가 프런트엔드 엔지니어로 시작했다는 것을 알면 놀라곤 한다. 인프라스트럭처에 대해 너무 많이 알고 있기 때문이라고 믿고 싶지만, 사실 대부분은 디자인에 대한 미적 감각이 터무니없이 형편없기 때문이 아닐까 생각한다. 프런트엔드 엔지니어로서의 경험에서 어려웠던 점은 2급 엔지니어 취급을 받는다는 점이었다. 동료들은 프런트엔드 작업이 쉬운 일이라고 치부하진 않았지만, 그렇다고 하고 싶어 하지도 않았다. 이후 10년 동안 브라우저의 호환성과 자바스크립트 도구는 획기적으로 개선되었고 오늘날의 프런트엔드 엔지니어는 동료 집단의 미묘한 계층 구조에서 중요한 위치를 인정받고 있다.

계층 구조의 위치가 바뀌었다 하더라도 역할의 계층 구조 자체는 여전히 남아 있어서 누군가 새로운 역할에 대한 직무 소개나 경력 사다리를 만들자고 제안할 때 가장 명확하게 역할을 표현하는 데 사용되고 있다. 최근에는 사이트 신뢰성 엔지니어(site reliability engineers, SRE)를 위한 경력 사다리를 만들어야 하는지 여부를 고민하고 있다.

이 고민이 중요한 이유는 우버에서 처음 SRE 역할을 설계할 기회가 있었고 그 설계는 그럭저럭 잘 됐지만 여러모로 더 원활하게 만들 수 있었다고 생각하기 때문이다. SRE 역할을 정의할 두 번째 기회를 얻게 됐을 때 본능적으로 느꼈던 것은 일단 멈춰서 기존 경험에서 좋지 않았던 방법이 무엇이었는지 생각해 보자는 것이었다.

한동안 이 문제로 씨름하면서 여전히 갈등을 경험하고 있고 좀 더 체계적으로 결정을 내려야 한다고 생각하게 됐다. 지금까지 내가 고민했던 내용을 여기에 기록해 뒀다. 종합해 보면 고민해 볼 만한 흥미로운 질문은 다음 네 가지다.

1. 이런 역할이 빠질 수 있는 함정에는 어떤 것들이 있을까?
2. SRE를 위한 역할을 정의한다면 어떻게 정의해야 성공적이라고 할 수 있을까?
3. 특화된 역할을 정의함으로써 얻는 장점은 무엇일까?
4. 이를 종합해 볼 때 언제 새로운 역할을 정의해야 할까?

결국 새로운 역할을 정의하는 것은 어려운 결정이지만 그럼에도 도움이 될 만한 프레임워크를 갖추게 될 것이다.

어려움

새로운 역할을 정의하면서 마주했던 어려움은 다음과 같다.

클래스 시스템. 사람들은 보통 새로운 역할이 그다지 중요하지 않다고 생각하며 본인이 관심 없는 일이나 담당할 서비스 역할이라고 생각한다. 그런데 가끔 이런 방식으로 정의하는 역할도 있다. 주변을 도와주는 자신만의 임무를 갖는 것이 아닌, 그저 다른 역할의 업무 부담을 줄이기 위해 의도적으로 정의하는 역할도 있다는 뜻이다.

불안정한 조직. 일반화된 역할만 운영하다가 전문적인 역할을 도입하다 보면 예상하지 못한 결과 때문에 여러분의 조직에 수많은 단일 장애 지점(single point of failure)이 생겨난다. 한때는 한 팀의 모든 구성원이 모든 작업을 상당히 효율적으로 수행할 수 있었는데, 이제 프로젝트 관리자가 퇴사하면 아무도 그 역할을 대신할 수 없다는 점을 알게 될 것이다. 이런 취약성은 구조적 변화가 잦은 조직에서 특히 심각한 결과를 초래한다.

패턴 매칭. 조직에 새로운 역할을 설계하다 보면 필요에 따라 역할을 조정하기 위한 수십 가지 결정을 내려야 하는 경우가 많다. 안타깝게도 사람들은 이런 차이를 인식할 수 있을 정도의 시간이 없어서 다른 조직을 참고해 패턴을 맞춘다. 이것은 강력한 힘이다. 상당히 많은 사람들이 그 역할이 의도대로 기능하기 위해 필요한 단계를 (문서를 읽는다거나 방법을 묻는 등) 배우려 하지도 않고 전 회사에서 봤던 것과 똑같이 동작하지 않을 때마다 놀라움을 토로할 것이다.

업무의 분담. 새로운 역할이 생겨나면 역할을 설계한 사람은 그 역할이 어떻게 기능해야 하는지에 대한 매우 명확한 비전을 가지고 있다. 반면 대부분의 사람은 그 역할이 어떻게 기능해야 하는지에 대한 설계자의 의도를 고민하지 않으며, 오히려 어렵거나 흥미가 없는 일을 덜어낼 수 있는 기회로 본다. 이로 인해 새로운 역할을 맡은 사람이 금세 바빠지면서 조직의 규모를 키우려는 리더는 새 역할이 성공적으로 자리 잡은 것으로 느끼기도 한다. 하지만 그 역할을 담당한 사람으로서는 좋지 않은 경험이 되기 일쑤다.

가치를 부여하기에는 너무 '사소한' 역할들. 책임을 회피하려는 다른 역할들 때문에 별 의미 없어 보이는 일을 떠맡기 시작하는 사람들이 많다. 결과적으로 그런 역할을 맡은 사람들은 주어진 일들이 사소하고 중요하지 않은 업무라고 보는 경향이 있다. 그래서 새로운 역할을 맡은 사람들이 자신의 영향력을 인정받기 위해 고군분투하게 된다.

승진을 하기에는 너무 '사소한' 역할들. 마찬가지로 새로운 역할이 완수한 업무는 영향력으로 볼 때 매우 가치가 있지만 특히 경력 레벨을 뛰어넘어 승진을 할 수 있을 정도로 충분히 '전략적'으로는 보이지 않는 경우가 많다는 것을 알게 될 것이다. 이로 인해 누군가 더 높은 성과를 내고 싶어 한다면 역할을 바꿔줘야 하는 경우도 발생한다.

채용 수 문제. 기업은 결국 이메일과 회의를 여러 번 거쳐 연간 채용 수 계획으로 이어지는 신기한 절차를 개발한다. 이런 시스템은 기존의 대규모 역할이 필요로 하는 인력을 지원하기 위해 만들어진다. 그 결과, 특히 기존의 기능 중 확장이 필요한 부분이 있을 경우 새로운 역할을 맡을 인력을 확보하기가 매우 어려워지는 경향이 있다.

희소한 사람의 채용. 새로운 역할을 맡을 사람을 채용할 때 전체적인 기능에 대한 강력한 롤모델을 원하는 것은 매우 당연하다. 그러다 보면 지원자 중 어느 누구도 맞출 수 없을 정도로 요건이 확대되는 경우가 생기기도 한다.

평가 능력의 부족. 이는 방금 설명한 내용과는 상반되는 내용이다. 간혹 조직이 새로운 기능에 대한 경험이 너무 적어서 새로운 역할을 맡을 후보자를 평가할 방법이 없는 경우도 있다. 그러다 보면 후보자를 채용했을 때 어떤 일을 하게 될 것인지에 대해서만 평가하게 될 수도 있다.

성공으로 이끄는 방법

새로운 역할을 조직에 투입하고자 한다면 그 역할을 조직에 성공적으로 안착시키기 위해 필요한 일이 무엇인지 검토하는 것이 중요하다. 새로운 역할을 성공적으로 안착시키기 위해 필요한 요소는 다음과 같다.

임원 스폰서. 반드시 임원일 필요는 없지만 권한이 있고 새로운 기능의 성공에 전념하는 시니어 리더가 필요할 것이다. 특히 첫 성과 평가 및 신규 채용자 수 결정 주기에서는 상당한 규모의 조직 지원이 필요한 여러 가지 어려운 상황이 발생할 것이다. 새로운 역할을 만드는 데 있어 가장 중요한 것은 필요한 지원을 해줄 수 있는 스폰서를 찾는 것이다. 스폰서를 찾을 수 없다면 그 이유는 경영진이 새로운 역할에 투자해도 그 결과가 좋지 않을 것이라고 믿는 경우가 대부분일 것이다. 이는 꽤나 중요한 피드백이다.

채용 파트너. 새로운 역할이 성공하기 위해서는 채용 조직의 상당한 지원이 필요하다. 채용하는 모든 역할에는 많은 고정 비용이 들어가며 새로운 역할을 추가하면 채용 담당자가 자신의 성과 목표를 달성하기 어려울 수 있다. 따라서 채용 팀이 새로운 역할을 지원할 수 있는지 확인해야 한다! 그렇지 않다면 임원 스폰서와 협력하여 채용에 더 많은 인원을 투입하는 것부터 시작하자.

스스로 지속할 수 있는 미션. 새로운 역할이 무엇을 달성할 수 있는지보다는 다른 기능에 미치는 영향으로 설명하는 경우가 많다. 예를 들어 기술 프로그램 관리자(technical program manager, TPM)는 엔지니어링 관리자의 프로젝트 관리 책임을 덜어주는 역할이라고 설명할 수 있다. 이런 방법은 새로운 역할을 보조적인 지원 기능으로 만들기 때문에 새로운 역할의 업무가 미치는 영향을 파악하기 어렵게 만든다. 새로운 역할이 장기적으로 성공하려면 기존의 다른 역할에 기대지 않고 스스로의 업무를 정의할 수 있어야 한다.

경력 사다리. 새로운 역할의 경력 사다리는 시작할 때부터 정의해 둬야 한다. 경력 사다리는 성공적인 성과 관리 시스템의 기반일뿐더러 신중하게 정의한 경력 사다리가 없으면 역할의 가치를 파악하거나 평가하는 것이 불가능하다. 때로는 경력 사다리를 정하기 전에 사람부터 뽑으려고 서두르는 경우가 있는데 효율적인 면접 절차를 설계하는 작업은 경력 사다리를 정의하는 것과 거의 똑같다. 따라서 이 단계를 건너뛰는 것은 잘못된 방법이다.

롤모델. 이 역할의 외적/내적 롤모델은 누가 될 수 있을까? 좋은 롤모델은 여러분이 정의한 경력 사다리의 의도에 잘 맞는 전형적인 사람이다. 따라서 롤모델이라고 인정할 수 있을 만한 사람을 채용해야 할 것이다.

역할에 맞는 성과 보정. 대부분의 성과 관리 시스템은 보정 시스템을 이용해 일관된 방식으로 팀과 역할 간에 성과 지정을 할당한다. 간혹 한 번에 여러 역할의 성과 보정을 수행하는 경우도 있는데 그러다 보면 중요도가 낮은 역할을 뒷전에 두게 된다. 간혹 성과 지정이 별 생각 없이 승인되거나 다른 역할의 성과 지정과 비슷해진다. 둘 중 어떤 경우도 새로운 역할을 맡는 사람에게 유용한 피드백 루프를 제공하지 못한다. 따라서 역할에 맞게 성과 보정을 진행하는 것이 가장 좋다. 그렇게 할 수 없다면, 차선책은 다양한 형태의 전문적인 기여를 철저히 고려할 수 있도록 중요도가 낮은 역할에 대한 성과 보정을 모두 함께 수행하는 것이다.

장점

새로운 역할을 정의하는 것이 비용이 들고 어렵기만 한 일이라면 그냥 안 하는 방향으로 결정하기 쉽겠지만 그럼에도 불구하고 상당한 장점이 있다.

효율성. 이는 '불안정한 조직'과는 상반된 장점이다. 역할에 특화된 사람들이 보다 적은 태스크를 수행하느라 더 많은 시간을 소모하면서 그 분야에 훌륭한 전문성을 갖게 된다. 기존의 역할이 대부분의 시간을 할애하는 분야의 경우는 이런 특화된 효율성 덕분에 직원 수를 늘리지 않고도 전체적인 처리량이 상당히 커지게 된다. 이는 가장 중요한 장점이며 회사의 성장에 필요한 경제적 리소스가 부족한 팀이나 기업(대부분 회사의 대부분 팀이 이런 상황이다)이라면 특히 더욱 중요하다.

제약 사항을 효과적으로 해결. 이는 효율성이라는 장점을 확대한 것처럼 들리겠지만 미묘한 차이점이 있다. 전문가를 갖췄다면 부족한 역량을 정확히 확보할 수 있다. 이는 효율적으로 제약 사항을 해결하기 위한 매우 강력한 요인이다. 여러분의 조직이 프로젝트 관리에 쓸 여력이 없다면 새로운 팀장 5명에게 프로젝트 관리 업무를 조금씩 나눠서 소화하도록 할 수도 있지만 팀장 5명의 업무를 합친 것만큼의 업무를 소화할 수 있는 한 명의 프로젝트 관리자를 투입할 수도 있다.

회사의 인정. 단순히 새로운 역할을 만든다고 해서 사람들이 그 전까지 거부하던 업무를 갑자기 하게 만들 수는 없지만 그런 방향으로 흘러가게 할 수 있는 유용한 요건이다. 특히 맞춤화된 경력 사다리, 성과 보정 세션, 심지어 보상 구조 같은 회사의 인정을 지원하기 위한 추가적인 구조적 메커니즘을 제공할 것이다.

강점의 평가. 전문가의 면접을 효과적으로 진행하는 것이 어려운 이유는 여러분이 제너럴리스트의 위치에서 그들의 성과를 평가하다가 막상 그들의 뛰어난 분야는 놓치는 경우가 많기 때문이다. 새로운 역할을 만들면 면접 절차에서 가장 중요한 분야를 목표로 하는 것이 가능해진다.

채용 풀의 증가. 이제 채용 깔때기에서 새로운 후보자 풀을 갖게 되며 여러분이 채용을 고려할 전체적인 후보자의 수가 늘어나게 된다.

특화된 보상. 경우에 따라서 전문가에 대한 시장의 보장은 제너럴리스트보다 훨씬 높을 수 있고 그런 경우라면 특화된 보상 체계 없이 전문가를 채용하는 것이 어려워진다.

무엇을 해야 할까?

새로운 역할을 도입할 때의 어려움과 비용에 대해 익숙해졌다면 이제 남은 것은 장점에 대해 생각해 보고 빠른 판단을 내리는 것이다. 아, 여전히 상당히 어려운 결정이기는 하다!

최종 결정에 앞서 다음과 같은 질문을 스스로에게 던져보자.

- 사람들이 회사가 인정해 주길 기대하는 수준과 실제로 회사가 인정하는 수준의 차이를 메꿀 수 있으면서도 덜 극단적인 방법이 있을까? 어쩌면 기존의 경력 사다리를 조정해서 문제를 해결할 수도 있다.
- 회사가 업무에 가치를 부여하는 방법을 바꿀 계획이 있는가? 새로운 역할을 도입한다고 해서 본질적으로 회사가 업무에 가치를 부여하는 방법을 바꾸지는 않는다. 회사의 가치를 확장하기 위해서는 여전히 어려운 작업이 필요하다.
- 회사의 가치를 변화시킬 계획이 있다면 새로운 역할을 도입하기 전에 시험해 볼 방법이 있는가? 여러분이 돕고자 하는 사람을 대상으로 하는 실험의 위험도 줄일 수 있고 시작하기도 훨씬 쉬울 것이다.
- 필요한 기능이 비밀스럽게 존재하고 있는 것은 아닌가? 그 역할이 이미 분리되어 있어서 새로운 역할을 도입하는 것이 기존의 역할을 인정해 줄 때보다 효과가 더 적어질 수도 있다.

- 이 방법이 단기적으로는 성과를 인정받는 데 도움이 되지만 궁극적으로는 역할을 변경하는 직원의 경력 개발에 방해가 될까? 새로운 역할을 도입하는 것이 처음에는 뭔가 개선되는 것처럼 느껴지지만 궁극적으로는 사람들의 경력 개발을 상당히 후퇴시키고 나중에 역할을 바꿔야만 할 수도 있다.
- 새로운 역할을 도입하고 성장하도록 하는 비용에 영향을 받는 다른 직원의 수가 상당히 많지는 않은가? 그리고 가치에 대한 인정의 차이가 너무 크지는 않은가?
- 새로운 역할의 유지보수 비용은 누가 부담할 것인가? 만일 여러분이 개인적으로 이 부담을 짊어져야 한다면 여러분이 퇴사했을 때 누가 그 짐을 대신 짊어질까?

이런 질문에 대해 생각해 보면서 여러분의 상황에 따른 올바른 방법이 조금 더 명확해지길 바란다. 경험상, 필자는 새로운 역할을 도입하자마자 20명을 즉시 배치할 수 있다면 늘 새로운 역할을 도입할 것이다. 최근 2년 내에 20명을 배치할 수 있다면 마지못해 새로운 역할을 도입할 것이다. 그리고 이 두 조건 중 하나라도 만족할 수 없다면 새로운 역할을 도입하지 않을 것이다!

6.8

면접 루프의 설계

『코딩 인터뷰 완전 분석』(인사이트, 2017)을 읽어본 사람이라면 새로운 역할을 위한 후보자를 평가하는 것이 어려운 일임을 알 것이다. 대부분의 면접관은 그들의 면접에 대한 정확도에 회의적이며 면접관들이 후보자를 자신 있게 채용할 수 있을 정도로 충분한 느낌을 받지 못했다면 면접에 대한 회고를 진행하는 경우도 거의 없다.

면접이 얼마나 정직할지 충분히 우려할 수 있지만 약간의 구조와 창의성을 더하면 후보자가 그 역할에 잘 어울리는지, 공정하고 일관된 방식으로 그 역할을 잘 수행할 수 있는지에 대한 분명한 느낌을 주는 면접 루프를 만드는 데 도움이 된다고 생각한다.

필자가 면접 루프를 설계하는 방법은 다음과 같다.

지표를 우선시한다. 채용 깔때기를 구성하기 전에는 새로운 면접 루프를 설계하지 않는다. 이 데이터 없이는 루프를 평가하거나 개선하는 것은 매우 어려우므로 데이터가 준비되지 않았다면 개선 프로젝트를 떠맡지 말자.

현재 루프의 성과를 이해한다. 현재의 면접 절차에서 제대로 동작하는 부분과 그렇지 않은 부분을 알아보자. 살펴봐야 하는 부분은 크게 다음 세 가지다.

- 면접 깔때기의 성능. 깔때기의 어느 단계쯤에서 사람들이 포기하는가? 비슷한 회사의 동료들과 비교해 볼 때 여러분의 깔때기의 벤치마크 성능은 어떤 수준인가?
- 직원들의 상태. 여러분이 채용했던 모든 후보자를 대상으로 그들의 면접 성과 대비 업무 성과가 어떤지 이해하자. 어떤 점이 크게 성공했으며, 어떤 점이 실제 업무에서의 성과에 기여하지 못했는가?
- 후보자의 의견. 면접 절차를 거친 모든 사람과 전화 통화를 시도해 보자. 특히 도중에 그만둔 사람이 더 중요하다.

동료로부터 배우자. 여러분이 평가하고자 하는 역할에 대해 다른 회사에서 면접을 진행해 봤던 사람들과 이야기를 나눠보자. 그들의 면접 방식을 베끼려는 것이 아니라 기존의 아이디어에 대해 조사하는 것이다.

롤모델을 찾는다. 채용하려는 역할에 대한 이상적인 후보자의 목록을 만들고 어떤 점에서 그들이 이상적인 후보자인지 정리해 보자. 롤모델의 목록에 의도적으로 여성과 소수 민족을 포함시키면 롤모델의 다양성이 부족할 때 유사한 속성으로만 후보자를 선택하는 것을 방지할 수 있다.

원하는 스킬을 결정한다. 롤모델과 경력 사다리를 이용해 면접을 보려는 역할에서 후보자가 성공하는 데 기본적으로 필요한 스킬의 목록을 결정하자. 조금만 시간을 내어 가장 중요한 것부터 가장 덜 중요한 스킬의 순위를 매겨보자.

각 스킬을 테스트한다. 각 스킬마다 후보자의 강점을 평가할 수 있는 테스트를 설계하자. 가능하다면 후보자가 자신의 강점을 보여줄 수 있는 테스트를 선택하되 후보자가 뭔가를 설명하는 형식은 피하도록 하자. 예를 들어 우리는 사람들이 건전한 팀을 구성했던 경험을 설명하는 형식의 면접을 조직의 건전성 설문 조사 결과를 주고 여기서 문제점을 발견하고 어떻게 해결할 것인지 제안해 보는 형식으로 바꿨다.

- 후보자의 대단함을 보기 위한 테스트는 피하자. 후보자의 특정 스킬을 테스트하는 것이 아니라 의도치 않게 후보자의 대단함을 테스트하게 되는 면접이 많다. 특히 사람들이 자신의 업무를 설명하도록 하는 경험 위주의 면접에서 그렇지만 스킬을 증명하도록 요구하는 면접에서는 그런 일이 별로 없다. 그렇다고 해서 후보자의 대단함을 의도적으로 테스트해선 안 된다는 뜻은 아니다(분명히 유용한 부분이다). 그저 부주의하게 그런 테스트를 해서는 안 된다는 뜻이다.

각 테스트마다 지시문을 제공한다. 일단 테스트를 결정했다면 각 테스트의 성과를 평가할 지시문을 작성한다. 좋은 지시문은 명확한 점수와 각 점수를 얻기 위한 조건을 명시한 것이다. 테스트를 위한 유용한 지시문을 만들기가 어렵다면 좀 더 쉽게 평가할 수 있는 다른 테스트를 찾아봐야 한다.

- 참/거짓 지시문은 피하자. 어떤 테스트는 결과를 참/거짓으로 표현하는 경우가 있다. 예를 들어 다른 사람을 관리해 본 경험이 있는가 같은 테스트가 그렇다. 이런 것들은 단순히 누군가가 필요한 경험이 있는지 여부만을 빠르게 판단하며 나머지 면접을 통해 그 이상을 알아내지 못하므로 비효율적인 테스트이다. 마찬가지로 이런 질문에 대한 답변은 후보자의 이력서나 면접 전 사전 검사를 통해 알 수 있다.

테스트를 면접에 반영한다. 일단 필요한 테스트를 결정했다면 이를 45분짜리 또는 원하는 시간 내의 면접에서 수행할 수 있을 정도로 그룹화하자. 해당 면접에서 수행하는 테스트의 형식 및 목적의 응집도가 높을수록 후보자도 더 자연스럽게 느낄 것이다.

루프를 실행한다. 이 시점이 되면 전체 루프가 준비가 된 상태이며, 이제 실행해 볼 시간이다. 특히 초반에는 후보자에게 어떤 점이 좋았고 어떤 점이 좋지 않았는지 물어봐야 한다. 사실, 후보자의 의견을 듣는 것을 멈추면 안 된다! 모든 사후 조사는 여러분의 지시문이나 테스트를 개선할 수 있는 기회를 드러낼 것이다.

채용 깔때기를 리뷰한다. 면접 루프를 10~20번 정도 실행해 봤다면 깔때기 지표를 통해 면접 루프가 어떻게 동작하는지 리뷰하자. 너무 많은 후보자가 통과한 면접이 있는가? 너무 어려운 면접은 없는가? 이런 결과를 한 번에 리뷰하자.

매년 돌아볼 시간을 마련한다. 면접 루프의 최초 성공률이 다소 낮더라도 1년 후에 다시 리뷰해 보면서 이 루프가 여러분의 필요에 효과적이었는지 아니면 면접 루프를 만드는 절차를 다시 시작해야 할지 스스로 판단해 보자!

이 시점에 여러분은 완전한 면접 루프와 그 루프의 개선에 참고할 수 있는 시스템을 갖추게 된다. 이 방법 외에 몇 가지 더 필요한 가이드를 제공하고자 한다.

위원회의 설계는 피하자. 이는 거의 항상 점진적인 변화를 유발한다. 한두 명으로 구성된 워킹 그룹을 통해 면접 루프를 설계하고 많은 후보자의 피드백을 통해 테스트하자!

잠재적인 필요에 의해 채용하지 말자. 잠재적인 필요에 의해 사람을 채용하는 것은 거의 편견이므로 가급적 피해야 한다. 앞으로 필요할지도 모를 인력을 채용하기로 결정했다면 그 역할에 대해 객관적인 지시문을 만들고 그 지시문을 통해 원하는 역량을 지속적으로 찾아낼 수 있어야 한다.

경력 사다리를 활용하자. 좋은 면접 루프를 정의하는 일은 좋은 경력 사다리를 정의하는 것과 거의 같다. 이미 그 역할에 대한 기대치를 적어뒀다면 최대한 재사용하자.

면접은 조금씩 반복하자. 일단 면접을 설계했다면 이 면접 형식을 반복해야 하지만 10번의 면접을 진행했다면 면접 형식의 변화율은 거의 0에 가까워야 한다.

지시문은 크게 반복하자. 면접 지시문을 반영하다 보면 계속해서 예외 상황과 모호성을 발견하게 될 것이다. 이런 점을 면접 지시문에 계속 포함시키는 것은 편견의 개입을 줄이는 기본적인 방법이다.

A/B 테스트 루프를 갖추자. A/B 테스트처럼 다른 변경 사항을 테스트하는 데 사용하는 표준 메커니즘을 이용해 새로운 면접 방식을 테스트하는 편이 좋다는 의견이 있다. 그 방법이 어느 정도 규모에서는 거의 최고의 방법이라고 생각하며, 지금까지 그런 테스트를 유용하게 수행할 수 있을 정도로 충분히 큰 회사에 재직했다. 특히 이런 테스트는 면접관을 통제해야 하고 두 면접에 모두 익숙해지도록 훈련해야 하므로 비용이 상당히 많이 들고 그래서 새로운 면접 루프가 더 낫다는 결론에 도달할 때까지 시간이 오래 걸린다.

채용 위원회를 갖추자. 나는 A/B 테스트를 도입하는 대신 모든 후보자의 면접 경험을 리뷰하는 중앙화된 채용 위원회를 두는 것이 새로운 면접 루프의 트렌드를 분석하는 데 상당히 유용하다는 것을 알게 됐다. 좀 더 일반화하면 이 방법은 전체적인 면접 절차의 일관성과 공평성을 유지하는 데 도움이 된다.

지금까지 면접 루프를 설계하면서 내가 배웠던 점을 간단히 요약해 보면 다음과 같다. 효과가 없는 부분을 재사용하지 말고 창의성을 이용해 첫 번째 원칙에서 문제에 접근하자. 그런 다음 후보자들에게 효과가 있는지 여부에 따라 계속 반복하자!

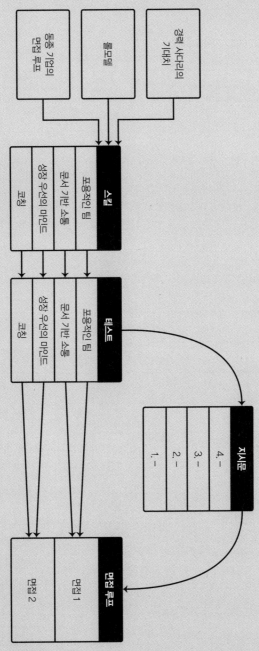

그림 6-13 면접 루프를 설계하는 과정

Chapter 7

부록

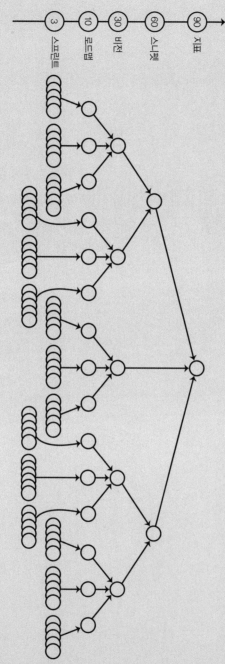

그림 7-1 조직의 확장에 따라 운영 지원이 추가되는 과정

7.1

성장하는 조직을 운영하기 위한 도구들

관리의 어려움 중 하나는 사람들이 혁신을 이룰 수 있도록 세부 사항에서 충분히 멀어져 있으면서도 모든 업무가 회사의 가치 구조에 맞게 돌아가도록 할 수 있을 정도로 가까이 있어야 한다는 점이다. 필자는 다양한 팀과 함께 다양한 과점에서 이 문제를 해결하기 위해 균형 있는 작업을 위한 도구들의 설명서와 이런 도구를 서서히 반영해 나가기 위한 느슨한 프레임워크를 수집해 봤다.

절차를 반영하는 것에 대한 **몇 가지 원칙**은 다음과 같다.

1. 팀과 조직은 새로운 절차를 도입해야 할 필요를 거의 느끼지 않는다. 따라서 한 번에 한 가지 변화만 반영하자. 그리고 앞서 반영한 변화가 적극적으로 수용되기 전까지는 새로운 변화를 반영하지 말자.

2. 절차는 환경에 순응해야 할 필요가 있으며, 절차를 특정한 콘텍스트에 잘 버무려야 성공할 수 있다.

직속 팀 관리

여러분의 팀에 엔지니어가 3명이 되면 **스프린트 절차**(sprint process)를 실행해야 할 것이다. 스프린트를 성공적으로 실행하는 방법은 수없이 많다. 그중 몇 가지를 시도해 보고 여러분에게 적합한 방법을 찾아보자.

팀의 스프린트가 잘 동작하는지 평가하는 조건은 다음과 같다.

1. 팀은 어떤 업무를 수행해야 하는지 알고 있다.

2. 팀은 배정된 업무가 왜 가치 있는 일인지 알고 있다.

3. 팀은 스스로 업무가 완료되었는지 판단할 수 있다.

4. 팀은 다음에 어떤 업무를 해야 할지 알아내는 방법을 알고 있다.

5. 이해관계자들은 팀이 어떤 업무를 수행 중인지 알 수 있다.

6. 이해관계자들은 팀이 다음에 어떤 업무를 계획 중인지 알 수 있다.

7. 이해관계자들은 팀의 계획에 어떻게 영향을 줄 수 있는지 알고 있다.

동료 중 한 명인 데빈 보간은 '출시는 습관처럼 하는 거야'라고 말하곤 했다. 스프린트를 잘 수행하면 팀이 이런 습관을 들이는 데도 도움이 되며, 아직 그런 습관을 들이지 못한 팀이 상황을 판단하기 위한 메커니즘으로 동작하기도 한다. 팀의 직접적인 관리자로서 스프린트를 이용해 잘 성장하지 못하는 사람들에 대한 우려를 제기할 수도 있고, 중간 관리자로 전환하게 되면 조직 내의 문제점을 파악하는데 스프린트가 유용한 도구가 된다.

스프린트 중에는 **백로그**(backlog)가 특히 중요하다. 백로그는 이해관계자와 방향 및 우선순위 변경을 협상하는데 충분한 배경 지식을 제공하는 인터페이스다. 어떤 업무를 수행하는 것이 가치가 있는지를 따지는 것보다는 다음에 둘 중 어떤 업무를 수행할 지를 논의하는 것이 훨씬 더 흥미진진하다.

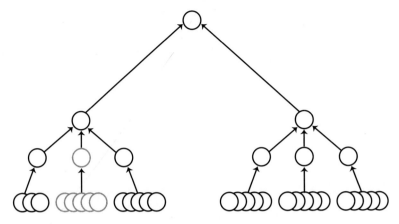

그림 7-2 직속 관리자의 조직도

팀의 규모가 커지고 함께 일하는 이해관계자의 수가 늘어나면 향후 3~12 개월 동안의 계획을 대략적으로 설명할 수 있는 **로드맵(roadmap)**도 만들어 야 한다. 계획은 본질적으로 어떤 가치도 만들어 내지 않으므로 로드맵은 최대한 짧게 유지하고 팀이 조정할 수 있게 해야 한다.

기본적으로 여러분의 백로그와 로드맵 사이에 차이점은 크지 않다. 백로그 는 조금 더 상세한 반면, 로드맵은 약간 더 나중 얘기 같아 보인다. 하지만 둘을 모두 갖추는 것의 가치는 두 가지 제약 조건을 모두 충족하기 위해 하 나의 도구에 의존하는 것이 아니라, 백로그는 팀에 좀 더 유용하도록 만들 고 로드맵은 이해관계자들에게 더 유용하도록 설계할 수 있다는 점이다.

이 시점에서 대부분의 팀은 일상 사용자와 시스템의 동작을 파악하는 데 집 중하는 **운영 지표**를 추적할 것이다. 이런 지표는 특히 장애, 회귀 및 기타 다 른 방해 요소의 감지 등 팀의 운영을 돕는 데 중점을 두는 경향이 있다.

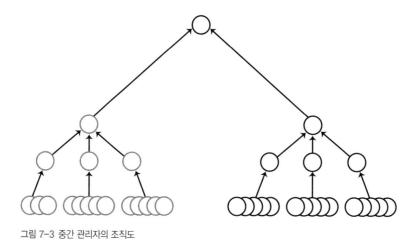

그림 7-3 중간 관리자의 조직도

중간 관리

중간 관리자가 되면 2~5명의 팀 직속 관리자를 책임지게 된다. 그래서 매일 뭔가를 실행하던 위치에서 팀 직속 관리자들이 영향력을 발휘할 수 있도록 돕는 역할을 수행하게 된다(그리고 여러분 또한 보다 큰 영향력을 만들어 낼 시간을 확보해야 한다).

여러분은 로드맵에 더 많은 시간을 할애하게 될 것이다. 그 이유는

- 이해관계자들에게 질문을 받던 위치에서 그런 작업들이 동기 부여가 되는 이유를 더 깊이 이해하고

- 다른 사람들이 어떤 일을 하고 있는지 이해함으로써 팀이 가치를 인정받는 작업을 할 수 있도록 계속해서 검증해야 하는 위치로 바뀌었기 때문이다.

팀에 시간을 더 적게 할애할수록 여러분이 관리하는 팀장과 **주간 업무 회의**를 진행하게 될 것이다. 이때 가장 좋은 방법은 참석자들이 각자 몇 분간

간단히 변동 사항을 공유한 후 공통 주제에 대해 그룹 논의를 진행하는 방식이다.

그룹의 논의 주제는 스프린트를 효율적으로 운영하는 방법, 경력 개발, 기타 유용한 주제 등이 될 수 있다. 이런 논의가 잘 진행된다면 여러분 및 여러분과 함께 일하는 팀장 입장에서는 중요한 학습 포럼이 될 수 있다.

팀과 조직이 성장하면서 목표와 어긋나는 것을 사전에 방지할 수 있는 경우를 더 자주 보게 될 것이다. 예컨대 두 팀이 서로 비슷한 일을 하는지 몰라서 따로 일하고 있다거나, 우리 팀에는 있지만 다른 팀에는 신뢰할 수 있는 이메일 서비스가 없어서 어려움을 겪는 경우 등이다. 그런 상황이라면 이제 모든 팀이 **비전 문서**를 써야 할 시간이다. 비전 문서란 팀의 목표와 그 목표를 달성하기 위한 전략을 간단히 기술한 문서다.

어떤 팀은 오너십이 분산되고 불명확한 부분을 찾아내고 조정해야 하므로 비전 문서를 작성하는 것이 매우 어려울 수 있다. 하지만 그 고통을 감내할 만하다! 일단 팀의 비전이 모두 정해지면 여러분의 로드맵을 위한 길잡이가 되어 줄 것이며, 이해관계자들의 요구를 더 장기적인 제품과 기술 전략을 고려해 조정하는 데 도움이 될 것이다.

이쯤 되면 여러분이 관리하는 팀장과 그 팀에 피드백을 전달하기 위한 직접적이며 개방적인 소통 채널을 마련하기 위해 **레벨업을 위한 일대일** 회의를 시작해야 할 것이다. 보통 이 회의에서 뭔가 부정적인 것을 알게 된다면 사실은 그 전에 다른 곳에서 먼저 알았어야 하지만 엄격한 절차는 어느 정도 중복성이 있다. 모든 것이 매번 일관되게 동작할 수는 없다.

조직의 관리

조직 규모가 더욱 커지고 여러분이 대부분 중간 관리자를 관리하고 있다면 여러분의 역할은 한 번 더 바뀌게 된다. 직원 회의는 다음 두 가지 중 하나로 바뀌게 된다.

- 회의에 팀장이 너무 많아서 중요한 변동 사항을 공유할 수 없게 된다. 게다가 그룹 논의도 몇몇 사람이 주도하면서 그 의미를 잃어간다.
- 아니면 이제 회의에는 팀이 수행 중인 업무나 어려움을 겪는 부분에 대해 자세한 내용을 모두 파악하지 못하는 중간 관리자만 참여한다.

이런 경우 가장 도움이 되는 메커니즘은 모든 팀이 분명하게 **방향을 가늠할 수 있는 지표**를 표시하는 대시보드를 쉽게 찾을 수 있는 곳에 배치하는 것이다. 이 지표는 팀의 장기 목표(사용자 확보, 매출, 회귀 사용자 수 등)와 팀이 정상적으로 기능하는지 파악하는 데 필요한 운영적 기준선(긴급 대응 업무 부담, 장애, 가용성, 비용 등)을 모두 표시해야 한다. 대시보드의 각 지표는 현재의 값, 목표 값 그리고 두 값 사이의 트렌드라는 세 가지를 명확하게 파악할 수 있어야 한다.

이제 직원 회의는 좀 더 신경을 써야 하는 부분이 있는지 대시보드를 통해 확인하는 시간이 될 것이며, 일정이 지연되고 있거나 어려움을 겪는 프로젝트에 주의를 집중할 수 있게 된다.

이 시점에 특히 더 유용하게 쓸 수 있는 다른 메커니즘은 **팀 스니펫(snippets)** 이다. 팀 스니펫은 2~4주마다 도출하며, 팀이 어떤 업무를 수행 중인지, 왜 그런 업무를 하고 있는지 그리고 다음엔 어떤 계획이 있는지 등 각 팀의 스프린트에 대한 스냅숏을 제공한다. 이런 정보는 여러분의 팀이 진행 중인 업무를 파악하는 데는 가치가 있지만, 여러분이 역할 수행에 비효율적이 될수록 조직 내 팀 간의 조정 및 의사소통을 분산시키는 데는 도움이 되지 않는다.

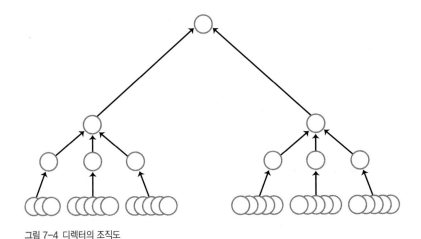

그림 7-4 디렉터의 조직도

그러는 동안 여러분의 오랜 문제도 여전히 존재한다는 것을 기억하자. 단지 다른 사람들이 그 문제로 씨름하고 있을 뿐이다. 여러분의 개인적인 문제를 해결하기 위해 새로운 절차를 도입할 때는 그 절차를 여러분의 관리자에게 넘겨야 하며, 그런 절차를 유지하고 실행해야 한다. 이를 통해 여러분과 여러분이 지원하는 각각의 관계 계층을 지원하기 위해 여러 프로세스를 강화할 수 있다.

7.2

유용한 참고 도서

가끔 사람들에게 경력에 도움이 될만한 책을 추천해 달라는 요구를 받는다. 보통은 두세 권을 추천할 수 있지만 항상 내가 추천했던 것보다 더 좋은 책이 있었음을 잊은 느낌이었다. 앞으로 더 나은 도서를 추천하기 위해 일반 주제, 리더십, 관리 이론 등에 대한 책을 나열해 봤다.

모든 책이 훌륭하지는 않지만 (어떤 책은 좀 따분하다) 생각의 방식을 의미 있게 바꿔준 책들이다. 내 생각에 가장 중요한 순서대로 나열해 봤다.

1. 『ESG와 세상을 읽는 시스템 법칙 – 모든 시스템으로 통한다』 도넬라 H. 메도즈 저, 김희주 역, 세종서적, 2022

   시스템적 사고는 복잡한 문제를 유추하기 위한 가장 효율적이면서도 보편적인 도구이며 이 책은 시스템적 사고에 대한 읽기 쉽고 강력한 소개서다.

2. 『코끼리는 생각하지 마 – 진보와 보수, 문제는 프레임이다』 조지 레이코프 저, 유나영 역, 와이즈베리, 2015

   어떤 사람에게는 어려운 정치적 관점에서 집필된 책이긴 하지만 이 책은 내가 아이디어를 제시하는 방식을 완전히 바꿔놓았다. 어쩌면 레이코프의 좀 더 학술적인 저서를 읽고 싶겠지만 이 책이 훨씬 더 간략하고 읽기가 쉬우므로 이 책을 먼저 읽을 것을 추천한다.

3. 『피플 웨어』톰 디마르코 저, 박승범 역, 인사이트, 2014

이 책은 여러 세대의 개발자들이 공간 계획과 개방형 사무실의 어려움을 토로할 수 있게 해 준 책이다. 특히 데이터에 대한 논의를 뒷받침하는 강력한 책이다.

4. 『Slack: Getting Past Burnout, Busywork, and the Myth of Total Efficiency』톰 드마르코 저, 2002

중간 관리자가 조직적 기억을 활용하고 학습을 수행하는 중요한 계층이라는 점에 대한 구체적인 사례를 제시하는 책이다. 효율성과 유효성 사이의 차이점에 대해 생각해 볼 수 있다.

5. 『맨먼스 미신 – 소프트웨어 공학에 관한 에세이』프레더릭 브룩스 저, 강중빈 역, 인사이트, 2015

처음 읽었던 전문직 도서다. 이 책은 그토록 기다려왔던 소프트웨어 엔지니어링 문학의 풍부함에 대한 눈을 뜨게 해줬다.

6. 『Good Strategy/Bad Strategy The Difference and Why it Matters』리처드 루멜트 저, 2011

이 책 덕분에 그동안 봐왔던 수많은 전략이 그다지 좋은 것이 아니었음을 인정하게 만들어줬다. 루멜트는 이 책을 통해 좋은 전략을 작성하는 구조적인 방법도 제공한다.

7. 『The Goal(더 골) 1(30주년 기념 개정판 번역본) – 당신의 목표는 무엇인가?』엘리 골드렛, 제프 콕스 저, 강승덕, 김일운, 김효 역, 동양북스, 2019

제약 이론을 이용해 절차를 최적화하는 방법을 설명한다.

8. 『팀워크의 부활 – 실리콘밸리 최고의 경영 컨설턴트가 알려주는 팀이 빠지기 쉬운 5가지 함정』 패트릭 렌시오니 저, 서진영 역, 위즈덤하우스, 2021

9. 『치명적 위기를 강력한 기회로 만드는 트라이앵글 법칙』 패트릭 렌시오니 저, 김지애 역, 리더스북, 2009

   렌시오니의 책들로 직업에서 보람을 찾을 수 있는 3점 모델(three-point model)을 설명한다.

10. 『유한 게임과 무한 게임 – 인생이라는, 절대 끝나지 않는 게임에 관하여』 제임스 P. 카스 저, 노상미 역, 마인드빌딩, 2021

    대부분의 상황에서 성공은 제로섬 결과에 대한 것이 아니라 모든 사람들이 계속 놀도록 하는 것이다. 꽤 당연해 보이지만 왜 일을 하는지에 대해 다시 생각해보는 데 도움이 됐다.

11. 『인스파이어드 – 감동을 전하는 IT 제품은 어떻게 만들어지는가?』 마티 케이건 저, 황진수 역, 제이펍, 2018

    제품 관리에 대한 사려 깊은 방법을 제공한다.

12. 『혁신기업의 딜레마 – 미래를 준비하는 기업들의 파괴적 혁신 전략』 클레이튼 M. 크리스텐슨 저, 이진원 역, 세종서적, 2020

    단기적으로는 매우 합리적이었던 선택이 많은 훌륭한 기업을 실패로 이끌었던 사례를 살펴본다. 요즘 전략 기획을 할 때 이 점에 대해 꾸준히 고려한다.

13. 『사업의 철학 – 성공한 사람들은 절대 말해 주지 않는 성공의 모든 것』 마이클 거버 저, 이제용 역, 라이팅하우스, 2015

    이 책은 경영진은 사업의 진행에 필요한 '업무'를 담당하는 것이 아니라 사업의 진행에 필요한 '전략'을 구상해야 한다는 점을 강조한다. 사업에 필요한 업무를 통해 사업을 운영하는 방법을 배우지만 그런 후에는 그 방법을 문서화하고 다른 사람에게 일임한다.

리더십은 보통 비즈니스를 '운영'하기 위한 것이지 '이해'하기 위한 것이 아니라는 생각을 전하는 책이다. 비즈니스의 흐름을 통해 그 비즈니스를 이해하지만 그런 후에는 시스템을 문서화하고 손을 떼어버린다는 점을 역설하고 있다.

14. 『Fierce Conversations: Achieving Success at Work and in Life, One Conversation at a Time』 수잔 스코트 저, 2004

필요한 말을 하는 방법을 설명하는 책으로 특히 갈등 혐오를 극복하는 구조를 제공하는 책이다.

15. 『테크니컬 리더 – 혁신 동기부여 조직화를 통한 문제 해결 리더십』 제럴드 M. 와인버그 저, 조승빈 역, 인사이트, 2013

사람들이 바라보는 여러분이 아니라 여러분의 강점을 바탕으로 리더가 되기 위한 방법을 설명하는 책이다.

16. 『마음을 생각하는 디자인 – UI 디자인 규칙을 이해하기 위한 핵심 가이드』 제프 존슨 저, 강규영 역, 지앤선, 2013

사용성과 설계를 소개하고 이 둘을 바탕으로 뇌가 동작하는 방식을 설명한 책이다.

17. 『리더십 파이프라인 – 강한 조직을 만드는 GE식 인재양성 프로그램』 램 차란, 스테픈 드로터, 제임스 노엘 저, 한근태 역, 미래의창, 2008

이 책은 사려 깊은 많은 기업이 의도적으로 새로운 리더십의 성장을 유도하는 방법에 대해 눈을 뜨게 도와준다.

18. 『개발 7년차, 매니저 1일차 – 개발만 해왔던 내가, 어느 날 갑자기 '팀'을 맡았다!』 카미유 푸르니에 저, 권원상, 한민주 역, 한빛미디어, 2020

19. 『하이 아웃풋 매니지먼트 - 어떻게 성과를 높일 것인가』 앤드루 S. 그로브 저, 유정식 역, 청림출판, 2018

20. 『90일 안에 장악하라 - 부임 3개월 안에 조직과 업무를 완벽하게 장악하는 방법』 마이클 왓킨스 저, 박상준 역, 동녘사이언스, 2018

21. 『피터 드러커 자기경영노트』 피터 드러커 저, 조영덕 역, 한국경제신문, 2019

22. 『(사용자를) 생각하게 하지 마! - 웹과 모바일 사용성 원칙으로 디자인하는 UX』 스티브 크룩 저, 이미령 역, 인사이트, 2014

23. 『The Deadline: A Novel About Project Management』 톰 디마르코 저, 1997

24. 『프로그래밍 심리학』 제랄드 M. 와인버그 저, 조상민 역, 인사이트, 2014

25. 『프로젝트가 서쪽으로 간 까닭은 - 프로젝트 군상의 86가지 행동 패턴』 톰 디마르코, 팀 리스터, 피터 후르스카, 스티브 맥메나민, 수잔 로버트슨 저, 박재호, 이해영 역, 인사이트, 2009

26. 『The Secrets of Consulting: A Guide to Giving and Getting Advice Successfully』 제랄드 M. 와인버그 저, 1985

27. 『Death by Meeting』 패트릭 렌시오니 저, 2009

28. 『무엇이 조직을 움직이는가 - 당신이 간과하고 있는 명료함의 힘』 패트릭 렌치오니 저, 홍기대, 박서영 역, 전략시티, 2014

29. 『Rise: 3 Practical Steps for Advancing Your Career, Standing Out as a Leader, and Liking Your Life』 아자렐로, 패티 저, Ten Speed Press, 2012

30. 『피닉스 프로젝트 – 위기에 빠진 IT 프로젝트를 구하라』진 킴, 케빈 베어, 조지 스패포드 저, 박현철, 류미경 역, 에이콘출판사, 2021

31. 『디지털 트랜스포메이션 엔진 – 고성과 기술 조직 구축 및 진화』니콜 폴스그렌, 제즈 험블, 진 킴 저, 박현철, 류미경 역, 피트 림 감수, 에이콘출판사, 2020

7.3

유용한 논문

사람들과 앉아서 흥미로운 주제의 논문에 대한 이야기를 나누는 논문 읽기 그룹을 오랫동안 주도해 왔다. 이런 그룹을 운영하기 위해 해야 할 첫 번째 작업 중 하나는 이야기를 나눌 가치가 있는 논문을 찾는 것이었다. 지금부터 훌륭한 논의를 이끌어 냈던 몇 가지 논문을 소개하고자 한다!

1. 「Dynamo: Amazon's Highly Available Key-Value Store」

논문의 개요만 읽어보면 다이나모 논문에 큰 흥미를 느끼지 못할 수도 있다. 이 논문은 언제든지 사용할 수 있는 서비스를 구현하는 아마존의 핵심 서비스이자 고가용성 키-값 저장소 시스템인 다이나모의 설계와 구현을 설명하고 있다. 다이나모는 특정 실패 시나리오에서의 일관성을 희생해 이 정도의 가용성을 달성하고 있다. 다이나모는 개발자들이 사용할 수 있는 새로운 인터페이스를 제공하는 형태로 객체의 버전 관리 및 애플리케이션이 보조하는 충돌 해결을 광범위하게 활용하고 있다.

그렇지만 이 논문은 어떤 면에서는 현대적 시스템에 대한 '가장' 고전적인 논문이다. 나는 평생 단 한 개의 논문만 읽어본 엔지니어를 만나봤는데 그가 읽었다는 논문이 바로 다이나모 논문이었다. 이 논문은 궁극적 일관성, 분산 스토리지 전반에 걸친 상태 조정, 복제본 간 분산되는 데이터의 조정 등에 대한 끝내주는 논문이다.

2.「Hints for Computer System Design」

버틀러 램프슨(Butler Lampson)은 ACM 튜링상을 수상(물론 다른 상도 수상했다)했으며, 제록스(Xerox PARC)에서 근무했다. 이 논문은 시스템 설계에 대한 그의 다양한 아이디어를 간략하게 요약하고 있으므로 훌륭한 읽을거리다.

그의 말을 인용해 본다.

> "수많은 컴퓨터를 설계하고 구현하는 것에 대한 연구를 통해 시스템 설계에 대한 몇 가지 보편적인 힌트를 얻었다. 이런 힌트는 Alto나 Dorado 같은 하드웨어부터 Bravo나 Star 같은 애플리케이션 프로그램에 이르기까지 다양한 예시를 통해 설명할 수 있다."

이 논문은 새로운 분야를 개척하는 것을 목표로 하지는 않는다는 것을 스스로 인정하고 있지만 감탄스러운 논문이다.

3.「Big Ball of Mud」

이 논문은 디자인 패턴에 대한 수많은 도서가 출간된 가운데 가장 빈번하게 사용하는 아키텍처 패턴을 큰 진흙 덩어리(Big Ball of Mud)로 명명하며, 최초의 설계가 제대로 이루어지면 시스템이 처음 개발 단계에서 차츰 솔루션화되더라도 거의 변하지 않고 유지되는 이유를 설명한다.

이 논문의 개요에는 다음과 같이 기술되어 있다.

"대부분은 고수준의 소프트웨어 아키텍처 패턴에 관심을 갖지만 사실상 표준 소프트웨어 아키텍처가 무엇인지는 거의 논의하지 않고 있다. 이 논문은 가장 자주 배포되는 소프트웨어 아키텍처인 큰 진흙 덩어리를 살펴본다. 큰 진흙 덩어리는 대충, 심지어 위험하게 구조화된 시스템을 말한다. 그런 시스템을 보유한 조직은(조직이라고 할 수도 없지만) 설계보다는 편의성에 좌지우지된다. 그럼에도 이런 구조의 시스템의 인기가 지속되는 것은 단순히 보편적으로 아키텍처를 무시하기 때문이라고 받아들일 수는 없다."

분명 이 논문에는 유머가 담겨있지만 소프트웨어 설계가 매우 형편없다는 점도 사실이다. 설계 단계를 갖는 시스템은 매우 드물며 그 중에서도 초기의 디자인을 유지하는 시스템은 거의 없다(게다가 나중에 결정한 내용을 문서에 반영하는 경우도 드물다)는 점은 고려해 볼 만한 중요한 주제다.

4. 「The Google File System」

이 논문의 개요에는 다음과 같이 적혀있다.

"파일 시스템은 우리의 스토리지 요구에 잘 맞는다. 우리 서비스가 생성하고 처리하는 데이터를 위한 스토리지 플랫폼으로서 구글 내에서 폭넓게 사용하고 있음은 물론 대규모 데이터셋을 필요로 하는 연구와 개발 목적으로도 사용하고 있다. 오늘날 가장 큰 클러스터는 천여 개 이상의 머신에 부착된 수천 개의 디스크로 구성된 수백 테라바이트 규모의 스토리지다."

이 논문에서는 분산 애플리케이션을 지원하기 위해 설계된 파일 시스템 인터페이스 확장을 제시하고 이 설계에 대한 다양한 관점을 설명하며, 마이크로 벤치마크와 실제로 사용하면서 측정한 지표를 공개한다. 구글은 실리콘

밸리는 물론 기술 업계 전반에 기술적 테마를 정의하는 데 있어 상당히 주목할 만한 성과를 이뤄냈다. 구글은 지난 10년 이상 이런 일을 해왔으며, 상당한 규모에 도달한 페이스북과 트위터에 비하면 비교적 후발 주자다. 구글은 이런 테마를 주목할만한 기술 논문을 통해 정의하고 있다. 구글 파일 시스템(Google File System, GFS) 논문은 그런 활동의 일환으로 시작하게 된 논문 중 하나이며, 하둡 파일 시스템(Hadoop File System, HFS)에 크게 영향을 받은 논문으로도 주목할 만하다.

5. 「On Designing and Deploying Internet-Scale Services」

마이크로소프트가 가장 큰 인터넷 기술 기업 중 하나라는 것을 가끔 잊기는 하지만 (애저(Azure)클라우드가 점점 더 발전하고 있음에도 불구하고) 2007년에는 반드시 떠올랐던 이름은 아니다. 매우 큰 규모에서 동작하는 시스템을 구축하기 위한 팁을 제공하는 제임스 해밀턴의 이 훌륭한 논문은 마이크로소프트를 대규모 인터넷 기업으로 생각하지 않았던 것이 우리의 판단 실수였음을 증명하고 있다.

이 논문의 서문을 보자.

> "시스템 대비 관리자의 비율은 대규모 서비스의 운영 비용을 대략적으로 이해할 수 있는 지표로 사용되어 왔다. 규모가 상대적으로 작고 자동화가 덜 된 시스템의 경우 이 비율은 2:1 정도로 낮은 반면, 업계 선두이며 고도로 자동화된 서비스에서는 2,500:1의 비율로 나타나고 있다. 마이크로서비스 서비스 중 오토파일럿은 높은 시스템 대비 관리자 비율을 달성한 윈도우 라이브 서치의 성공 사례로 자주 언급되고 있다. 자동 관리도 중요하지만 가장 중요한 요인은 사실 서비스 그 자체다. 서비스가 자동화를 지원할 정도로 효율적인가? 운영 친화적인 서비스

라고 할 수 있는가? 운영 친화적인 서비스는 사람의 개입을 필요로 하지 않으며 관리자가 없어도 이해하기 어려운 모든 장애를 탐지하고 스스로 복구한다. 이 논문은 MSN과 윈도우 라이브 같이 가장 규모가 큰 서비스로부터 수년간 경험한 내용을 모아 권장 사례로 구성한 것이다."

이 논문은 대규모 시스템을 설계하고 평가하는 것에 대한 완벽한 체크리스트다(12팩터 앱[1]이 운영 가능한 애플리케이션의 체크리스트 역할을 하는 것과 유사하다).

6. 「CAP Twelve Years Later: How the 'Rules' Have Changed」

21세기 초에 CAP 이론을 제시했던 에릭 브루어(Eric Brewer)는 12년 후에 CAP 이론(분산 시스템은 파티션 내에서 가용성과 일관성 중 하나를 선택할 수 밖에 없다는 이론)의 개요와 회고를 담은 이 훌륭한 논문을 작성했다. 브루어는 이 논문의 근거를 다음과 같이 제시한다.

"CAP 이론[2]을 제시한 후 10년간 설계자와 연구자들은 CAP 이론을 다양한 종류의 새로운 분산 시스템을 개발하기 위한 이유로 사용(또는 간혹 남용)해 왔다. NoSQL에도 전통적인 데이터베이스에 반대하는 주장으로 이를 적용해 왔다."

CAP이 흥미로운 이유는 '중요한 CAP 논문'이 없었기 때문이지만 이 글이 그런 논문의 역할을 할 수 있다. 이 글의 아이디어는 다음에 소개하는 「Harvest, Yield, and Scalable Tolerant Systems」 논문에서 더욱 확장되었다.

---

1 https://12factor.net
2 https://en.wikipedia.org/wiki/CAP_theorem

7. 「Harvest, Yield, and Scalable Tolerant Systems」

이 논문은 AP와 CP 사이에 수확과 생산의 개념을 도입했던 「CAP Twelve Years Later」 논문에서 제시한 개념을 토대로 작성된 것이다.

> "일관성과 상태 관리에 고가용성을 도입하는 비용은 오늘날의 인터넷 애플리케이션이 요구하는 전례 없는 규모와 견고함으로 인해 크게 상승한다. 우리는 우아한 퇴보(graceful degradation)를 지원하는 대규모 애플리케이션을 더욱 확장하기 위해 간단한 메커니즘으로 전체적인 가용성을 개선하는 두 가지 전략을 제안한다. 우리는 이런 퇴보를 수확과 생산량의 개념으로 설명하고 결함 분리를 개선해 가용성을 향상시키고, 때로는 프로그래밍을 단순화하는 엔지니어링 메커니즘에 직접 대입한다. 관련된 기술의 예시를 수집하고 이런 방식의 장점을 얻을 수 있는 놀라운 범위의 애플리케이션을 소개함으로써 이 분야에서 더 광범위한 연구 프로그램에 동기가 되기를 희망한다."

수확과 생산량 개념이 특히 흥미로운 이유는 따로 증명할 필요가 없을 정도지만 거의 사용된 적이 없기 때문이다. 오히려 분산 시스템은 대부분 알 수 없는 방식으로 계속 실패하고 있다. 이 논문을 읽으면서 앞으로 구현할 시스템에 이 설계의 개념을 통합하기 바란다!

8. 「MapReduce: Simplified Data Processing on Large Clusters」

맵리듀스 논문은 너무 성공적이어서 이제는 증명할 필요가 없어 보이는 아이디어의 좋은 예다. 함수형 프로그래밍의 개념을 대규모 환경에 적용한다는 아이디어는 이제 분명한 메시지가 되었고 데이터 분석을 데이터 웨어하우스에서 새로운 패러다임으로 전환하는 계기를 만들어 내고 있다.

"맵리듀스는 프로그래밍 모델이자 대규모 데이터셋을 처리하고 생성하는 것과 관련된 구현체이다. 사용자는 키/값 쌍을 처리하는 맵 함수를 이용해 중간 단계의 키/값 쌍을 생성하고 리듀스 함수를 이용해 중간 단계의 값들을 병합한다. 논문에서 알 수 있듯이 수많은 실제 작업들을 이 모델로 표현할 수 있다."

구글 파일 시스템 논문이 하둡 파일 시스템의 영향을 받은 것처럼 이 논문도 하둡에서 큰 영향을 받았다.

9. 「Dapper, a Large-Scale Distributed Systems Tracing Infrastructure」

대퍼 논문은 여러 서비스에 걸쳐 처리되는 요청을 추적하는 고성능 접근 방식을 소개한다. 이 방법은 더 많은 기업들이 모놀리식 애플리케이션을 수백 개의 마이크로서비스로 리팩터링하면서 관련성이 점차 높아지고 있다.

이 논문의 서문에는 다음과 같이 기록되어 있다.

"이 논문은 구글의 운영 환경에서 분산 시스템 추적 인프라스트럭처로 사용하고 있는 대퍼의 설계와 대규모 시스템에서의 낮은 오버헤드, 애플리케이션 수준 투명성 및 유비쿼터스 배포라는 설계 목표를 어떻게 만족시키고 있는지 설명한다. 대퍼는 매그파이(Magpie)와 X-Trace 같은 다른 추적 시스템과 유사한 개념을 공유하고 있지만 샘플링의 사용과 공통 라이브러리의 개수 제한 등 우리 환경에서 성공의 열쇠가 된 몇 가지 색다른 설계 의도를 가지고 있다."

대퍼의 아이디어는 집킨(Zipkin)과 오픈트레이싱(OpenTracing) 같은 오픈 소스 프로젝트로도 이어졌다.

10. 「Kafka: a Distributed Messaging System for Log Processing」

아파치 카프카는 여러 인터넷 기업의 핵심 인프라스트럭처가 되었다. 카프카는 다양한 기능으로 여러 역할을 수행할 수 있으며 어떤 경우에는 데이터에 대한 입력 지점으로, 어떤 경우에는 내구성 있는 큐로도 사용할 수 있다. 게다가 이는 빙산의 일각일 뿐이다.

카프카는 알아두면 유용한 도구일 뿐만 아니라 매우 아름답게 설계된 시스템이다.

> "로그 처리는 소비자를 대상으로 하는 인터넷 기업의 데이터 파이프라인에서 중요한 구성 요소가 되었다. 이 논문은 우리가 낮은 레이턴시로 많은 양의 로그 데이터를 수집하고 전달하기 위해 개발한 분산 메시징 시스템인 카프카를 소개한다. 이 시스템은 기존의 로그 수집기와 메시징 시스템의 아이디어를 포함하고 있으며 오프라인 및 온라인 메시지 소비에 모두 적합하다. 우리는 효율적이고 확장 가능한 시스템을 위해 여러 가지 파격적이면서도 실용적인 설계를 도입했다. 실험 결과는 두 가지 대중적인 메시징 시스템과 비교할 때 카프카가 훨씬 뛰어난 성능을 발휘한다는 것을 보여주고 있다. 우리는 한동안 카프카를 운영 환경에서 사용해 왔으며 매일 수백 기가바이트의 새 데이터를 처리하고 있다."

특히 카프카의 파티션 덕분에 애플리케이션 설계자는 메시지 순서의 예측과 성능 사이의 트레이드오프에 대해 명확한 의사결정을 내릴 수 있다.

11. 「Wormhole: Reliable Pub-Sub to Support Geo-Replicated Internet Services」

페이스북의 웜홀(Warmhole)은 확장 가능한 메시징을 위한 시스템으로, 카프카와 여러가지 면에서 유사하다.

> "웜홀은 페이스북의 지리적으로 복제된 데이터센터 내에서 사용하기 위해 개발한 발행-구독(pub-sub) 시스템이다. 이 시스템은 TAO, 그래프 검색, 멤캐시(Memcache)등 페이스북의 여러 서비스 간에 변경 사항을 안정적으로 복제하기 위해 사용하고 있다. 이 논문은 웜홀의 설계와 구현은 물론 페이스북에 배포된 여러 데이터 스토리지 시스템을 지원하도록 시스템을 확장하면서 경험한 운영 문제에 대해 설명한다. 운영 환경에서의 웜홀은 초당 35기가바이트 이상의 안정적인 상태(초당 50만 개 또는 일간 5조 개의 메시지)를 전송하며 장애 복구 상황에서는 초당 200기가바이트까지 증가한다. 웜홀은 효율성 저하 없이 다양한 비율로 갱신된 데이터를 처리하거나 실패할 수 있는 여러 구독자에게 메시지를 발행할 수 있음을 보여주고 있다."

특히 전체적인 시스템의 처리량을 희생하지 않고도 지연이 발생한 구독자를 지원하는 방법에 주목하기 바란다.

12. 「Borg, Omega, and Kubernetes」

구글의 오케스트레이션 시스템(보그, 오메가, 쿠버네티스)에 대한 각각의 논문도 읽어볼 가치가 있지만 이 글은 세 시스템에 대한 훌륭한 개요를 제공한다.

> "소프트웨어 컨테이너에 대한 지대한 관심은 비교적 최근에 나타난 현상이지만 구글에서는 10년 이상 리눅스 컨테이너를 대규모로 관리

하고 있으며 세 가지 다른 컨테이너 관리 시스템을 개발해 왔다. 각 시스템은 서로 다른 이유로 개발되었음에도 이전 시스템으로부터 많은 영향을 받았다. 이 글에서는 이런 시스템을 개발하고 운영하면서 우리가 학습한 내용을 공유한다."

다행스러운 것은 모든 오케스트레이션이 구글의 지원 하에 이뤄지는 것은 아니며 아파치 메소스(Mesos)의 2계층 스케줄링 아키텍처 또한 읽어볼 만한 주제다.

13. 「Large-Scale Cluster Management at Google with Borg」

보그는 한동안 구글의 인프라스트럭처 중 상당 부분을 담당해 온 오케스트레이션 시스템이다. (오메가보다 상당히 앞서 출시되었지만 오메가의 논문은 보그 논문보다 2년 먼저 공개되었다.)

> "구글의 보그 시스템은 최대 수만 개의 머신으로 구성된 여러 클러스터 상에서 수천 개의 서로 다른 애플리케이션이 필요로 하는 수십만 개의 작업을 실행하는 클러스터 관리자다."

이 논문은 시간이 지나면서 수정하고 확장하기가 점점 어려워지긴 했지만 효과적이고 능률적인 보그의 중앙식 스케줄링 모델을 설명한다. 보그는 구글에서 사용하던 오메가(대체하기 위해)와 쿠버네티스(설계자의 학습을 상업화하거나 적어도 메소스의 인지도가 너무 높아지는 것을 방지하기 위해)로부터 영감을 얻었다.

14. 「Omega: Flexible, Scalable Schedulers for Large Compute Clusters」

오메가는 다른 동종의 시스템 중에서도 기존의 복잡한 시스템을 훨씬 우아한 솔루션으로 대체하려 했으나 결국 기대했던 것보다 훨씬 어려워진 2차 시스템의 효과를 증명하는 훌륭한 예시다.

특히 오메가는 노후화된 보그 시스템을 연장해야 하는 현실을 반영했다.

> "증가하는 규모와 변화에 대한 신속한 대응의 필요성을 현재의 단일 클러스터 스케줄러 아키텍처로 만족시키기는 어렵다. 이로 인해 새로운 기능을 배포할 수 있는 속도가 제한되고 효율성과 활용성은 저하되며 결국 클러스터 증가가 제한된다. 우리는 병렬화, 공유 상태 및 잠금 없는 낙관적 동시성 제어를 통해 이런 요구를 해결하는 새로운 방법을 제시한다."

어쩌면 다시 한 번 '나쁜 것이 더 낫다'[3]는 것을 보여주는 예시일지도 모른다.

15. 「Mesos: A Platform for Fine-Grained Resource Sharing in the Data Center」

이 논문은 아파치 메소스의 설계, 특히 독특한 2계층 스케줄러를 설명하는 논문이다.

> "이 논문에서는 하둡 및 MPI와 같은 여러 다양한 클러스터 컴퓨팅 프레임워크 간에 상용 클러스터를 공유하기 위한 플랫폼인 메소스를 소개한다. 공유는 클러스터 활용률을 향상시키고 프레임워크별 데이터 복제를 방지한다. 메소스는 리소스를 세분화된 방식으로 공유하므로 프레임워크가 각 시스템에 저장된 데이터를 교대로 읽어 데이터 지역성을 달성할 수 있다. 메소스는 오늘날의 프레임워크의 정교한 스케줄

---

3 https://www.jwz.org/doc/worse-is-better.html

러를 지원하기 위해 리소스 오퍼라고 하는 분산형 2단계 스케줄링 메커니즘을 도입하고 있다. 메소스는 각 프레임워크에 제공할 리소스의 수를 결정하는 반면, 프레임워크는 수락할 리소스와 해당 프레임워크에서 실행할 계산을 결정한다.

우리의 결과는 메소스가 다양한 프레임워크 간에 클러스터를 공유할 때 거의 최적의 데이터 인접성을 달성할 수 있고 5만 개(가상)의 노드로 확장할 수 있으며, 장애에 탄력적이라는 것을 보여주고 있다."

트위터와 애플이 적극적으로 사용하고 있는 메소스는 상당히 많은 곳에서 채택한 유일한 오픈 소스 범용 스케줄러다. 지금은 인지도 면에서 쿠버네티스와 경합 중이다.

16. 「Design Patterns for Container-Based Distributed Systems」

컨테이너 기반 배포 및 오케스트레이션으로의 이동 덕분에 '사이드카(sidecar)'와 '어댑터'를 포함한 새로운 단어가 탄생했다. 이 논문은 지난 십 년간 마이크로서비스와 컨테이너가 인프라스트럭처 구성 요소를 점유해 오면서 진화해 온 패턴에 대한 조사 결과를 제공한다.

"1980년 후반부터 1990년대 초반까지 객체지향 프로그래밍은 소프트웨어 개발의 혁신을 이끌었으며, 모듈화된 컴포넌트를 이용해 애플리케이션을 개발하는 방식이 큰 인기를 얻었다. 이제는 컨테이너화된 소프트웨어 컴포넌트로 구현하는 마이크로서비스 아키텍처의 대중화에 힘입어 분산 시스템 개발에도 이와 유사한 혁신이 일어나고 있다. 컨테이너는 그 경계에 설치된 벽 때문에 분산 시스템의 기본 '객체'로 사용하기에 적합하다. 이 아키텍처 스타일이 성숙해지면서 객체지향 프로그램과 마찬가지로 디자인 패턴이 등장하고 있고 객체(또는 컨테이너)

의 관점에서 생각하면 코드의 하위 레벨 세부 정보가 추상화되어 결국 다양한 애플리케이션 및 알고리즘에 공통적인 상위 레벨 패턴이 드러난다."

특히 '사이드카'라는 단어의 유래가 된 넷플릭스의 블로그 포스트 역시 읽어볼 만한 자료다.

17. 「Raft: In Search of an Understandable Consensus Algorithm」

우리는 간단했던 첫 번째 시스템에 비해 두 번째로 개발하는 시스템은 비대해지고 복잡해지는 2차 시스템 효과를 목격하는 경우가 많다. 하지만 팩소스(Paxos)와 라프트(Raft)의 경우에는 역할이 뒤집힌다. 팩소스는 인간의 이해하기 어려운 경우가 종종 있지만 라프트는 상당히 쉽게 읽을 수 있다.

"라프트는 복제된 로그를 관리하기 위한 합의 알고리즘이다. 이 알고리즘은 (다중)팩소스와 같은 결과를 만들어 내며 팩소스만큼 효율적이지만 그 구조는 다르다. 덕분에 팩소스보다 이해하기가 쉬우며 실용적인 시스템을 구현하기 위한 더 나은 기반을 제공한다. 라프트는 이해용이성을 향상시키기 위해 리더 선출, 로그 복제, 안정성 등 합의의 핵심 요소를 분리했으며 반드시 고려해야 할 상태의 수를 줄이기 위해 더 강한 응집력을 강제한다.
사용자 연구에 따르면 라프트는 팩소스보다 학생들이 더 쉽게 사용할 수 있다. 또한 라프트는 클러스터 멤버십의 변경을 위한 새로운 메커니즘을 탑재하고 있다. 이 메커니즘은 서로 겹치는 다수를 이용해 안정성을 보장한다."

라프트는 etcd와 인플럭스DB(DbinfluxDB) 외 여러 곳에서 사용한다.

18. 「Paxos Made Simple」

레슬리 램포트가 작성한 영향력 있는 수많은 논문 중에서도 「Paxos Made Simple」은 엄청나게 복잡한 팩소스 알고리즘을 설명하고 있으며 아무리 쉽게 설명해도 팩소스는 절대 단순하지 않기 때문에 숨은 보석처럼 여겨지는 논문이다.

"결함 허용 분산 시스템을 구현하기 위한 팩소스 알고리즘은 이해하기 어려운 것으로 알려져 있으며, 아마도 그 이유는 처음 발표가 그리스어로 진행됐기 때문일 것이다. 사실 팩소스는 분산 알고리즘 중에서는 가장 간단하며 가장 명확한 알고리즘이다. 그 중심에는 합의 알고리즘, 즉 'synod 알고리즘'이 있다. 다음 절에서는 이 합의 알고리즘은 우리가 만족하길 원하는 속성에서 필수적인 것임을 보여준다. 마지막 절에서는 분산 시스템 구축을 위한 상태 머신 접근 방식에 합의를 직접 적용해서 얻은 완전한 팩소스 알고리즘을 설명한다. 이 방식은 분산 시스템 이론에 대해 가장 자주 인용되는 글의 주제이므로 이미 잘 알려져 있는 방식이다."

팩소스는 그 자체로 매우 혁신적인 개념이며, 구글의 츄비(Chubby)와 아파치 주키퍼(Zookeeper)를 비롯한 여러 시스템에 도입된 알고리즘이다.

19. 「SWIM: Scalable Weakly-Consistent Infection-Style Process Group Membership Protocol」

주요 합의 알고리즘은 파티션을 나누는 동안 일관성을 유지하는데 집중하지만 SWIM은 가용성이라는 다른 요건에 초점을 맞춘다.

"여러 분산형 피어-투-피어(peer-to-peer) 애플리케이션의 경우 모든 프로세스는 프로세스 그룹 정보에 대한 일관성을 크게 필요하지 않다.

SWIM은 대규모 프로세스 그룹에 이런 서비스를 제공하는 범용 소프트웨어 모듈이다. SWIM은 전통적인 하트비트(heart-beat)프로토콜은 그룹 크기에 따라 4배씩 증가하는 네트워크 부하를 야기하거나 응답 속도의 저하 또는 잘못된 빈도로 프로세스 충돌을 감지하는 문제 등을 해결하기 위해 등장했다. 이 논문은 대규모 범용 PC 클러스터에서 SWIM 하부 시스템의 설계, 구현 및 성능에 대해 다루고 있다."

SWIM은 하시코프(HashiCopr)의 소프트웨어는 물론 우버의 링팝(Ringpop)에 활용되고 있다.

20. 「The Byzantine Generals Problem」

레슬리 램포트의 합의에 대한 또 다른 논문인 「The Byzantine Generals Problem」은 의도적으로 또는 실수로 잘못된 메시지를 전달한 분산 액터(actor)를 처리하는 방법에 대해 다루고 있다.

"신뢰할 수 있는 컴퓨터 시스템은 시스템의 다른 부분에 정보의 충돌을 야기할 수 있는 오동작 컴포넌트를 반드시 처리할 수 있어야 한다. 이런 상황은 비잔틴 군대의 장군들이 병사들과 적의 도시 주변에 진지를 구축하는 것으로 예를 들 수 있다. 의사소통은 오로지 전령에 의해서만 가능하며 장군들은 반드시 공동의 전투 계획에 동의해야 한다. 하지만 한 명 혹은 그 이상의 장군이 배신자일 수 있다. 이 문제는 충성스러운 장군이 전투 계획에 동의할 수 있도록 하는 알고리즘을 찾는 것이다. 구두로만 메시지를 전달하면 전체 장군들 중 $\frac{2}{3}$ 이상이 충성스러운 장군인 경우, 즉 한 명의 배신자가 2명의 충성스러운 장군을 속여야 하는 경우에만 이 문제를 해결할 수 있다는 것이 드러났다. 잊어버리지 않도록 서면으로 작성한 메시지를 사용하면 장군과 배신자의 수와 무관하게 이 문제를 해결할 수 있다. 그런 후에야 신뢰할 수 있는 컴퓨터 시스템에 대한 해결책을 논의할 수 있다."

이 논문은 주로 공식적인 증명에 초점을 맞추고 있는데 이는 공식적인 증명을 좀 더 쉽게 하기 위해 TLA+[4]를 개발한 램포트의 주제이기도 하지만, 우리가 여전히 컴포넌트가 안정적이고 정직하게 동작할 것이라고 가정하는 경향이 있다는 것을 일깨워 주며 그런 가정을 해서는 안 될 것이다!

21. 「Out of the Tar Pit」

「Out of the Tar Pit」은 소프트웨어의 불필요한 복잡성에 개탄하며 함수형 프로그래밍과 더 나은 데이터 모델링이 우발적인 복잡성을 줄이는 데 도움이 된다는 것을 제안하고 있다(저자들은 상태 때문에 대부분의 불필요한 복잡성이 발생한다고 주장한다).

이 논문의 서문을 보자.

> "복잡성은 대규모 소프트웨어 시스템의 성공적인 개발에 있어 유일한 난제다. 우리는 브룩스(Brooks)의 견해에 따라 '우발적인' 복잡도와 '필연적인' 복잡도를 구분하지만, 현대 시스템에 남아 있는 대부분의 복잡성은 필연적이라는 그의 의견에는 동의하지 않는다. 우리는 복잡성의 공통된 원인을 찾아내고 본질적으로 우발적인 복잡도를 제거하기 위한 보편적인 방법들에 대해 설명한다. 그런 다음 구체적인 예시를 위해 함수형 프로그래밍과 코드의 관계형 데이터 모델을 기반으로 잠재적인 복잡성을 최소화하는 방법을 제시한다."

---

4   https://en.m.wikipedia.org/wiki/TLA%2B

필자는 이 논문을 10년이 지나서야 읽었고 분명 읽어볼 만한 좋은 논문이지만 두 방법 모두 특별히 성공하지 못했다는 점이 흥미롭다. 오히려 대부분은 상태가 없는 서비스로 전환하는 것이 가장 '범용'에 가까운 방법일 것이다. 이는 아마도 더 큰 시스템적 복잡도를 희생해서 보다 전문적인 시스템 엔지니어에게 유지보수를 맡기면서 로컬 복잡도를 줄이는 방법일 것이다.

(이 논문은 TLA+가 더 보편화된 도구가 되는 것이 자연스럽다고 느끼게 하는 논문 중 하나다.)

22. 「The Chubby Lock Service for Loosely-Coupled Distributed Systems」

팩소스나 라프트를 자주 재구현하지 않더라도 분산 시스템은 충분히 구현이 어려운 시스템이다. 츄비가 제시하는 모델은 합의를 공통 시스템에 한 번만 구현하고 다른 시스템은 그 시스템을 기반으로 구축해서 매우 단순화된 패턴을 따름으로써 분산의 회복력을 공유하는 것이다.

이 논문의 서문에는 다음과 같이 기술되어 있다.

> "우리는 느슨하게 결합된 분산 시스템에 대단위 잠금은 물론 (낮은 볼륨에서) 신뢰할 수 있는 스토리지를 제공하는 츄비 잠금 서비스에 대한 경험을 소개한다. 츄비는 어드바이저리(advisory) 잠금을 제공하는 분산 파일 시스템과 유사한 인터페이스를 제공하지만 설계 의도는 고성능이 아니라 가용성과 신뢰성에 중점을 두고 있다. 다수의 서비스 인스턴스가 1년 넘게 사용되고 있으며 이 중 일부는 수만 개의 클라이언트를 동시에 처리하고 있다. 이 논문은 초기의 설계와 사용 의도를 실제 사용 사례와 비교해 설명하며 그 차이를 수렴하기 위해 설계를 수정하는 방법에 대해 설명한다."

오픈소스 세계에서는 카프카와 메소스 같은 프로젝트에서 주키퍼가 츄비와 같은 역할을 하고 있다.

23. 「Bigtable: A Distributed Storage System for Structured Data」

구글의 탁월한 논문이자 기술인 빅테이블(Bigtable)은 초기(어쨌든 인터넷 시대의 초기)의 NoSQL 데이터 스토어로 상당한 대규모로 운영되며 츄비를 기반으로 구축되어 있다.

> "빅테이블은 구조화된 데이터를 관리하기 위한 분산 스토리지 시스템으로 수천 대의 범용 서버에서 페타바이트 단위의 데이터로 확장할 수 있도록 설계되어 있다. 웹 인덱싱, 구글 어스(Google Earth), 구글 금융을 비롯해 다양한 서비스가 빅테이블에 데이터를 저장하고 있다. 이런 애플리케이션은 데이터의 크기(웹 페이지 URL부터 위성 이미지까지)와 레이턴시 요구사항(백엔드의 대량 처리부터 실시간 데이터 제공까지) 측면에서 빅테이블에 대한 수요가 다양하다. 이런 다양한 수요에도 불구하고 빅테이블은 모든 구글 제품에 대해 유연한 고성능 솔루션을 성공적으로 제공했다. 이 논문에서는 빅테이블이 고객에게 데이터 레이아웃과 형식에 대한 동적인 제어를 제공하는 단순한 데이터 모델과 더불어 빅테이블의 설계와 구현에 대해 다룬다."

카산드라는 SSTable 설계부터 블룸 필터(bloom filter)에 이르기까지 많은 부분에서 빅테이블 논문에 영향을 받았으며, 다이나모와 빅테이블 논문을 적절하게 결합한 것이라고 할 수 있다.

24. 「Spanner: Google's Globally-Distributed Database」

초창기 NoSQL 스토리지 시스템 중 상당수는 회복성의 향상을 위해 최종적 일관성(eventual consistency)을 도입했지만 최종적 일관성 시스템상에서 시스템을 구축하는 것은 괴로운 일이 될 수 있다. 스패너는 시간 관리에 대한 새로운 방식을 기반으로 강력한 일관성과 분산 신뢰성을 모두 제공하는 구글의 해결책이다.

> "스패너는 확장 가능하고 다중 버전을 지원하며 세계적으로 분산되어 있고 동기적으로 복제되는 구글의 데이터베이스다. 전 세계로 데이터를 분산하며, 외부적으로 일관된 분산 트랜잭션을 지원하는 첫 번째 시스템이다. 이 논문은 스패너의 구조와 기능, 다양한 설계 방식의 이유 그리고 클럭 불확실성을 노출시키는 새로운 시간 API 등을 설명한다. 이 API와 구현은 외부적 일관성을 비롯해 넌블러킹 읽기, 잠금 없는 읽기 전용 트랜잭션, 원자적 스키마 변경 등 다양하고 강력한 기능을 구현하는 핵심이다."

스패너를 대신할 수 있는 오픈소스 프로젝트는 아직 없지만 조만간 등장할 것이라 생각한다.

25. 「Security Keys: Practical Cryptographic Second Factors for the Modern Web」

유비키(YubiKey) 같은 보안 키는 가장 안전한 2차 보안 요소로 부상했으며, 이 논문은 구글이 이런 키를 만들게 된 동기는 물론 키의 설계 방식에 대해 설명한다.

이 논문의 서문은 다음과 같다.

> "보안 키는 피싱 및 중간자 공격(man-in-the-middle attack)으로부터 사용자를 보호하는 2차 장치다. 사용자는 프로토콜을 지원하는 온라인 서

비스에 하나의 장치를 등록할 수 있다. 이 장치는 구현 및 배포가 간단하고 사용이 편리하며, 개인 정보를 보호하고 강력한 공격자로부터 안전하다. 우리는 크롬 웹 브라우저와 구글의 온라인 서비스에 보안 키 지원을 추가했다. 우리는 지난 2년간 보안 키를 구글 내부에서 시작해 고객용 웹 애플리케이션으로 확대 적용하면서 분석한 결과를 바탕으로 보안과 사용자 만족도가 향상되었음을 확인했다. 보안 키 설계는 업계 전체에 250개 이상의 회원사를 보유한 조직인 FIDO 연합에 의해 표준화되었다. 현재는 구글, 드롭박스, 깃허브 등이 보안 키를 배포하고 있다."

게다가 이 키는 상당히 저렴하다! 여러분의 생활을 안전하게 보호할 수 있도록 몇 개 주문하기 바란다.

26. 「BeyondCorp: Design to Deployment at Google」

2014년에 발행된 비욘드코프의 원본 논문[5]을 기반으로 작성한 이 논문은 조금 더 상세한 내용과 2년간의 운영에서 얻은 경험을 제공한다. 그렇지만 큰 그림은 상당히 일관성을 유지하고 있으며, 비욘드코프 논문 자체에 비해 새로운 것은 많지 않다. 이 뛰어난 논문을 아직 읽지 않았다면 이 또한 좋은 시작점이 될 것이다.

"구글 비욘드코프의 목표는 직원들과 장치가 내부 애플리케이션에 접근할 때 보안을 향상시키는 것이다. 기존의 전통적인 경계형 보안 모델과 달리 비욘드코프는 사용자의 물리적 위치나 네트워크에 따라 서비스와 도구의 접근을 제한하지 않는다. 그 대신 장치에 대한 정보, 장치

---

5 https://www.usenix.org/system/files/login/articles/login_dec14_02_ward.pdf

의 상태 그리고 연동된 사용자에 따라 접근 정책을 적용한다. 비욘드코프는 내부 네트워크와 외부 네트워크 모두 완전히 신뢰할 수 없는 것으로 간주하고 동적 검증을 거쳐 애플리케이션에 대한 접근 수준을 결정한다."

구글의 논문을 읽을 때는 흔히 있는 일이지만 논문에서 설명하는 기술의 재사용 및 플러그인이 가능한 오픈 소스 버전은 볼 수 있는 시점이 늘 궁금해진다.

27. 「Availability in Globally Distributed Storage Systems」

이 논문은 복제된 분산 시스템의 가용성에 대해 고려하는 방법을 설명하며 스토리지 계층이나 기타 상당히 복잡한 시스템의 업타임(uptime)을 측정하는 올바른 방법을 결정하고자 하는 사람이 참고할 만한 논문이다.

이 논문의 서문은 다음과 같다.

> "우리는 구글의 주요 스토리지 인프라스트럭처에 대한 1년간의 연구를 기반으로 클라우드 스토리지 시스템의 가용성이라는 특성을 규정하고 데이터 배치 복제 전략 같은 여러 설계 방식의 영향도에 대한 분석이 가능한 통계 모델을 제공한다. 이런 모델을 통해 우리 시스템에서 발견한 실제 장애 패턴으로부터 채집한 다양한 시스템 파라미터가 주어졌을 때의 데이터 가용성을 비교한다."

이 논문에서 특히 흥미로운 부분은 분산 시스템 중 여러 구성 요소에 중복된 장애가 발생할 때만 사용자가 장애를 경험한다는 전제를 바탕으로 상관관계에 있는 장애에 초점을 맞춘다는 점이다. 또 다른 예상이 가능하지만 안심해도 되는 관찰 결과는 구글 정도의 규모(및 리소스가 여러 랙과 지역에 분산되어 있는 규모)에서는 대부분의 장애는 기반 하드웨어가 아니라 튜닝과 시스템 디자인에 기인한다는 점이다.

이 논문이 정의하는 가용성의 정의가 단순해서 놀랐다.

"스토리지 노드는 모니터링 시스템이 확인차 주기적으로 보내는 핑(ping)에 정상적으로 응답하지 않으면 '사용할 수 없는' 상태가 된다. 이 노드는 응답성을 회복하거나 스토리지 시스템이 다른 노드의 데이터를 재구성하기 전까지는 계속 사용할 수 없는 상태로 남아 있게 된다."

가용성에 대한 논의는 복잡해지는 (응답률이 X를 초과하더라도 결과가 올바르고 레이턴시 SLO 범위를 벗어나선 안 돼!) 경우가 많으므로 이처럼 가용성을 간단히 정의할 수 있는 점은 큰 안심이 되는 부분이다.

28. 「Still All on One Server: Perforce at Scale」

기업이 성장할수록 코드를 호스팅하는 성능은(빌드 및 테스트 성능과 더불어) 전체적인 개발자 생산성에 중요한 요소가 되지만 자주 논의하는 주제는 아니다. 이 논문은 구글이 퍼포스(Perforce)를 확장한 경험에 대해 설명하고 있다.

"구글은 지구상에서 가장 바쁜 단일 퍼포스 서버를 운영하며, 소스 제어 시스템 중에서는 가장 큰 리포지토리 중 하나를 가지고 있다. 이 논문은 이런 높은 수준에서 서버 성능 및 기타 규모의 문제를 살펴보며 현재의 상황, 그 상황에 도달하기까지의 과정, 사용자보다 늘 한 발 앞설 수 있는 방법 등 다른 주제도 설명한다."

이 논문은 여러분의 회사가 깃 모노리포(monorepos)를 확장할 때 발생하는 어려움을 고려할 때 특히 도움이 된다(그 어려움은 트위터에 재직해 본 경험이 있는 지인에게 들어보기 바란다).

29. 「Large-Scale Automated Refactoring Using ClangMR」

대규모 코드베이스는 시간이 지날수록 노후화되며, 특히 수백 또는 수천 개의 다른 팀이 서로 다른 프로젝트로 협업하는 모노리포의 경우는 더 심하다.

이 논문은 전체 코드베이스의 추상 문법 트리(abstract syntax tree, AST)를 쉽게 재작성할 수 있는 도구를 이용해 대규모 모노리포의 관리 부담을 줄이려는 구글의 시도를 설명하고 있다.

서문에는 다음과 같이 기록되어 있다.

> "이 논문에서는 실제 동작하는 시스템을 구현하는 대규모 C++ 기반 코드를 효율적으로 리팩터링하는 방법을 제시한다. Clang 컴파일러 프레임워크와 맵리듀스 병렬 프로세서를 조합한 ClangMR을 이용하면 코드 관리자가 대규모 코드를 쉽고 정확하게 변환할 수 있다. 이 도구를 개발하게 된 계기와 그 구현 방식을 설명한 후 최근 구글의 C++ 기반 코드에 API 업데이트를 적용하면서 경험한 내용을 공유한다."

피봇으로도 유사한 작업을 수행했다.

30. 「Source Code Rejuvenation is not Refactoring」

이 논문에서는 '코드 회춘(rejuvenation)'이라는 개념을 소개한다. 코드 회춘은 새로운 언어 기능과 라이브러리를 사용할 수 있게 됨에 따라 보다 깨끗한 추상화를 향해 나아가는 단방향적인 과정으로, 특히 광범위하고 오래된 기반 코드에 적용하는 기법이다.

> "이 논문에서는 '소스 코드의 회춘(rejuvenation)'이라는 개념, 레거시 코

드의 자동 마이그레이션 그리고 이를 위해 우리가 사용한 도구에 대한 매우 간단한 언급을 포함하고 있다. '리팩터링'은 부적절한 소스 코드를 구조적으로 개선하는 것인 반면, 소스 코드 회춘은 고수준 소프트웨어 추상화를 통해 표현할 수 있는 코딩 패턴을 찾아 교체함으로써 향상된 프로그램 언어와 라이브러리를 활용한다. 추상화 수준을 높이는 것은 소프트웨어의 유지보수, 보안, 성능에 도움이 된다."

구글의 ClangMR 논문에는 이런 작업이 상당히 포함되어 있다.[6]

31. 「Searching for Build Debt: Experiences Managing Technical Debt at Google」

이 논문은 현재 코드베이스의 대규모 마이그레이션을 수행하는 방법에 대해 흥미롭게 묘사하고 있다. 문제가 있는 빌드를 실제 예시로 삼아 마이그레이션 전략을 자동화, 올바른 일을 쉽게 하는 방법 그리고 실수를 하기 어렵게 만드는 방법 등 세 가지로 구분한다.

서문은 다음과 같다.

"구글의 소프트웨어 엔지니어들은 규모가 크고 변화가 빠른 코드베이스 때문에 다양한 형태의 기술 부채에 지속적으로 관심을 기울이고 있다. 구글 엔지니어는 픽스잇(Fixit) 데이나 전담팀, 청소부, 경작부, 철거부 등으로 알려진 전문가 등을 이용해 기술 부채를 해결하는 노력도 하고 있다. 이 논문에서는 구글이 BUILD 파일 및 관련된 죽은 코드에서 발견한 기술 부채를 측정하고 해결하기 위해 어떤 노력을 하고 있는지 설명한다. 또한 의존성 사양, 빌드가 불가능한 타겟, 불필요한 명령줄

---

6 https://ai.google/research/pubs/pub41342

플래그 등에서 발견한 부채를 처리한다. 이런 노력은 먼저 최우선적으로 관리해야 하는 다른 형태의 기술 부채가 되기도 한다."

32. 「No Silver Bullet—Essence and Accidentin Software Engineering」

『맨먼스 미신』(인사이트, 2015)의 저자가 발행한 이 논문은 우발적 복잡성과 본질적 복잡성에 대한 논의를 확장하고 우발적 복잡성을 감소시켜서 엔지니어의 생산성을 크게 증가시킬 수 있을 정도의 우발적 복잡성은 더 이상 존재하지 않는다고 주장한다.

이 논문의 서문은 다음과 같다.

"과거 소프트웨어 생산성은 심각한 하드웨어 제약, 형편없는 프로그래밍 언어 및 머신 시간의 부족 등 우발적인 작업을 더욱 어렵게 만든 인공적인 장벽을 제거함으로써 향상되었다. 요즘 소프트웨어 엔지니어가 필수적인 것이 아니라 우발적인 작업에 전념하는 시간이 얼마나 되는가? 전체 노력의 90%에 달하지 않는다면 우발적인 활동을 0으로 줄인다고 해서 의미 있는 개선은 이뤄지지 않는다."

내 생각엔 대규모 코드베이스의 우발적 복잡성은 충분한 개선(구글의 ClangMR 같은 것이 등장하는 것이 좋은 예다)을 이룰 수 있을 정도로 커지고 있으므로 우리가 믿고 싶은 것만큼 필연적인 복잡도에 집중하는 상황은 당분간 발생하지 않을 것 같다.

33. 「The UNIX Time—Sharing System」

이 논문은 1974년 당시 유닉스의 기본에 대해 설명하고 있다. 정말 놀라운 것은 당시의 설계 의도가 지금까지도 사용되고 있다는 점이다. chmod로 조정하는 권한 모델부터 파일 조작에 사용되는 시스템 호출까지 정말 많은 부분이 여전히 남아 있는 것이 놀랍다.

이 논문의 서문은 다음과 같다.

> "유닉스는 디지털 이큅먼트 코퍼레이션(Digital Equipment Corporation)의 PDP-11/40과 /11-45 컴퓨터를 위한 범용, 다중 사용자, 대화형 운영체제다. 이 운영체제는 ①마운트 해제가 가능한 볼륨을 통합한 계층형 파일 시스템, ②호환 가능한 파일, 장치, 프로세스 간 I/O, ③비동기 프로세스를 시작하는 기능, ④사용자별로 선택 가능한 시스템 명령 언어, ⑤12개의 언어를 포함한 100개 이상의 서브 시스템 등 더 큰 규모의 운영체제에서도 찾아보기 힘든 수많은 기능을 제공한다. 이 논문은 파일 시스템과 사용자 명령 인터페이스의 특징과 구현에 대해 설명한다."

또한 유닉스가 부분적으로 성공한 이유는 뭔가 특별한 목표를 이루고자 한 것이 아니라 제작자가 보편적인 문제(PDP-7을 사용하는 방식은 정말 불만스러운 것이었다)를 해결하려는 의도로 만들었기 때문이라는 점 또한 흥미로운 부분이다.

찾아보기

ㄱ

경력 기술서 108
경력 레벨 259
경력 사다리 247
경쟁적 우위 66
경쟁적 장점 66
계약 82
계획 82
공유 113
관리자 대 엔지니어 98
교대 35
그룹 98
그룹 설계 119
긍정적 자유 118
긍정적 자율성 203
기술 부채 24, 48
기준 지표 86
기준치 80
기회 185
긴급 대응 엔지니어 20

ㄴ, ㄷ

난관 163
대고객 안내문 68
동료 평가 250

ㄹ

레벨 분리 259
레벨 표류 258
레벨 확장 257
로드맵 105, 281
롤모델 266
링팝 306

ㅁ

마이그레이션 89
마이크로 매니지먼트 104
맥락화 85
면접 절차 220
모델 113
목표 설정 79
문서 113
문제 파악 65
문지기 패턴 46
미디어 교육 111

ㅂ

발표 123
방향 설정 176
배포 빈도 60
배포된 커밋 61
백로그 25, 280
번아웃 158
벤치마크 65
변화 실패율 60
보정 시스템 251
보존 주도 지정 260
복구 시간 60
부정적 자율성 203
부정적인 자유 118
분산 투자 28
분석 73
비숙련 엔지니어 38
비전 72, 105
비전 문서 283

ㅅ

사이드카 303
사이트 신뢰성 엔지니어 261
상향 평가 251
설계 문서 91
섭외 241
성과 관리 246

성과 리뷰 105
성과 주기 253
성과 지정 249
성과 지정 모멘텀 255
성장판 160
숙련된 엔지니어 38
스킵 레벨 48
스택 랭킹 252
스톡 59
스프린트 절차 280
시간 관리 129
시니어 리더 123
시니어 직책 199
시스템 41
시스템 솔루션 25
시스템적 사고 58

ㅇ

아웃플로 59
아파치 메소스 301
아파치 주키퍼 305
어댑터 303
엔트로피 43
역량 29
영웅 프로그래머 206
예외 142
예외 부채 144
오케스트레이션 시스템 300
오픈트레이싱 298
완수 150
우선순위 152
우아한 퇴보 297
운영 지표 281
위기 지정 260
위임 179
유대감 187
유비키 310
윤리적 직업 155
인계 계획 51

인력 충원 97
업무 전환 105
인위적 경쟁 108
인프라스트럭처 83
인플럭스 304
인플로 59
임원 스폰서 265

ㅈ

자체 평가 250
장애 61
전달 시간 60
전략 73, 105
전환 깔때기 221
전환기 217
정보 링크 59
정책 74, 142
제로섬 경쟁 172
제로섬 문화 197
제품 관리 64
조직 개편 94
조직 부채 48
조직 설계 105
조직 위험 48
종료 179
준비된 커밋 61
중간자 공격 310
지배 전략 197
지속적인 우수성 30
지표 83, 105
직원 리소스 그룹 188
직접 지원 241
집단 65
집중 투자 28
집킨 298

ㅊ

착수 150
채용 231

채용 깔때기 240
채용 위원회 274
채용 파트너 265
초급성장 36
최종적 일관성 310
추천 241
취소된 커밋 61
츄비 305

ㅋ, ㅌ

카산드라 309
칸반 보드 150
테크 리드 매니저 19
코치 19
콜드 소싱 233
통제 104
투자 80
팀 98
팀 스니펫 284

ㅍ

퍼포스 313
평가 242
포용적 노력 184
풀 리퀘스트 61
프로젝트 리더 191
플로 59
피드백 175
피드백 루프 61, 226

ㅎ

하둡 파일 시스템 295
하시코프 306
하향 평가 251
하향식 글로벌 최적화 31
학습 커뮤니티 135
해결 179
해결책 검증 68
행동 74

혁신 25
협업 168

영문

A/B 테스트 274
backlog 280
CAP 이론 296
career narrative 108
cohorts 65
controls 104
derisking 91
ERG 188
feedback loop 61
gatekeeper 46
golden rule 154
information link 59
micro-management 104
organizational debt 48
organizational risk 48
roadmap 281
skip-level 48
snippets 284
SRE 261
stack ranking 252
strategies 72
succession planning 51
SWIM 306
synod 알고리즘 305
systems thinking 58
technical debt 48
TLA 307
TPM 265
visions 72
zero-sum 172
12팩터 앱 296